大学教师教学素养提升丛书
丛书主编／季诚钧

大学课程与教学

季诚钧 付淑琼 ／ 编著

上海教育出版社
SHANGHAI EDUCATIONAL PUBLISHING HOUSE

Preface 总序

这是一套写给大学教师阅读的书。"大学教师教学素养提升丛书",顾名思义,是旨在帮助广大教师加强大学教学与课程理论素养,提高教育教学能力,从而促使教师更好地承担教书育人的职责,履行职业所赋予的使命。

我国正处在从"精英高等教育"阶段向"大众高等教育"阶段迈进的历史阶段,东部发达地区甚至已经进入"普及高等教育"阶段。在高等教育规模扩张的同时,我国高等教育也面临着质量提升的紧迫任务。在众多影响高等教育质量的因素中,诸如经费、教师、生源、制度、文化等方面,教师是提高高等教育质量的关键,教师的教学意识、态度、方法、能力是影响大学教学质量的核心。据统计,我国目前共有普通高等学校2 442所,其中本科院校1 145所,高职高专1 297所,这些学校共有教职工225万余人,有专任教师144万余人,其中青年教师占一半以上。许多年轻教师尽管都是博士学位,但没有接受过师范教育,不了解教师职业要求,教育学、心理学等知识非常缺乏,基本上凭经验工作。其实,大学教学是一项高度专业的工作,科学家未必是一个好教师,仅凭良好的态度与勤奋的工作不一定能成为一名优秀的教师。因此,在高等教育追求卓越、提升质量的当下,随着大量新入职教师进入高校从事教学工作,提高大学教师教学水平与能力的任务迫在眉睫,刻不容缓。国家在"十一五""十二五"期间陆续实施"质量工程""本科教学工程",尤其是在"十二五"期间,明确提出要求各高校成立"教师教学发展中心"等机构,以帮助青年教师成长,促进教师教学水平提升,推动大学教师专业化发展。

目前,全国高校教师教学发展中心如雨后春笋纷纷涌现,但该机构的职能、性质、定位、工作内容、运作机制等却不太明晰,教师对该机构也抱有观望、怀疑的态度。尽管有国外高校经验可资借鉴,但毕竟国情不一,发展阶段不同,面临的问题也不尽一致,简单移植恐水土不服。有的中心也计划组织教学俱乐部、教学沙龙等形式,服务于学校教师培训、教学咨询、质量评估等,为新教师提供入职教育和工作坊,传递前沿教学方法与技术,但缺乏相应的培训教师、教材及参考资料。杭州师范大学作为一所培养中小学教师的师范院校,教师教育是其办学特色与传统,长期以来坚持教师教育研究,逐步形成了一支高水平的教师教育科研团队,有能力有义务顺应潮流,抢抓机遇。在这样的背景下,杭州师范大学教师教学发展中心专门组织相关人员编写了这套"大学教师教学素养提升丛书"。

丛书共五册,分别是《大学课程与教学》《大学教学伦理》《大学课堂教学组织与管理》《大学教学艺术》《重构学与教的技术》,主要围绕教师教学工作所涉及的问题展开。《大学课程与教学》阐述大学课程与教学的基本理论,使广大教师对大学课程与教学问题有个初步认识,建立起概念体系与认知框架。《大学教学伦理》则从伦理学视角对大学教师师表,大学教学目的、内容、过程、手段和评价等系统阐述,帮助大学教师理解和解决教学伦理问题,倡导"伦理型教师",期望广大大学教师不仅关注学科知识、教学技术,更好地思考自身教学行为对学生的道德意义,过一种反思性的道德生活。《大学课堂教学组织与管理》系统阐述大学课堂讲授教学、大学课堂案例教学、大学课堂合作教学、大学课堂探究教学的组织方法与技巧,讨论大学课堂惩罚管理、大学课堂表扬管理、大学课堂冲突管理、大学课堂机智管理的策略与艺术。《大学教学艺术》从世界三大表演艺术理论——斯坦尼斯拉夫体系、布莱希特理论和梅兰芳意境理论出发探索大学课堂教学的诸多问题,强调采取委婉、非直接的方式让学生在潜移默化中接受影响。《重构学与教的技术》则是基于信息技术环境,系统介绍信息技术如何助推教师教学工作,帮助教师提高运用信息技术进行教学的能力与水平。这五本著作既是一个整体,相互联系,又各自独立,自成体系。从理论到技术、从课程到课堂、从伦理到方法、从观念到操作,对教师教学工作的方方面面进行了厘析探幽,条分缕析,以帮助教师扩大视野,提高认识,树立观念,学会方法,从而更好地从事教学工作。

一开始,我们就意识到这项任务并不轻松,真正着手做起来更觉得困难重重。长期以来,高等教育界存在着"重学科专业知识,轻教育教学知识"的现象,高等教育理论对大学教师教学工作往往缺乏理论解释与现实指导,许多教师认为学科专家更有资格与能力指导青年教师成长,使高等教育理论工作者对大学教学及改革处于难以作为的境况。然而,高等教育理论研究者的缺席对于大学教师成长始终是一个遗憾。曾任美国卡耐基教学促进基金会主席的博耶认为,教学研究与科学研究、应用研究一样具有价值,他把学术分为发现的学术、应用的学术、综合的学术和教学的学术四个方面。博耶这一观点影响深远,教学的学术成为一个被大家认同并接受的概念,为大学教学改革提供了理论支撑。

由于丛书定位于以广大一线教师尤其是青年教师为阅读对象,我们确立了丛书编写的三个原则:一是可读性。在语言论述与材料组织上尽可能简洁明了,避免在理论上过于高深晦涩,不过多在概念、原理、意义、作用等问题上纠缠不休、浪费笔墨。二是实用性。选择那些广大教师在教学上经常遇到的疑问、争议、困惑加以剖析阐述,厘清认识误区,而不是追求理论的体系化与完整性。三是趣味性。能让教师有兴致阅读,掩卷反思,觉得有所启迪。这些要求要做到并不容易,但我们心向往之,并努力践行之。当然,由于丛书的编著者大多从事基础教育研究,因此,如何避免简单的套用、移植基础教育中的教学课程理论是编著中面临的一个难题。同时,作为一个习惯于学术论文写作的研究人员,如何生动有趣、通俗易懂地阐述学术见解,也是一个挑战。

目前,国内出版的类似著作比较少见。原浙江师范大学徐辉校长曾经组织翻译过"国外大学教学与教改译丛",从美国浩如烟海的出版物中挑选了8本具有权威性、学术性、实用性并广受读者喜爱的经典大学教学著作翻译出版,适合国内青年教师阅读。另外,北京大学曾组织出版了"大学教师通识教育读本",又称"教学之道"丛书,既有针对新入职教师的《给大学新教员的建议》,又有对努力成为优秀教师的《如何成为卓越的大学教师》,其阅读群体为大学普通教师,旨在提升大学教师的教学水平,适应大学的职业生活。这两套丛书都是翻译著作,带有国外背景与特点,中国大学教师阅读起来难免有些隔膜,这是一个缺憾。我们编写的这套丛书,针对我国大学及教师自身的环境与问题,反映我国高等教育理论研究成果,相信有其自身的价值与意义。

丛书的出版,首先要感谢杭州师范大学教师教学发展中心。该中心敏锐地捕捉到大学教师教学能力是一个具有理论与实践双重意义的选题,专门立项研究,组织团队进行合作,并提供了出版经费。其次要感谢原上海教育出版社张文忠编审。他从丛书策划开始就介入工作,不辞辛劳,两次来杭参与编写会议,提出了许多宝贵建议。没有他的督促,或许这套丛书会半途而废。最后,要感谢所有引用文献的作者。丛书编写过程中引用了众多前期研究成果,他们如同砖块瓦片,构筑垒积出学术大厦。

书中不足之处,敬请批评指正。

季诚钧

2017年2月

Preface　打造卓越的教学文化(代序)

众所周知,高校具有人才培养、科学研究、社会服务、文化传承与创新等功能,其中人才培养是高校最根本、最重要的职能。这是由高校的根本属性所决定的,无可替代。然而在高等教育大众化的当下,由于种种原因,大学的功利化、世俗化追求日趋严重,物质的、技术的、功利的追求在高校办学中占据了统治地位,"重科研轻教学""重学科建设,轻人才培养"等不良现象愈演愈烈,学校把主要精力放在了抓项目、拿经费、跑关系上面,各种大学里不应出现的"潜规则文化"盛行。与此相比,教学的中心地位岌岌可危,教学文化日渐式微,培养学生成才、塑造学生灵魂的大学之道被弃置一边,人才培养质量受到严重影响,为社会所诟病。为此,提出教学文化这一概念,就是要树立教学文化在大学文化中的核心地位,呼唤高校回归到人才培养这一根本任务之中,让教学成为教师的主要工作,坚守大学育人本源。

教学文化,由"教学"和"文化"两个词组成,本身含义已是十分丰富,学术界对教学文化的定义也是见仁见智。教学文化作为一个专门术语,有其基本范畴与内核。总体上说,高校教学文化,与学术文化、科研文化、管理文化、学生文化等并列,是一种持久形成的教学传统、价值观念和行为习惯的范式,或是高校在教学中所表现出来的一种观念与行为方式,集中体现为"如何看待教学""如何进行教学"两个方面。具体分析教学文化,有以下几个方面的意蕴。

首先,教学文化是一种强调以教学为中心的文化。所谓以教学为中心,一是指人才培养的主渠道是教学,二是指领导精力、师资力量、资源配置、经费安排和工作评价等方面都要体现出教学中心地位。对于领导而言,就是要把主要精力放在教学工作之上,正确处理教学与学校其他工作的关系,着力分析和解决教学中的重点难点问题,制定相应的政策把教学资源、教师精力引导到教学中来;对于教师而言,就是要把教书育人当成自己的天职,把人才培养作为自己的主业,把主要精力放在提升教学效果上;对于管理、教辅、后勤等人员来说,就是要保证教学投入的优先地位,主动为教学提供优质服务。上下协同,营造"领导重视教学、经费优先投给教学、科研促进教学、政策保障教学、管理服务教学"的文化环境与氛围。

其次,教学文化是一种促进学生全面发展的文化。所谓大学,不在于大,而在于学。所谓教学,在于教,更在于学。如何促进学生的学,是教学文化建设的出发点和落脚点。打造卓越的教学文化,与学校打造最关爱学生的大学是一脉相承的,对学生学业上的关爱才是最大的关爱。学校要积极创造让学生满意的教学条件,营造师生互动的教学氛围,改善学生学习生活设施,形成尊重、关心、平等的校园环境和多元、民主、个性的制度环境,在专业选择、课程修读、辅修制度等方面给予学生更多的选择权,为学生成长搭建更好的平台,提供更多的机会,在物质与精神层面上确保学生健康成长。

再次,教学文化是一种关注教师教学发展的文化。教师是教学文化的核心因素,如果离开教师,教学文化就是无源之水、无本之木。可以说,教师教学发展既是教学文化建设的内容,也是教学文化建设的目标;既是教学文化建设的抓手,也是教学文化建设的主旨。教师学术水平高、职业操守好、教学能力强,是打造卓越教学文化的基础,而卓越的教学文化能够提升教师的精神境界,增进教师之间的交流与合作,强化教师职业价值认同感,获得更多专业发展的机会。弘扬教学文化,就必须让教师安心于教学,按教学贡献的大小使教师获得发展机会,让教学质量成为衡量教师业绩的主要标准,让教学成就突出的教师享受更好的待遇,感受到更大的成就感、幸福感。

最后,教学文化是一种追求教学研究的文化。高校教学文化与普通中小学教学文化的差别主要在于前者更强调教学学术,即强调教师的研究性教学、批判性教学、反思性教学。高校是在普通教育基础上进行的专业教育,需要培养学生的创新精神与实践能力,那种单纯的知识授受不再是高校教学的主要特征,师生讨论、课题研究成为高校教学的常态。高校倡导教学文化,就是要在学校营造全体教师进行教学学术研究的氛围,形成教学研究传统,让每一位教师都能成为教学专家,让每一堂课都能成为精品。当前,一些高校片面追求上规模上层次上水平,教学基层组织功能被弱化。高校传统的教研室被忽视,纷纷被研究所、实验中心取代,教研室文化也成为历史,这是需要重新审视的问题。

以上四个方面基本囊括了"如何看待教学""如何进行教学"两个层面的问题,前者更多属于宏观的观念问题,涉及高校办学理念;后者更多属于工作范畴,涉及高校教学的具体措施。只有深刻把握教学文化的内涵,才能塑造学校独特的教学文化。

它山之石,可以攻玉,让我们来看看美国高校倡导教学文化的例子。在美国高等教育发展历程中,综合性研究型大学也一度出现"重科研轻教学"的现象。由于把科研经费与博士培养作为衡量研究型大学的两个主要标准,因此,大学在对教师的评价中更看重其科研业绩。这样一来,导致了本科教学被忽视,教学质量下降的结果。从20世纪80年代开始,美国社会要求大学提高教学质量的呼声日益强烈,纷纷指责高校没有尽到人才培养的责任。针对这种情况,1998年美国卡耐基教学促进基金会在广泛调查了美国125所研究型大学本科教育的基础上,发表了著名的《重振本科生教育:美国研究型大学发展蓝图》,针对本科生教育的薄弱环节提出了十条建议,从而掀起了"教授投身教学、学生投身学习"的运动。由于这一报告由卡耐基教学促进基金会主席厄内斯特·博耶执笔,故被称为"博耶报告"。2003年,卡耐基教学促进基金会又发表《重建本科教育——博耶报告三年回顾》,对研究型大学改善与提高本科教育质量的情况进行了全面检查,针对十条建设的落实情况进行了调查,并向社会公布了相关结果。《美国新闻与世界报道》在"美国学院与大学协会"的帮助下,每年评选公布在本科教学各个领域做得最好的高校名单。为了突出教学的重要性,博耶还从理论上突破学术的本义,把学术的含义拓展到教学学术,认为对知识传播的研究也是一种科学研究。这样一来,学术的内涵包括了发现的学术、应用的学术、综合的学术和教学的学术四个方面,极大地丰富了学术的范畴。博耶这一观点影响深远,在很大程度上影响了美国高校的办学实践,使美国高等教育界开始了对教学学术的热烈讨论和积极实践,逐渐形成提高本科生教学质量的运动,使教学文化深入人心;同时,教学学术这一思想对全世界高等教育也带来了深刻变化,使大学理念发生了深刻变革,为大学深化教学改革提供了思想引领,也为大学教学文化的彰显提供了思想武装,教学学术成为一个被大家认同并接受的概念,为教学型教授的设立、教学工作研究化、教学研究科学化等教学改革提供了理论支撑。需要指出的是,在美国仅仅从事本科教育的文理学院以重视人才培养而著称,其给予高额奖学金,注重通识教育、小班教学、课堂讨论等做法闻名于世,体现了美国本科教育的精华所在。

在高校教学文化建设中,要做到四个结合:一是教学文化建设与制度建设相结合。教学文化的建设必须通过一系列规章制度得以体现与落实。要制定教学与科研等有效激励制度,使教师不再片面追求论文发表的数量;要针对教学岗位设置讲座教授、教学特聘岗位,让在教学中作出突出贡献的教师得到应有的待遇;要优先确保教学经费的投入,使师生的教学改革与建设得到保障;通过各种制度建设,形成良好的教学文化体制与机制,扭转不良的学校文化。二是教学文化建设与教师专业发展相结合。学校通过设立教师教学发展中心,对教师进行理论培训和专业咨询,提升教师专业化水平。要鼓励教师进行教学方法改革,倡导研究性教学,使大学教学与中小学教学具有差别。教师要建立起教学共同体,这一共同体是一个开放的、民主的集体,形成合作互动式的教学研究。在全校形成一种探讨教学工作、钻研人才培养的浓厚氛围。三是教学文化建设与教风学风建设相结合。教风学风归根到底就是一种求学治学的精神、氛围与环境,与教学文化建设可以说是殊途同归,都是为了营造一种从事教学工作的良好氛围。优良的教风学风是学校的宝贵财富,是学校生存发展的必要条件,更是促进学生成长成才的可靠保证。要关爱师生,为师生提供更好的物质条件;打造最关爱学生的大学,为学生成才提供良好的平台与制度环境。在关爱师生的同时,要对师生提出更为严格的要求,在教师的职业道德、学生的学习风气等方面严格管理,以教风促学风,以考风促学风,以管理促学风。四是教学文化建设与健全考核评价机制相结合。考核评价机制是一种导向,是教育教学的指挥棒,要建立有利于教学工作的评价机制。在对学院进行评价时,应把教学质量作为考核党政一把手和领导班子的重要指标;在对部门进行评价时,要把部门对教学工作的贡献纳入考核内容;在对教师进行评价时,主要以学生对课堂教学质量的满意度为依据。要完善学院教学工作目标责任制,提高教学工作考核在学院领导班子考核中的权重。

总之,教学文化的重要性是不言而喻的,其建设是一个长期、艰苦的过程。在高等教育提高人才培养质量的时代呼唤和历史命题面前,必须转变思想观念,破除体制机制障碍,着力解决教育教学中的深层次问题,促进教师专业发展,让教学文化来影响、渗透到每一位师生,从而提升人才培养质量。

王利琳

2017年3月

CONTENTS | 目录

第一章　大学课程与教学概述 …………………………………… 1
　第一节　大学课程与教学的概念 ………………………………… 1
　第二节　大学课程与教学的历史发展 …………………………… 13
　案例一　"八年研究":中学教育与大学教育的衔接研究 ……… 27

第二章　大学课程与教学哲学 …………………………………… 45
　第一节　大学课程与教学的两对范畴 …………………………… 45
　第二节　大学课程与教学的理论流派 …………………………… 59
　案例二　耶鲁报告:大学通识教育与专业教育之争 …………… 67

第三章　大学教学组织与实施 …………………………………… 81
　第一节　大学教学组织建制 ……………………………………… 81
　第二节　大学教学组织形式 ……………………………………… 87
　第三节　大学教学组织实施 ……………………………………… 93
　案例三　美国大学教学:基于亲身经历的经验总结 …………… 101

第四章　大学人才培养方案编制 ………………………………… 117
　第一节　大学人才培养方案概述 ………………………………… 117
　第二节　通识课程设置 …………………………………………… 126
　第三节　专业课程设置 …………………………………………… 132
　案例四　博耶报告:美国研究型大学改进本科教育的努力 …… 140

第五章　大学课程与教学设计 …………………………………… 158
　第一节　大学课程设计的理论取向 ……………………………… 158
　第二节　大学课程设计模式 ……………………………………… 163

第三节　大学教学方法 …………………………………………… 171
　　第四节　大学课程大纲及教材编制 …………………………… 183
　　案例五　习明纳：大学独特的教学形态 ……………………… 195

第六章　大学课程与教学评价 …………………………………… 209
　　第一节　大学课程与教学评价概述 …………………………… 209
　　第二节　大学课程与教学评价的内容 ………………………… 213
　　案例六　虚拟大学：凤凰城大学课程与教学的变革 ………… 226

第七章　大学课程与教学管理 …………………………………… 243
　　第一节　大学课程与教学管理概述 …………………………… 243
　　第二节　大学课程与教学管理原则、方法与内容 …………… 248
　　第三节　大学课程与教学管理制度分析 ……………………… 261
　　案例七　导师制与学分制：牛津与哈佛的实践 ……………… 274

后记 ………………………………………………………………… 286

第一章

大学课程与教学概述

大学课程与教学本来是两个概念,把它们置于一起论述,是因为两者之间具有天然的联系。课程付诸实施,就自然产生了教学问题;教学实施之前,有一个课程问题。由于受苏联教育学的影响,我国教育理论界往往对教学研究较多,对课程关注较少。随着西方教育理论的引入及课程改革的深入,课程问题才受到研究者的注意。因此,有人提出了"课程教学"这一新概念,把两个研究领域整合到一起。但为了阅读与理解方便,行文时还是分开论述。

第一节 大学课程与教学的概念

课程在教学活动中处于基础和核心地位。要认识大学课程的含义,必须从课程这一概念入手。然而,目前对课程的定义却是观点纷呈,让人眼花缭乱。因此,有必要从课程这一基本概念入手展开讨论。

一、课程概念分析

(一)课程定义

从词源上看,"课程"一词,英语为"curriculum",源自拉丁文"cursum",意为"race course"(跑马道)。在中国,宋朝著名思想家、教育家朱熹曾说"宽著期限,紧著课程"(《朱子全书·论学》),其中"课程"一词含有"学习的范围和进程"的意思。在西方,1861年,英国著名哲学家、教育家斯宾塞在其教育名篇《什么知识最有价值》一文中最早提出"课程"一词,意指"教学内容的系统组织"。

目前,对"课程"一词的定义多达上百种,其中较有影响的定义有以下几类:(1)课程是学习方案。这是苏联与中国较为普遍的对课程的理解。把教学计划作为课程的总规划,把教学大纲作为具体学科的规划,把教科书作为具体知识材料的叙述。(2)课程是学程内容,即一个具体学科的内容。如数学课程、语文课程、物理课程等。(3)课程是有计划的学习经验。这是西方较为流行并较有影响力的课程定义。该定义认为课程是学生在学校教师领导下所获得的全部经验。我国理论界对课程往往作狭义与广义两种解释。广义的课程是指为实现学校教育目标而选择的教育内容的总和,包括学校所教各门学科和有目的、有计划、有组织的课外活动。狭义的课程是指一门具体的科目。

把课程理解为学习方案或具体的学习科目,是我国教育理论界及广大教师最为熟悉的课程定义,也是最普遍、最传统、最一般的课程含义。一般提到课程,脑海中浮现的往往是数学课程、语文课程这些具体的学习科目与内容。这一课程定义把学习内容或知识内容作为学校教育最主要的内容,具有较为明显的学科中心主义色彩。这一定义彰显了学校教育在传授知识中的功能与价值,也比较有利于通过知识的分门别类确定不同的课程。不过,这一定义将科目、学习内容或学科知识内容视为课程,也有其不足之处。有学者归纳认为,这一定义的狭隘和不恰当之处主要表现为以下四个方面:[①](1)这一定义忽略了学生对于学习活动的主观性认知、创造力、思考能力、智能发展等,也较不鼓励学生主动地建构知识和参与学习活动,容易使学生处于一种被动地接收信息的学习角色。(2)忽略了教育过程的动态因素,教育过程会较易成为以教师为中心的学科内容的灌输,导致教师普遍重指定的教学内容而轻教学与学习过程的偏颇心态。(3)把课程内容与教育过程两者截然分开是不恰当的。这一定义容易使课程沦为"学科本位""教材本位",忽略涉及课程设计的工作,也忽略了学生在学习活动中所获得的实际经验、师生互动以及潜在课程的影响等,甚至有可能漠视师生情谊创作力表现和教师个人成长。(4)这一定义未能包括学校生活的经验,只注意学科内容的知识权威性,而忽视了如何顾及学生的个别情况。课程改革容易流于学科之间的上下左右搬动、上课时数的调整和教材内容的粗略增删。

正因为如此,课程即学习经验的定义应运而生。也就是,把课程理解为学习者、学习内容与教学环境之间的交互作用,以及交互作用所产生的经验历程与实际结果。该定义认为,外在知识只有通过个体亲身的经历及学习者各种自主性活动,才能转化为学习者自身的经验,也才具有课程的意义。这一定义重

---

① 黄光雄,蔡清田.课程设计——理论与实际[M].南京:南京师范大学出版社,2005:6.

视的是学习者个别的学习经验及其所带来的学习历程与学习成果。显然这一定义具有明显的学生中心主义色彩,强调以学生的兴趣、需要等作为学校教育课程设计之依据。而且,这一课程定义有些让人摸不着头脑,如果说课程即学习经验,那么,每个人都有不同的学习经验,这是否意味着学校里没有统一的课程,只有每个学习者的课程?所以,这一界定也有其模糊之处,让人无法理解和把握课程的真相与全貌。因此,这一定义也备受批评,主要集中在以下方面:(1)这一定义太宽泛。学习经验包括很多,既有在学校中通过学习、生活、交往获得的经验,也有在学校之外获得的经验,把课程理解为学习经验,难以确定学校课程的含义。(2)这一定义难以操作。如何合理安排学校学习内容,在课程即学习经验的定义下如何确定教学内容,会遇到困难。(3)这一定义重视了学生的兴趣与需求,却忽视了知识的系统性与社会的要求。(4)这一定义难以区分正规学习活动的正式课程与课外活动的非正式课程,因此,难以明确地界定和掌握潜在课程、非正式课程。

除上述两个经典的定义之外,还有其他一些课程定义,如"课程即计划""课程即目标""课程即研究假设"等,如大学课程往往被等同于"教学计划"或"人才培养方案",在此不再一一介绍。

以上对两个经典的课程定义作了分析。笔者认为,对广大教师来说,确立课程是学习经验的观念更具有现实意义。许多大学教师都凭工作经验认为课程就是自己所上的那门科目,因此,他们想当然地以为,课程设计就是计划自己上课的教学内容,备课就是写教案,课程设置就是安排一门门具体科目。这其实是把课程的意义狭窄化了,仅把课程理解为知识或知识体系,这种知识课程观深刻地影响了广大教师的教学实践,使课程的意义与功能缩小,没有充分意识到课程的含义。由于课程含义的丰富性及复杂性,人们对课程的理解也有诸多误解。比如:把"课""学科""科目"等与课程相混淆,不加区分地加以使用;把课程等同于"教学内容"甚至"教科书";把课程理解为"课堂教学""上课";认为课程就是"功课表",是功课表上一门门具体的课程的总和。

当代课程理论认为,课程是一种有计划地安排学生学习的过程,在这一过程中,使学生获得知识、丰富体验。课程不仅是一种过程、一种结果,而且还是一种意识。现代课程意识就是树立开放的、民主的、科学的课程观。美国课程学者古德拉德(Goodlad)认为有五种不同的课程在不同的层次运作。第一个层次是"理念课程",即教育行政部门、学者提出的课程革新或改革方案;第二层次是"正式课程",是指已经核准在使用的课程方案;第三层次是"知觉课程",指学校教师对于正式课程加以解释后所认定的课程;第四层次是"运作课程",指教师在班级教学时实际执行的课程;第五层次是"经验课程",指学生实际学习或获取经验的课程。葛拉松(Glatthorn)也认为课程按教学实施程度可分为建议的课程、书面的课程、支持的课程、被教的课程、施测的课程、习得的课程。这一分类与古德拉德有异曲同工之妙。

(二) 课程的类型

课程的类型是指课程的组织方式,或者设计课程的种类。由于课程设计的价值观、课程组织的方式、课程的开发与管理等不同,因而导致课程类型名目繁多。我们可以从不同的角度对课程进行分类。

从课程的组织方式看,可以把课程分为分科课程与活动课程。分科课程也称为学科课程,是指一种以各门科学体系为基础,选择其中部分内容组成各门不同的学科,再以各学科体系为核心,彼此分立地设计各门科目内容的类型。活动课程也叫经验课程,是指一种以学生的兴趣和动机为基础,选择某些儿童参与其中的活动组成活动单元,以学生经验为中心设计各单元活动作业的类型。该设计类型要求打破学科分界,完全根据学生爱好和需要选择经验,组织活动,强调做中学。

从课程的表现形式或影响学生的方式看,可以把课程分为隐性课程与显性课程。隐性课程指的是那些难以预期的、伴随着正规教学内容而随机出现的、对学生起着潜移默化式的教育影响的内容。显性课程也称为正式课程,是指在课程计划和教学内容中明确陈述的,并要在考试、测验中进行考核的正规教学内容及课程。

按课程管理的层次划分,可以把课程分为国家课程、地区课程和学校课程。国家课程又称"国家本位课程",是政府为保障国民的基础学力、基本素质而开发的课程。地区课程是一个地区组织人员而开发的课程,反映地区对课程的统一要求。学校课程也称校本课程,是基于一所学校及学校所在社区的特殊需要而开发的课程。

按课程修读要求,可以把课程分为必修课程与选修课程。必修课程是指学生必须修读的课程;选修课程是学生可以任意选择修读或者不修读的课程,学生可以根据自己的兴趣爱好与实际需要,决定是否学习。

按课程的性质与功能来分,大学课程又可以分为通识课程与专业课程两大类。通识课程是指专业教育之外的内容,专业课程又包括专业基础课程、专业核心课程等内容。

从其他角度来分,大学课程还可以有理论课程、实验课程、精品课程、网络课程、微型课程等不同称谓。其中精品课程又分为精品资源共享课程、视频公开课程,反映出课程随着时代的发展、科技的进步而不断衍生变化。

(三) 课程与教学的关系

关于课程与教学的关系,有三种不同的观点。第一种观点认为课程与教学是独立关系,即课程、教学相对独立,互不交叉,是两个分离的学科。第二种观点认为课程与教学是包含关系。这种观点又有两种对立的情形:一是大教学小课程,即认为教学是上位概念,课程包含于其中,课程是教学理论中的一个基本内容,是关于教学内容的研究;二是大课程小教学,即把课程理解为上位概念,课程的内涵和外延都相对扩大,把教学作为课程理论下的一个研究内容。第三种观点认为课程与教学是循环关系,即课程与教学是两个相对独立却互为反馈的延续关系,课程不断地对教学产生影响,反之亦然。有人用三个隐喻来说明这种循环关系:课程是一幢建筑的设计图纸,教学则是具体的施工;课程是一场球赛的方案,教学则是球赛进行的过程;课程是一首乐谱,教学则是作品的演奏。

当代教学与课程理论强调,教学与课程互为依存关系,认为课程与教学从分离走上整合,甚至有人创造了一个新的术语来概括形容这种新的理念与相应的实践形态,这就是"课程教学"(curriculum'n'instruction)。[①] 在这一新的课程理念下,教学作为课程开发过程,而课程则是教学事件。大学课程与大学教学正走向融合,大学教师既是一门课程的教学任务承担者,同时也是这门课程的开发者。

(四) 大学课程的含义与特点

本书所指的大学并不是严格意义上的科学分类的大学,而是泛指高等教育系统或高等院校,包括研究型大学、教学型大学、应用本科类院校、高职高专院

[①] 张华.课程与教学论[M].上海:上海教育出版社,2000:89.

校等。尽管不同类型的高校面临着不同的课程设计、课程设置等问题,但本书是从理论的意义上,从普遍性、抽象性的角度对大学课程加以讨论与研究,不针对某一特殊类型的高等院校。

按照上面对课程的理解,可以把大学课程也分为广义与狭义两类,广义的大学课程是指大学教学计划或人才培养方案中安排的所有活动;狭义是指一门具体教学科目。张楚廷认为可以从三个层面来理解大学课程:①狭义的理解,即课程是教学科目;中义的理解,即课程是教学内容;广义的理解,即课程是学生在高校习得的一切文化的总和。

大学课程与基础教育课程相比具有其自身的特点。大学课程的设置要考虑到许多制约因素:社会发展的要求、科学技术的发展、高等教育培养目标、大学教学过程的规律、大学生身心发展特征、学校自身的定位与特色等等。因此,大学课程具有以下特点。

第一,大学课程设置具有明显的专业性。大学不可能把人类全部知识教给学生,必须按学科发展和分类及社会职业分工需要来确定专业,在专业下构建知识体系,并以课程的形式加以确定。因此,大学课程组合基本上是以知识为导向,以学科为经纬,结合社会需要进行安排与组织的。这样,使得大学课程具有典型的专业性质,专业性是大学课程的本质属性。尽管目前高等教育改革更强调基础的宽厚,强调淡化专业,但一定程度的专门化,永远是大学课程的一个基本特点。张楚廷曾对专业与课程的关系作过精辟的论述,他说,设置一个专业,就需要设计一套课程,形成课程体系。反过来,要设计好课程体系,才能办好一个专业。专业比课程有相对的稳定性,如果说专业是骨架子,那么它的血肉就是课程,甚至专业的灵魂是课程。②

第二,大学课程内容具有前沿性。高等学校不仅是培养人才的机构,而且还是发展科学知识的策源地。从培养人才这一角度来说,大学生已具备接受各专业领域最新研究成果,并对不同的观点作出初步评判的能力,大学要培养学生进行科学研究、探索未知领域的能力,大学课程必须选择一些在科学发展过程中尚有争议的问题,吸收科学发展的最新成果,使课程内容始终处于世界科技发展的前沿,以保证大学培养人才的规格。从科学研究这一角度来说,现代

---

① 张楚廷.大学教学学[M].长沙:湖南师范大学出版社,2002:69.
② 同上:99.

大学不仅是教学单位,而且还是发展高深学问的机构。这种教学与科研的结合要求大学课程的内容具有前沿性,科学研究的发展需要从教学中汲取营养,而课程也必须吸收最新的研究成果才能不断发展。

第三,大学课程更注重科学方法论的训练,培养学生的探究能力。大学是高层次的教育,大学课程比中小学课程更加高深、复杂、尖端和开阔。大学课程不仅要教给学生现有的知识,还要把科学发展的道路、人类探索的过程展现给学生;不仅要给学生提供本学科正在解决或尚未解决的问题,还要给学生分析那些尚无定论的各学派的不同观点。除此之外,大学课程的教学中往往渗透着教师的科研历程和思维方式,这样,能使学生明了本课程的科学方法论,激发学生的探究欲望,培养学生的独立学习能力和创新能力。

二、教学概念分析

(一) 教学定义

教学的定义颇多。谈起教学,教师自然都不会感到陌生,但要给教学下一个比较确切的定义,却又不是那么容易。综观目前国内外教学理论界对于教学概念的理解,可以说是多种多样,五花八门。有的将教学视为教师的教授活动;有的将教学视为教师"教"与学生"学"的相加;有的将教学视为传授知识的活动;有的将教学视为促进学生智能发展的活动;等等。这些定义都从特定的侧面反映了教学这一复杂现象。

如同"老师"称号一样,"教学"这一词也有广泛的指称,在不同语境下具有不同的含义。在日常生活中,最广义的教学可以包括自学、科研甚至生活本身,即使在有所限定的情况下,也经常与"教育"一词通用;同时,最狭义的教学可以特指某个时间、某个地点所发生的教学活动。日常生活中使用的时候称不上科学概念,因为没有确定、严谨的内涵和外延。教育学和教学论所说的教学,特指学校中专门的教学活动。在此,可列举一些比较有代表性的定义:(1)教学是教师、学生的共同活动,是在教师的指导下,学生自觉的、积极的认识活动。教学包括着教师的活动,也就是教;又包括着学生的活动,也就是学。教师和学生,教和学,是教学相互联系的两个方面,而且是教学不可缺少的两个方面。(2)教学是教师的教和学生的学所组成的一种教育活动。通过教学,教师把人类长期实践积累起来的科学文化知识,有目的、有计划、有系统地传授给学生,培养他们认识世界和改造世界的能力,使他们迅速成长为有社会主义觉悟的有文化的劳动者。(3)所谓教学,乃是教师教、学生学的统一活动;在这个活动中,学生掌握一定的知识和技能,同时,身心获得一定的发展,形成一定的思想品德。这些定义散见于国内诸多版本的教学论著作中。

从上述定义中可以得出以下几个认识:第一,教学不只是包括教,而且包括学。在刚引入"teaching"和"instruction"这些词汇时,国内曾经一度普遍翻译为教授。著名教育家陶行知先生著书撰文,论证教学活动中教与学的相互关系,极力呼吁用"教学"一词取代"教授"。在学校教学中,教中有学,学中有教,教学是一件事情,而这一件事情包括着教与学不可分割的两个方面。第二,教学不只是传授知识,还包括促进学生全面发展。初看起来,教学是教师向学生传授知识的简单过程,而事实上教学是非常复杂的过程。学生在教师的指导下掌握一定的知识、技能和技巧,在学生掌握知识的过程中要发展他们的智力,教学永远有教育性,在教学中要培养学生的世界观和性格。当然,教学要促进学生全面发展,从这一意义上看,教学与教育这两个概念具有重叠性。

(二) 大学教学的含义与特点

大学教学作为一种传递高深知识、培养高级专门人才的教学活动,除了具有一般教学过程的共同特点和必须遵循的共同规律外,又有不同于一般教学过程的特点。对于大学教学过程的特征,不同的学者有不同的归纳,但大致有专业理论性、独立性、创造性、实践性、科研性等特征,尽管有不同的归纳与表述,但基本含义相似。大学教学相对于基础教育中的教学而言,具有以下特点。

1. 大学教学目标是培养具有专业知识技能的高素质人才

大学教学是建立在普通教育基础上的专业性教育,以培养各种高级专门人才为目标,这就决定了大学教学中的一个基本特点:专业性。大学的教学计划是针对专业培养目标而制定的,课程设置、教学活动都围绕着培养一定的专门人才的需要来组织,并按照专业的方向,建立合理的知识结构和智能结构,使大学生能掌握专业知识和技能,并顺利过渡到能独立承担工作,满足社会对各种各样专门人才的需求。

大学自产生以来就按专业培养人才,中世纪大学在很大程度上是职业性学校,它们训练学生掌握一定的知识,为以后从事法律、医学、教学这些世俗专业或献身教学工作所用。大学的这种简单专业分化教学维持了很长时间,并且高等教育是少数人的特权。在历史上,大学曾一度追求理性的自由教育。按自由教育的倡导者纽曼所言,自由教育本身仅仅是发展理智,它的目标就是获得杰出的理智。自由教育成为当时大学的显著特征及追求目标。但是随着工业化的实现和劳动分工的加速发展,专业的分化也日益加速,从根本上动摇了自由教育只为少数有闲阶级服务的观念。高等教育开始向社会中心移动,开始通过积极参与广泛的社会活动来确立自己的合法地位。大学教育中新的"专才"开始取代以往的通才。专业同时变得越来越狭窄,要求有特定的、较长的培养培训渠道,学生开始通过满足政府部门和企业专业化人才需要来寻求经济成功和生活保障。在今天,仅仅征服知识领域的一个方面就需要耗费我们全部的精力,更不必说征服整个知识领域了,培养亚里士多德式的全才已是不可能的了。虽然专业教学培养专门人才成为我国大学教育的特点,但是随着高等教育重心上移及对全面发展的重视,大学教学必然实行专业教育和通识教育的结合。

2. 大学教学内容具有前沿性和职业性

大学是传递深奥的知识,分析批判现存的知识,并探索新的学问领域的一种机构。与此联系的是大学教学的两种高等教育哲学的基础:一种是认识论基础,以闲逸好奇的精神追求纯粹的知识和不受价值影响地探讨高深学问,以此作为大学存在的基本根据;另一种是政治论基础,认为人们探讨深奥的知识不仅出于闲逸的好奇,而是因为它对国家社会发展有着深远的影响。当社会发展面临越来越多的问题时,高等教育将提供解决这些问题所需要的知识和人才。[①]学术是大学的逻辑起点,对知识的传递、批判和探索是大学永恒的主题。大学对学术的追求取决于对真理和知识的永无止境的探求过程,取决于研究和创造性,而大学对于真理和知识的探求又能产生服务于社会的最重要的实用性知识,大学通过学术研究、科学交流和对整体世界的反思,能培养出具有自由精神、技艺和力量的优秀人才。大学的这一特性就要求大学教学内容具有前沿性和职业性。

教学内容的前沿性要求大学的教学不仅要向学生传授已经有定论的科学知识和专业知识,而且还要向学生介绍最新的科学成就,各种学术流派和学术观点以及各学科需要进一步研究和探讨的问题。这样才有助于启发大学生积

---

① 约翰·S.布鲁贝克.高等教育哲学[M].杭州:浙江教育出版社,1987:12-14.

极思考,走近学科前沿,深入某个学科领域,培养其创新和探索精神。大学教学的职业性主要体现在专业人才的培养上,而且大学专业人才的培养是与社会职业相对应的,以满足社会对各级各类专业人才的需求为目的。大学教学内容具有职业性还体现在能创造新职业,因为新职业往往随着新知识的产生而出现。大学依靠自身的知识优势,将新知识迅速转化为新产品,从而形成新职业。知识的创新在大学中处于重要地位,大学不断创造新知识,同时生成新的专业,并为社会各种新职业提供所需要的专业人才。随着知识经济的来临,职业将进一步知识化,职业变化的实质就是知识的变化,要适应这种变化就必须不断学习、创造。

3. 大学教学与科研紧密结合

大学教师教学与科研之间存在着内在的联系。尽管在大学中教学与科研时有冲突,但就一般而言,大学教学与培养学生科研能力紧密相连。科研不仅是高校为社会服务的主要形式,而且是培养新型人才,提高师资水平,推动专业发展的重要手段。教学可使科研的成果得到进一步传播和证实,教师在教学中所掌握的基础理论有利于科研工作的发展。

自19世纪初叶,德国人洪堡把科学研究的职能引入大学,提出了具有划时代意义的"教学与科研相统一"的办学思想之后,引发了关于教学与科研关系的长期论战。从历史考察中可以发现,教学和科研工作的重叠只在少数名牌大学及部分专业中出现,而在一些普通院校,教学与科研往往会顾此失彼、相互冲突。大学教学与科研紧密结合可以表现在教师身上,教师既是教育者又是研究者。大学教师是研究者或学者,这是由大学追求高深文化、高深学问的性质决定的。高深学问具有前沿性、深奥性、创新性,只有研究,才能发展科学创新知识。科学研究就是根据已有的知识基础,探求未知的事物,从而获得新的知识和理论的过程。大学教师的研究与中小学教师的研究的区别就在于中小学教师研究的对象主要是教育实践,是关于教学的理论的研究,解决怎样教才是最好的教的问题。大学教师的研究则不仅限于教学理论研究,其主要目的在于开拓科学新领域,增加人类科学知识,发展学科,推动科学文化与科学技术的发展。对此,很多科学家与教育家作过精辟的论述。如雅斯贝尔斯说:"最好的研究者才是最优良的教师,只有这样的研究者才能带领人们接触真正的求知过程,乃至于科学的精神,只有他才是活学问的本身,跟他来往之后,科学的本来面目才将得以呈现。通过他的循循善诱,在学生心中引发同样的动机。只有自己从事研究的人才有东西教别人,而一般教书匠只能传授僵硬的东西。"① 钱伟长在谈到大学教师和科研相结合时说:"你不上课,就不是老师;你不搞科研,就不是好老师。教学是必要的要求,不是充分的要求,充分的要求是科研。科研反映你对本学科清楚不清楚。教学没有科研做底子,就是一个没有观点、没有灵魂的教育。"② 他认为大学教师的提高主要不是听课进修,搞科研是培养教师的根本途径,大学教师进行科学研究既是发展科学的要求,也是搞好教学的要求。在教师指导下进行的科研活动,有助于学生发展科学的思维能力和掌握科学的思维方法以及培养创新精神与意识,以至为日后进行创造性工作打下坚实的基础。因此,为进一步加强学生学习与科研的结合,可以设置有关科学研究方法论的课程,让学生参加带有研究性的实验和各种研讨会,增强毕业论文、毕业设计的科研性,让学有余力的学生参与教师的科研课题,并且鼓励学生参加各种形式的课余科研活动,等等,逐步将学习和科研有机结合起来。

4. 大学师生在教学关系上具有相对独立性

大学生不像中学生那样以接受学习为主,在大学里,学生要学会自己去探索知识、发现知识。大学生对教师的依赖已大大减少,自我管理、自我选择发展方向的能力增强,学习的自觉性、独立性也大为提高。

在大学教学中学生为什么会具有相对的独立性和自主性呢?第一,大学生的身心日臻成熟,学生的自我意识和反省水平不断提高。从生理发展来看,大学生正处在生理机能和神经系统发育成熟的最佳期,体魄健壮,精力旺盛,具有从事独立学习、承担学习任务的身体素质。从心理发展来看,各种个性心理品质逐渐趋向成熟。学生的抽象逻辑思维能力得到发展,辩证逻辑思维能力趋向成熟,使大学生思维的独立性、全面性、深刻性与批判性都有较大的发展。这些心理发展因素,导致大学生在学习过程中,既不盲从,又能独立自主地进行学习。第二,大学的教学形式与方法促进了大学生学习自主性的发展。在大学生的整个学习期间,除课堂讲授以外,自学、讨论、实习、实验、参加社会实践、写毕业论文占据了相当大的比重。这些活动促使大学生养成独立的学习能力与习

---

① 雅斯贝尔斯.什么是教育[M].北京:生活·读书·新知三联书店,1997:152.
② 钱伟长.新技术革命与高等教育[M].北京:教育科学出版社,1984:73.

惯。同时,高等学校各门学科的教学内容无论在深度与广度上都大大超过中学。这样教师在教学中只是突出重点,讲解难点以及解决问题的思路、方法,有些教学内容要求学生自己去查阅参考资料,通过自学和独立思考去分析问题和解决问题。第三,大学生学习的自主性是社会发展的客观要求。大学阶段,是学生从学校到工作岗位的过渡时期,这就要求着重培养学生独立的学习和工作能力,以便为走向社会做好充分准备。无论学校的教学大纲编得多么完善,学生在毕业后仍会遇到他们所不熟悉的知识,那时他们将不得不独立地、迅速地弄懂这些新东西并掌握它们。只有具有较高发展水平及独立学习能力的人才能更好地应付这种情况,这也说明培养学生独立的学习能力是社会发展的客观要求。

大学生的学习独立自主性主要表现在时间分配、课程设置和活动安排等方面。从教学时间分配上说,学生上课时间相对减少,自学时间逐渐增多。不少大学生不满足于教学大纲规定的要求,利用图书馆、实验室以及开展社会调查等多种渠道来收集一门学科的各种资料和信息,并通过探索性的学习,通过独立思考和分析研究,对其作出一定评价。从课程设置来说,大学不仅开设大量的必修课,而且还设置一定比例的选修课。大学生可以根据自己的兴趣或需要去选择一定的选修课,扩展知识范围,进一步培养在某一方面的专长,从教学活动安排来说,除课堂教学之外,还有各种各样的教学活动,这些活动要求每个学生能够运用所学知识,独立地完成学习任务。比如,一部分大学生在学好规定课程后,进行了科学研究的尝试,在科研活动中增强了研究问题、分析问题、解决问题的能力。在大学教学中,师生关系更多地表现为一种社会的人际关系,教师和学生之间的空间联系远不如中学那样紧密。大学生已是成人,是具备承担民事责任能力的公民,活动自主性更强,师生关系相对比较独立。

5. 大学教学与实践的联系更为紧密

大学教学过程不仅要传授系统知识、技能与技巧,而且还要培养学生应用知识的能力,即要将抽象的专业理论知识具体化,培养学生从事实践活动的意识、态度与方法。

大学教学与实践的联系更为紧密。大学教学与实践的关系,与普通中小学相比较,已大为不同。从实践活动的水平来说,普通中小学教学中也强调理论联系实际,但它一般是简化了的实际,其目的只是传授前人已经获得的知识,或者是验证已知,重复科学发展中的某些重要实验,这种理论联系实际的做法,虽然在大学教学过程中仍然采用,但已远远超过这种水平。在大学教学中,除课堂实验、习题练习之外,还有由学生自己命题、自己设计的实验。由学生自己提出课题、自己从事研究或设计的活动。从实践活动的方式来说,大学教学过程中,大学教学的实践环节范围广泛、形式多样,如实验实习、社会调查、知识咨询、科技服务、课程设计、毕业论文、公益劳动以及军事训练等。大学生的这些实践活动具有综合的教育功能,其根本目的是促进学生提高思想觉悟,增强社会责任感,开拓知识视野,增长实际才干。

知识和学术只有在不断的运用中才能重构、重生,运用得越多、越深,产生新知识的可能性也就越大。我们过去较多关注的是原理性知识和理论性知识,然而它们只有通过应用转化成技术性知识和应用知识,才能转化成为现实生产力。现代大学教学越来越强调实践能力的培养,而不仅仅是对传统专业知识的掌握。现代大学教学改革的一个重要目标就是确立一种新的学习方式,使学生在主动的、双向的、探索的、研讨的过程中成为学习的主人,从而提高自学能力、研究能力、创新能力,而这种基于学习方式的转变比以往任何时候都更为强调实践对于大学教学的价值和意义。世界经济合作与发展组织(OECD)提出,在知识经济中边干边学是最重要的;博耶认为,通过教研人员和学生共同参与研究活动才能有效地促进教学,所以他把这种"以研究为本"的合作性学习、团队学习作为改革本科教育的第一个有效途径;麻省理工学院的创始人罗杰斯认为,培养学生专业能力的最有效途径,是教学、研究与关注真实世界的问题相结合。大学教育是年轻人在他生命最重要的时期所获得的一段经历,而这种经历又是由很多令人向往的高峰体验所构成的。这种体验需要通过接触那些品学兼优的人物和一些特殊的氛围来获得。大学应该提供这样一种环境与氛围,使大学生在这个环境中耳濡目染,从而得到很好的发展。

第二节 大学课程与教学的历史发展

在研究关于大学课程与教学的形成问题的时候,中世纪大学往往被认为是大学课程与教学的开端。我们现在的课程、考试、学位制度等几乎都是来源于此,有所变化的不过是旧时常用的拉丁文被法文、英文、中文等代替而已。① 尽管此语有些夸张,现代大学的课程与学位跟中世纪大学不可同日而语,但诚如涂尔干在《教育思想的演进》中所提到的,"学术生活已经发生了转型,但依然在中世纪为它挖就的沟渠里流动"。② 因此,要研究大学课程与教学的发展则必然要将中世纪大学作为一个重要的出发点,而近代的自然科学与技术在大学中的引入与运用,现代科学与信息技术的发展,使大学课程与教学有了明显的变化。

一、大学课程发展历史

(一) 中世纪的大学课程设置

在欧洲,意大利的萨莱诺大学、博洛尼亚大学以及法国的巴黎大学一直被看作是其他欧洲中世纪大学的"母大学",备受关注。所以,我们在考察中世纪课程设置时,无疑要从他们的发展中寻求答案。

中世纪大学的课程早先较为简单,而且并不一致。11 世纪至 12 世纪中期的课程内容主要沿袭古希腊,特别是希腊化时代后期以及古罗马的教育内容,持续了百年的时间。然而随着 12 世纪末期古典时期的希腊教育内容、阿拉伯世界的文明以及阿拉伯世界的哲学与科学内容的涌入,中世纪大学课程有了新的、更明显的变化,并且很快在 13 世纪初借由大学规程或者教皇的敕令建立起一套初成系统的课程体系。随着阿拉伯世界文明的繁荣,古典时期的希腊教育内容以及阿拉伯世界的哲学和科学才逐渐进入欧洲的大学课程。从 13 世纪末 14 世纪初开始,法国各大学文学部已普遍开设了有关亚里士多德的逻辑、哲学、伦理学,希腊化时期欧几里德的《几何学》、托勒密的天文学以及包括阿拉伯的哲学和科学在内的多种课程。③ 到 14 世纪初,逻辑和辩证法成为中世纪大学文学部的核心学习内容。中世纪大学不仅在课程设置上有了必修课和选修课的划分,而且在必修课、选修课的讲授上,授课的人员、时间上都有着明确的区分。如由有经验的年长教授正式讲授的必修课通常在上午,如逻辑和文法;而由高级学部的硕士生和刚刚毕业的教师主持的选修课一般安排在下午或者节假日,

---

① 黄旭华,郭志芳.中世纪大学课程特色及启示——以巴黎大学为例[J].教育学术月刊,2013(3):3.
② 爱弥尔·涂尔干.教育思想的演进[M].李康,译.上海:上海人民出版社,2003:117.
③ 黄福涛.外国高等教育史[M].上海:上海教育出版社,2003:67.

如天文学、数学、自然史等。

中世纪大学的课程体系也是与当时大学的组织制度联系在一起的。学部是当时大学组织进行课程教学的主要机构。由于各大学的规模、传统和培养目标等不同,大学中的学部构成也不同。其中以巴黎大学的学部最为齐全,设有文学、医学、法律和神学四个学部。文学部是非专业教育的机构,仅教授基础课程,在地位上处于其他学院之下。从当时文学部课程内容来看,初期的课程几乎完全是继承古罗马时代遗留下来的由文法、修辞、辩证法等构成的"三艺"和极小部分由算术、几何、天文、音乐组成的"四艺",①课程主要以经典著作的学习为主,其中文法教材采用的是普里西安的《语法规范》;修辞学指定的书是多纳图斯的《芜杂的语句》和包伊夏斯的《修辞学概论》;②逻辑学为亚里士多德的《工具论》(包括《范畴篇》《解释篇》《前分析篇》《后分析篇》《论辩篇》和《辨谬篇》)以及波尔菲里奥斯的《概论》;算术教材为尼科马霍斯的《算术引论》的改编本,几何学则是欧几里德的《几何原本》;天文学为托勒密的《至大论》;音乐为波伊提乌的《论音乐》。③后来在文学部课程中又增加了三种哲学:自然哲学、道德哲学和形而上学。教材则是亚里士多德编纂的包括《物理学》《论植物》和《论灵魂》在内的一系列自然科学著作,囊括了物理学、生物学、心理学和宇宙论等各方面的知识。神学课程在初期则主要是学习《圣经》、宗教格言以及历代著名神学家编纂的有关《圣经》的注释和评论等。

中世纪大学的课程特点:一是经典性。许多以探索自然界和人体奥秘为内容的学科也逐渐成为欧洲中世纪大学的课程,当然还有其他一些著作、摘要、评注之类的读物,但上述所引的经典著作才是最重要的。正如魏瑟培(James A. Weisheipl)所说:"中世纪的课程就是经典名著课程。"二是实用性。"中世纪大学植根于欧洲实用主义的氛围,欧洲最早的大学的诞生是利用11—12世纪智力的发展来适应日益增长的城市社会的需要。"④中世纪大学的主要特征是其职业训练的教育目的,一个普遍特点就是具有明显的职业性、技术性以及实用性,

---

① 黄福涛.外国高等教育史[M].上海:上海教育出版社,2003:67.
② 夏之莲.外国教育发展史料选粹(上册)[M].北京:北京师范大学出版社,1999:163.
③ E.P.克伯雷.外国教育史料[M].任宝祥,任钟印,译.上海:华东师范大学出版社,1991:130-131.
④ Alan B. Cobban. *Intellectual Life in the Middle Ages*. London: Hambledon Press, 1992: 227.

中世纪大学课程内容也不例外。鲁迪(Willis Rudy)就曾指出:"不仅高等教育机构的许多培训内容是不加掩饰的职业性的,而且有段时间中世纪大学还包括我们今天称为商业课程的东西,或者更确切地说是秘书学科的科目,这就是'文书艺术'这一课程。当时人们急需准备信函、设计法律条文和起草公文及其他政府文件等方面的训练。这些研究便作为中世纪修辞课程的一个实用分支而发达起来了。"[①]这一点从中世纪大学课程在学生中受欢迎的程度得到证实,当时民法是最受学生欢迎的课程,紧跟其后的是教会法,最后才是医学。这种实用性课程的设置与大学教育受到学生的青睐。三是宗教性。中世纪大学在宗教统治的社会环境下,其课程与教学内容自然具有宗教性特点。虽然中世纪大学课程内容有一定的宗教色彩,但宗教为了论证教义的合理性而主张广涉博览各学科的知识,尤其是自然科学的知识,在钻研的同时又锻炼了人们思维的严密性,培养了理性精神。

(二) 近代欧洲的课程设置

17—18世纪的欧洲,各国的大学都处在持续的衰退之中,传统大学形式甚至面临被废除的危险,也正是这一时期,近代大学的端倪开始出现。受启蒙运动及功利主义思想的影响,现代哲学和科学逐渐进入并发展成为大学课程的核心内容,成效显著。哈勒大学、哥廷根大学以及以柏林大学为首的一批新大学在课程设置上有了新的突破,推动了欧洲大陆、美国、东南亚乃至整个世界高等教育近代化的进程。

到了近代欧洲,大学一改往日大学神学部至上的传统,哲学部取代了神学部的地位,成为大学众多课程的核心,跃居法学、神学、医学部之上。哲学部在恢复古希腊学术传统,主张哲学为一切知识之根本的同时,又继承了德国黑格尔等思想家的思想,主张世间万物都可归结为有机的理性统一,作为自然和社会最高形式的理性既生成各种知识,又包含一切学问。因此,哲学部不再是作为学习高级神、法、医各学科的预备和基础学部,以传授古代的"七艺"作为核心内容的纯粹的教学机构,而是将传统的教学与近代的科学研究融为一体,一方面促进各种新知识的形成,另一方面培养受教育者形成一种态度或精神,使学生在获得基本概念或知识的基础上,去获取和追求最高形式学问的知识或科

[①] Willis Rudy. *The Universities of Europe*, 1100 - 1914: *A History*. London: Associated University Presses, 1984:32.

学,并在这一过程中促使学生具备和发展比知识学习更重要的研究能力、研究方法以及完善的人格。例如,19世纪创办的柏林大学,其哲学部开设的课程不仅包含了传统大学开设的人文和社会科学方面的课程,而且还设置了自然科学方面的科目。根据史料记载,这一时期哲学部总课程数约为78门,几乎囊括当时除神、法、医之外所有的高级学问,不仅包括语言学、历史学、考古学、艺术学等,而且包括数学、物理学、气象学、化学、植物学、动物学、解剖学、地理学、矿物学等。据统计,至20世纪初哲学部中属于文科方面的课程约为46门,约占总课程的60%,属于理科(或自然学科)的课程仅为32门,约占40%。就文科课程而言,绝大多数是语言、历史和艺术方面的科目,其中语言学课程最多,多为学科不断分化或在传统学科名称下衍生出的更为狭窄的专门研究领域。① 这也从某种程度上印证了柏林大学固有的,哲学凌驾于众学科之上的,统合自然、人文和社会知识的学术思想和大学理念。

医学部的课程内容在这一时期也得到了极大的丰富。受工业化进程的影响,医学部在大学中的地位仅次于哲学部。19世纪的柏林大学一改传统大学中医学课程只重书本知识的传授,忽视临床或医学实践的陈弊,不但设置了大批与近代科学有关的医学课程,把以实验为手段的科学理论作为指导和依据,而且将课堂理论与临床实践相结合。从1890—1914年柏林大学医学部课程设置的名称和内容来看,仅仅这一时期,新开设的课程就多达28门,其中大多数是吸收近代自然科学、人文社会科学的最新成果,并结合研究型大学的特点开设的,如外科学、比较解剖学、药物化学、细菌学、实验治疗学、精神病学等。近代自然科学则以各种形态,更加迅猛、直接地影响和制约着大学的课程设置,使柏林大学各学部的课程不仅在数量上,而且在内容甚至本质上发生了革命性的变化。大学逐渐与科学学科、社会上的各种行业和职业密切相关,开始担负起推进学科研究和发展科学的新职能。

(三) 当代美国的课程设置

到20世纪,高等教育强国从德国转向美国。美国高等教育曾经有过一个全面学习德国经验的时期,大批美国青年前往德国留学,并仿照德国大学办学模式进行改革,但美国并没有简单套用和仿效德国的高等教育模式,而是结合

---

① 黄福涛.从课程设置看柏林大学的近代意义[J].高等教育研究,1996(5):93-97.

美国自身实际,如德国的讲座制在美国就成为了学系制。在课程上也是如此。美国在课程设置上更为重视通识课程,主张让学生更为自主地选择课程。通识课程的出现与哈佛大学前校长科南特(James Bryant Conant)有着最为直接的关系,早在1945年,以科南特为代表的委员会发表了《自由社会中的通识教育》的报告书,提出了哈佛大学实施通识教育计划的指导思想和总体构想,并且在四年后正式付诸行动。第二次世界大战之后,随着美国高等教育从大众化向普及化迈进,哈佛大学本科生院的入学人数也急剧增加,学生来自不同文化、经济和种族背景,力图将单一的西方知识精华传递给年轻一代的传统的通识教育课程模式已经无法适应变化的形势;同时六七十年代的民权运动和学生运动高涨,哈佛大学学生积极参与课程改革运动,课程数量激增,良莠不齐。1973年,哈佛大学校长博克(Derek Book)任命罗索夫斯基(Henry Rosovsky)为文理学院院长,并让他调查本科生课程设置情况,提出课程改革计划。1976年,罗索夫斯基领导的工作小组提出了一项改革方案,主张在本科生教育的专业课和选修课以外,建立一套共同的基础课程——"核心课程"体系。

二、大学教学方法的历史演变
(一) 中世纪大学的教学方法

在中世纪以前,教学主要是通过口授身范的方式进行。口授法发展演变为讲授法和讲读法,身手示意法发展为直观法、演示法,但仍旧是低水平的、简单的;模仿法发展为背诵法和练习法,体现学生的主体能动性。在我国古代,讲授法和背诵法是最基本的方法,但古代教育家们也曾主张问答法、讲解法、启迪法等。比如我国的孔子,强调"学""思"结合,提出了"不愤不启,不悱不发"的启发式教学;古罗马昆体良在《雄辩术原理》一书中阐述了一般的教学方法:讲授法、问答法、练习法等;基督教领袖之一圣奥古斯丁对当时形式主义的教学方法强烈反对,主张通过行动而不是规则来进行学习,并鼓励学生提问,以此来激发学习动机;苏格拉底经常使用提问诘问的方式来进行教学。

在欧洲中世纪,当时的教学方法主要是保全文化的手段,那时模仿和记忆又重新成为基本的教学方法。当时著名的经院哲学家阿培拉德(Pierre Abélard)和阿奎那(Thomas Aquinas)都认为,教师要把学生看作教学的主要力量。没有学,就没有教,学习是由学习者发动的自我活动过程。因此,正确的教学方法不是把知识传授给学生,而是教师与学生的潜在能力的协调,由此产生教师所掌握的那种知识,即运用演绎推理和归纳总结的方法来进行教学。由于演绎推理的运用,人们更依靠用语言进行教学,因此在中世纪大学里讲授和辩论取代了背诵与记忆。由于书本给教学带来了统一性和权威性,它们日益受到尊重,而且还促进了教学方法的变革。如近代大学先驱哈勒大学,第一次对中世纪大学的讲读法作了重大改良,由对教科书的评注和解释变成了论文讲演制,学生在论证论题时,要努力搜集新经验来验证所假设的命题是否成立。

讲授就是教师讲解所选定的著作或教科书的原文以及各种注释。学生听老师讲解,逐字逐句记笔记。因为在15世纪以前,欧洲的书籍很少,而且很贵,所以教师讲课实际上大多是诵读原文。也有一些教师的讲课对原文进行新的注释和评论,这些内容常常会整理为"注释集"。讲授分为普通讲授、特别讲授、粗略讲授。普通讲授是学校制度中规定的正式讲授,由大学中已经取得正式教学证书的教师,如获得博士或硕士学位的教师,在规定的授课时间和规定的场所进行;特别讲授是对普通讲授的补充,一般在休息日,没有固定的场所,多由已经取得学士学位,尚未取得正式教学资格证书的实习教师担任;粗略讲授是教学训练性质的,由学士或年长的学生来讲。另外,担任正式讲授的教师可以领取讲课报酬,负责特别讲授的实习教师则完全是无偿授课。

辩论一般在讲授之后进行,辩论分为问题辩论和自由辩论。问题辩论是就一个论点,两名学生或两组学生进行辩论,多在课堂上由教师主持进行。自由辩论一般在公开场所进行,辩论的问题和参加的人都没有限制。大学产生初期,由于书籍缺乏,教学多采取辩论形式。特别在神学学部以及在以波隆纳大学为模式建立的法律学部教学中,采取辩论形式训练学生的辩才更是重要的教学手段。[1]

教会对中世纪大学的教学风格也产生了极大的影响,尤其是在巴黎大学,阿伯拉尔(Peter Abelard)《是与非》一书是大学授课的蓝本。比较典型的课堂教学多由教师口述,学生记录,大致采取以下步骤:提出论点,列出正反两方面的论据,通过演绎推理和逻辑分析,排除错误,得出结论。考试则以辩论为主,旨在考察学生的判断、分析和辩论的能力。[2]

---

[1] 刘海峰,史静寰.高等教育史[M].北京:高等教育出版社,2010:290.
[2] 黄福涛.外国高等教育史[M].上海:上海教育出版社,2003:69.

(二）近代社会的教学方法

在文艺复兴时期,由于对希腊语和拉丁语的人文学科的执着追求,导致教学方法从以逻辑论证为基础,转向以语法和修辞为基础,因此模仿和记忆的方法有所抬头。人文主义者们的教学程式体现为练习、例举和模仿。但是这种教学模式同以往有所不同,人文主义教师比较注重努力使教育成为一个能引起学生兴趣的过程,比如荷兰学者伊拉斯谟(Desiderius Erasmus)提出"理解、整理、重复"的记忆方法,并且注意把独立性和个性引入课堂教学中。他们的这些做法得到其他人文主义教育家的赞同,在他们的教学实践中注重使课程和学生自发的动力相结合,反对使用暴力来威吓、强迫学生学习。在文艺复兴以后的一段时期里,人文学科的教学在耶稣会创办的一些著名学校里达到最光辉的顶点。耶稣会的教学方法主要是讲课法。讲课法的程序大致是这样的:教师通读文章;再仔细阅读,并查明学生是否理解;分析文章内容,找出重点与难点;比较类似文章;总结评价。耶稣会教学在当时表现出来的显著特征是通过不断复习旧的教材来巩固学习。学习哲学或神学著作的高年级可采用辩论方式作为讲课法的补充,因为耶稣会用辩论所包含的竞争来刺激学生学习。耶稣会不主张滥用惩罚的手段强迫学生学习,主张用"温和的纪律"进行教育。

17世纪后,教学方法在充分利用智力活动的同时,越来越广泛地利用肢体的或感官的活动。捷克教育家夸美纽斯就反对当时盛行的个别教学法,他认为,用这种方法所教的只是个别的学生。他主张实行班级教学法。他是第一个试图按科学的原则研究教学方法的人,同时他也是首先把教学当作一门艺术来进行研究的教育家。他在《大教学论》中,从第十六章至第二十四章,专章论述"教与学的一般要求,即一定能产生结果的教与学的方法""教与学的便捷性原则""教与学的彻底性原则""教学的简明性与迅速性原则",以及学科教学法（科学教学法、艺术教学法、语文教学法、道德教学法)。每种教学法又提出了若干条规则。他在教学艺术中很强调实际训练法,主张让学生从写字中去学写字,从谈话中去学谈话,从锻炼中去学锻炼。他还大力提倡实物教学、感官教学、演示教学等直观教学方法。① 最早提出通过感觉器官发展智力,实施"感知—记忆—理解"的归纳学习策略,主张在课程学习中先实物后文字,先实例后

---

① 夸美纽斯.大教学论[M].傅任敢,译.北京:教育科学出版社,1999:100.

规则,认为归纳和演绎都是基本的教学方法。夸美纽斯还在他的《世界图解》里主张把教学方法由单纯的技术操作转向艺术化。

他的感觉论对现在教学方法的贡献确实很大,但感觉只是人们本性的一个方面,另一个方面与感觉密切相关的是情感领域,卢梭在这方面研究比较多,贡献较大。尽管他只是对儿童的教学方法提出建议,但大学教学也可以取其共通之处。卢梭认为,教学应该根据儿童的兴趣和爱好来进行,要尊重儿童的天性,而不是强迫命令他们集中注意和坚持学习。在教育过程中应少教多做,因而自由教育是卢梭教学方法的一个重要部分。但是自由教育这种方法也有缺陷,它主张儿童在经验教训中学习,事事都让儿童自己经历,这就使儿童从他人和现时的经验中学习的机会大大减少。

洛克对教学方法问题也有独到的见解。他提出教学的智力训练方法关注学生"如何学"而不是"学什么",要求教师善于指导学生掌握学习方法,反对强制性学习。洛克还主张以学生学习兴趣和好奇心为基点循序渐进,演绎与归纳教学相结合,反对用繁琐规则限制学生。①

19世纪上半期,是教育史上教育方法改革的丰收时期。瑞士教育家裴斯泰洛齐认为,教师应该从学生对课堂上的实物的印象开始教学,学生可以借助实物教学补充具体经验以提高理解力,学生的活动是学习过程里的一个重要部分,在教学过程中主张用快乐教学代替竞争教学,授课的顺序从简单到复杂。裴斯泰洛齐还主张用温和纪律对待学生,使学生感到学校像家庭一样,充满友爱精神。

导师制教学方法是当时很流行的一种新教学法,是裴斯泰洛齐学派的主要竞争对手,导师(tutor)原义为监护人或保护者。导师制教学法分别由英国人贝尔和兰喀斯特推广实行。导师制的实质是教师先教导生,导生转而去教他手下的学生,它既是教学方法,同时又是教学组织管理方法。不过,导师制很快就退出了历史舞台。

德国教育家赫尔巴特明确提出应根据受教育者心理活动的规律去规定教学的过程,他的理论产生于联想主义心理学,即"统觉论",他认为教学必须使教师在传授新教材时能在学生的心灵里唤起一系列已有的观念。他用统觉把教

---

① 李方.论教学方法的概念及历史变迁[J].现代教育论丛,2002(4):1-9.

学过程分为"明了—联想—系统—方法"四个步骤,与此相适应的教学方法是"叙述—分析—综合—应用"。赫尔巴特注重学生多方面兴趣的建立,这样可以促进以后的讲解,又可提高学生的学习动力,赫尔巴特的教学方法使教学得到了改进,质量得到了提高,对教学方法的发展具有重大的历史意义。

  19世纪末20世纪初,欧洲的新教育运动和美国的进步教育运动兴起,它们主要是以改革旧学校教育的内容和方法为主要目标,特别注重自由、活动和表现。期间,在教学方法领域,杜威的活动教学法影响尤为显著。它注重引导学生通过个人的探索活动进行学习,紧密联系生活实际,因而容易使学生产生兴趣,发挥自身的主动性、创造性,能在获取和运用知识的过程中提高个人的能力。但是,他的这种教学方法忽视了教师和教材的作用,使学生得不到系统的科学知识,难以保证教学效果。

  这个时期的中国社会,盛行着脱离实际、强迫灌输、死记硬背的教学方法,教学内容以诵读经书为主,儒家思想占统治地位,教学方法没有实质性的进步。西方教育的蓬勃发展使中国也受到了一些影响,通过翻译著作经日本把赫尔巴特的教学法介绍到中国,邀请杜威来中国讲学,宣传他们的实用主义教育思想。中国在接受学习西方教学方法的同时,也力图寻求适合中国的教学方法体系。

(三) 现代社会的教学方法

  第二次世界大战后,科学技术迅速发展,知识在质和量上都起了急剧的变化,对学校教学的要求越来越高,以传授系统知识为主的理论和强调通过活动探索知识的理论均受到冲击与考验,因此各国致力于教学改革,因而也带动了教学方法的改革。在教学方法改革中出现了一些有代表性的教学方法的组合,如传授—接受教学法、问题—发现教学法、程序教学法、多媒体教学法等。现代教学方法多种多样,现如今已形成了比较完整的教学方法的理论体系,在科技创新的推动下,网络教学方法也逐渐升温并推广开来,使大学教学更加高效。

  美国在第二次世界大战后成为世界上高等教育最为发达的国家。美国大学特色鲜明,注重差异化发展,注重教学改革与创新。以案例教学法为例,它起源于20世纪20年代,由美国哈佛商学院(Harvard Business School)倡导,当时是采取一种很独特的案例式教学,这些案例都是来自商业化管理的真实情境或事件,有助于促使学生主动参与课堂讨论。案例教学法到了20世纪80年代才受到师资培训部门的重视,尤其是1986年美国卡内基小组(Carnegie Task Force)

提出的《准备就绪的国家：二十一世纪的教师》报告书特别推荐案例教学法，并将其视为一种相当有效的师资培训教学模式。国内教育界开始探究案例教学法则是 20 世纪 90 年代以后的事。

美国的教学方法体现了一定的开放性、实用性和科学性。不要求学生死记硬背，引导学生积极参与，以学生为主体，注重个性培养和启发引导，注意培养学生分析问题和解决问题的能力。例如美国哈佛大学商学院，全部采用案例法进行教学。每门课的教材由几十份单行本组成，每份单行本就是一篇实例，每个实例都列举出详尽的图片、文字等内容。上课时，学生对实例进行讨论、分析，接受教师的提问，提出自己的见解，比较设计方案的优点，分享经验。商学院的教学目标就是要把学生培养成总经理人才，它假定，这个社会永远是竞争的，人们面对竞争的社会，需要各种才能以解决一切实际问题。

计算机辅助教学（CAI）是在程序教学和教学机器的基础上发展起来的。最早提出教学机器设想的是教育心理学家桑代克（Eduard Lee Thorndike）。1924 年，普莱西（Sidney Pressey）在美国心理学年会上首次展示了这种以练习材料进行自动教学的机器，但在当时并没有得到积极的反应。直到 20 世纪 50 年代，行为主义心理学家斯金纳依据其操作条件反射和积极强化的理论提出适用于机器教学的学习材料程序化的思想，教学机器才被重新提起。1957—1958 年是程序教学复活时代的开始，但是程序机器的机械性特征难以灵活地解决程序化学习材料的呈现和反馈问题，这又制约了程序教学的进一步发展。与此同时，从美国陆军械部和宾夕法尼亚大学于 1946 年宣布研制成功第一台计算机之后，计算机经历了由专业计算机向通用计算机，由实验室样机到市场化计算机的商业应用历程。1958 年，IBM 设计出第一个计算机教学系统，标志着计算机辅助教学的开始。

随着计算机辅助教学的快速发展，信息科技的广泛应用也随之影响开来，到了 21 世纪，网络的快速普及也给大学教学方式带来了巨大的变革。麻省理工学院 2002 年启动了 OCW（Open Course Ware，开放式课程）工程，鼓励将优质教学资源上网并免费对外开放。在此背景下，很多高校投入了大量的人力、财力和物力来研究和应用网络教学，以网络教学平台为依托来建设网络课程，推动了基于网络教学平台的教学模式。随着信息技术的迅猛发展，越来越多的教师意识到网络教学对课堂教学的积极辅助作用，主动将所授课程的教学材料搬到网上,引入了在线测试、课程论坛、博客、微信、微博等多种形式的教学手段。[①]在信息社会下,高校的课程与教学发生了重大改变。原来依靠粉笔与板书的课堂教学形式被电子板书取代,教师不再是吸粉笔灰的行业了。不过,在庆幸免受粉尘之苦的同时,人们开始怀念传统板书的意义,检讨PPT的危害,并讥讽为"骗骗它"。在课堂教学之余,课外作业、与学生交流,甚至是考试,也逐渐以在线方式进行;"翻转课堂""微课"等新型教学形式也在信息技术的支持下逐步流行。技术革命给大学课程与教学带来的影响是不可估量的,尽管大学不可替代,但大学的教学方式却有了革命性的变化。

三、大学教学组织形式的历史演变

(一)中世纪大学的教学组织形式

古代东西方高等教育机构的最大特点之一在于,教育机构主要由个人创办,并由创办者招纳门徒,一个教师只带少量的学生传授本门学派观点学说,基本采取个人管理、师徒传授的教学方式。这种个别教学难以系统化、程序化、制度化,计划性不强,因而效率不高,只适用于学生人数少、教学内容比较简单的教学要求,是当时生产力的反映,也是个体小手工业生产方式在教学上的表现。

到了中世纪时期,学者或师生自发聚集在某一场所研习学问,传道授业,后来逐步发展成为大学。与现代大学不同,中世纪大学绝大多数没有属于自己的校园、教室、庞大的图书馆或实验室等固定资产,初期的大学只是以知识为媒介,学者们进行讲学和共同研究的一种行会组织。因此,每个行会形成了特定的一种集体,而中世纪初期的大学一般都接受来自世界各地的学生和学者,这种集体往往处于不断迁移和流动状态,哪个地方给予这个集体的特权多,往往这个集体就往哪里移动。随后就逐渐形成了这种集体教学的萌芽。这是一种与个别教学不同,也与班级授课有别的教学组织形式,它是在个别教学与班级授课制之间的一种延续多年的过渡形式。苏联教育理论家斯卡特金称其为"个别—小组教学制"。我国宋、元、明、清的官学、书院以及私塾中都有这种教学形式。在这种教学组织形式中,教师不再面对一两个学生,而是十几个甚至几十个学生,并有一个教师主讲,其他教师辅助讲授,教师在讲课之余,学生也可以

[①] 韩爱庆,仁权.高校网络教学发展历程及推广策略[J].中国教育信息化,2013(2):21-23.

一起进行一些学习活动。虽然学生在年龄、程度、修业年限及学习进度上参差不齐,但修业的顺序有一定的计划和安排。到文艺复兴时期,集体学习已占有一定的比重,从而为班级授课的产生奠定了基础。

这一时期还出现了导师制。1400年,英国的魏克汗姆(Wykeham)首次将导师制引入牛津大学,后为剑桥大学采用。此教学组织形式的主要特点是:师生以学院为单位,每一名本科生由一名或数名导师指导,导师负责指导学生如何选修课程,讲解各学部传授的各种课程,准备考试等。16世纪之后,随着欧洲高等教育的民族化趋势,通过师生间的个别交谈和辅导等非正式的教学方式成为英国传统大学的主要教学形式。17世纪之后,导师制不仅影响了欧洲大学的课程教学,还被介绍到美洲大陆,成为英国乃至殖民地时期美国学院的主要教学形式。

(二) 大学教学组织形式的发展

中世纪末,集体的教学组织形式产生了。集体的教学组织形式又以班级授课为最高形式,它是以固定的班级为组织,把年龄大致相同的一群学生编成一个班级,由教师按固定的课程表和统一的进度,主要以课堂讲授的方式分科对学生进行教育。捷克教育家夸美纽斯对班级授课制从理论上加以总结和论证,后来,德国教育家赫尔巴特又将其进一步完善而基本定型。19世纪下半叶,班级授课制在欧美国家普遍推行并趋于完善。我国最早采用班级授课制进行教学的是京师同文馆(1862年),后"癸卯学制"(1903年)对其加以肯定并在全国推行。班级授课制的产生是教育史上的一个重大进步。

班级授课出现以后,又出现了许多否定班级授课或纠正班级授课之缺陷的教学组织形式。但由于班级授课本身的优点,其他组织形式并未能完全取代它,有些因不符合教学规律而很快消失,有些则在以后得到改进并成为班级授课的辅助形式或补充形式。如第二次世界大战后,苏联对传统班级授课进行改革和完善,出现了一些新的教学形式,主要有理论教学、混合课、实践教学、劳动教学及劳动综合技术实习课等。在我国和其他国家还出现了现场教学、自学指导、科研训练等其他形式。

德国在17世纪末期和18世纪中期分别建立了哈勒大学(Halle,1694年)和哥廷根大学(Gottingen,1737年),这标志着德国大学发展进入了一个崭新的阶段。这两所大学在办学理念和课程设置等许多方面区别于中世纪传统大学,并对19世纪初期创立的柏林大学产生了很大的影响,因此不少学者认为这两所大学可以视为德国乃至世界高等教育史上近代大学的开端。伴随着教育机构类型和课程内容的变革,这一时期高等教育机构的教学方法也出现了新的变化。

18世纪开始,大学的教学形式有所变化,除了采取以往的课堂讲授外,加入了讨论这样的教学方法,并且越来越多的大学逐步采用新的教学形式"研讨班"(seminar)(或译为"讨论班"或"习明纳"等)。它是一种用来训练学生对某个重大问题进行独立调查研究的教学形式。16世纪欧洲宗教改革时期,天主教教会特别是耶稣教会创办的神学学院和语言、古典人文教育学院中已有某种形式上的讨论教学方法。不过,"seminar"一词源于德语,意为大学中少数或一部分程度较高的学生在教授指导下,通过阅读文献资料,对某一学术领域或课程采取调查和研究的方法。"seminar"这个词作为一种教学机构的名称早在1563年就在德语中出现了,那时以它来命名一种教会学校,后来又用它来称一种神学校、神学院以及师范学校和第二阶段师范训练中心等。

18世纪30年代后,研讨班开始出现于德国大学中。1737年德国大学教授格斯纳(Johann Matthias.M.Gesner)最初在其任教的哥廷根大学开设哲学研讨班,他是将"seminar"引入大学教学的第一人。也就是说,以后人们便用"seminar"这个词代替了原来大学中一种教学组织形式的名称——"disputation"(辩论课)。与以往的教学形式相比,研讨班往往学生人数较少,基本以某一课程或具体研究领域为单位,学生不再是知识的被动接受者,而是在教师的引导下,以探索、调查和研究为目的。其后,德国哥廷根大学在语言、哲学和医学等课程中设立多种"研讨班"。1786年,哈勒大学也开设了哲学研讨班。两所大学的教学形式改革不仅对当时的欧洲高等教育影响很大,也为19世纪德国柏林大学实现教学与科研相结合奠定了基础,被称为"科学研究的摇篮"。

1809年,洪堡创立柏林大学,由哲学、法学、医学和神学四个学部组成。在各学部设立研讨班和研究所是洪堡办学理念在大学教育实践中的具体体现,同时也是德国新大学区别于传统大学的根本所在。柏林大学出现之前,德国大学虽然也曾出现研讨班等类似的教学形式,不过它们多侧重于语言、哲学等人文科学方面的研究,很少涉及近代自然科学学科,而且哲学研讨班只是作为一种辅助性的教学手段,并没有在大学中将教学与科研真正结合起来。19世纪70

年代以后,由于大学规模日益扩大,学生人数不断增加,研讨班逐渐取消人数限制,不少研讨班从最初的一种教学形式发展成为普通的教学与研究机构,扩展到众多学科领域之中。今天,在联邦德国高等学校中,"seminar"已经成了除讲课、实验、练习、考察与实习以外的一种重要教学形式。

到了现代社会,尤其是伴随着信息技术的发展,教学组织形式也发生着深刻的变革。多媒体及网络技术的发展,从根本上改变着教育的环境和方式。网络支持下的课堂教学,教学资源是共享的,教学形式是交互的,交流评价形式是开放的、间接的、虚拟的。网络的出现为我们真正提供了一个开放式的教学环境,极大地丰富了课堂的形式。教师可以将学习资料、上课内容、作业等放在网上,还可以通过网络进行个别指导,学生可以在网络上搜索到任何想要的知识与信息。智能手机的兴起提供了更为便捷的教学方式,学生在课堂中通过手机学习,学生不再是依靠教师与书本进行学习。图书馆成为数据资源库的集中地,而不再是依靠传统的藏书量。信息化时代的教学形式不再被局限在一间封闭的教室里,而是通过网络不断延伸、拓展。

案例一 "八年研究":中学教育与大学教育的衔接研究

"八年研究"(Eight - Year Study),也曾被称为"三十校实验",但这也仅仅是一种习惯性的说法。所谓"八年研究",实际上是美国进步教育协会下的中学与大学关系委员会在1933—1940年间在中等教育方面开展的一项调查研究活动,旨在对实验学校毕业生和传统学校毕业生在大学的学习情况进行对比研究,以了解两种不同类型学校在课程、教学等方面的优劣。八年研究选择了30所中学(其中1所于1936年退出)和300所大学合作,对1 475对大学生(每对包括一个实验学校毕业生和一个传统学校毕业生)从年龄、性别、种族、学术倾向、职业兴趣、家庭、社会背景,尤其是在大学的学习成绩和进步等方面作了详细比较与分析。[①]

---

① 本案例的内容主要基于一篇博士论文和两篇硕士论文整理而成。参见杨捷.中学与大学关系的重构——美国"八年研究"初探[D].华东师范大学博士学位论文,2006;吴艳.美国八年研究初探[D].华东师范大学硕士学位论文,2002;吴虹雨.中美课程改革目标的比较研究[D].渤海大学硕士学位论文,2013.

一、"八年研究"的背景

1919年4月4日,美国具有进步教育理念和支持学校改革的教育工作者在华盛顿公共图书馆宣布成立"进步教育协会"(Progressive Education Association)。进步教育协会的主要观点与理念体现在其七大基本准则里:第一,学生有自然发展的自由,应该根据社会的需要,而不是根据随意的法则来指导学生自治;第二,兴趣是全部活动的动机;第三,教师是指导者,而不是布置作业的监工;第四,注重学生发展的科学研究;第五,对于儿童的身体发展给予更大的注意;第六,适应儿童生活的需要,加强学校与家庭之间的合作;第七,进步学校在教育运动中的领导作用。

之后,进步教育运动与进步教育协会在美国发展迅速,开展了多式多样的实验活动,对美国社会的作用与影响力日益显现。1929年,在纽约的进步教育协会第九届年会上,有代表郑重其事地提出了怎样解决中学与大学的关系问题,并展开了讨论。1930年4月,在华盛顿的第十届年会上,会议专题讨论了"中学与大学的关系问题"。此次年会与会代表共两百多人,有的是在教育领域工作多年的白发苍苍的校长与教师,有的是刚大学毕业渴望了解怎样更加有效教育学生的年轻教师,还有许多关心子女成长的家长,与会代表的一致观点是要从根本上对美国的中学教育进行彻底改革。而中学教育要有根本性的变革与突破,离不开与大学的合作。在这样的背景下,中学与大学关系委员会(the Committee on the Relation of School and College)于1930年10月在进步教育协会中成立,主要研究中学与大学紧密合作、相互衔接的途径和方式,具体就是如何使中学的高中阶段有更多自由修订课程的机会与权利,同时又不影响部分学生进入大学的可能性。

1931年,中学与大学关系委员会发表了一份报告,重点指出了美国中等学校存在的各种问题,如中学教育目标的迷惘、中学教育价值的缺失、中学课程设置的僵化、中学教学工作缺乏统一性、教师和学校管理者均没有承担起应有的责任等等。鉴于此,1932年5月,委员会发表一份题为《关于美国中学与大学工作良好合作的建议》的计划,正式提出了实验研究(即"八年研究")这个概念,并确立了实验研究的主要目标、指导思想和实施方案。

(一)主要目标

"八年研究"的主旨在于明确中等学校必须更加有效地帮助青年人形成丰

富多彩的、有益的生活所需要的洞察力、各种能力和自我指导能力。……建议一种能及时适应变革需要的、基于清晰地了解青年人以及成人生活特性的中等教育模式。我们将努力培养学生把教育视为人生意义的一种持久的探索,而不是积累学分;培养学生渴望学习,不断进取,勇于探索新的思想领域;培养学生了解怎样安排时间,怎样更好地读书,怎样更加有效地运用基本知识;培养学生履行在学校或社区所承担义务的经验。

(二) 指导思想

第一,更好地掌握学习技能。包括:快速阅读和理解能力;精确地观察、组织和概括信息资料的能力;处理各种学习内容的能力;辨别事物之间相互关系的能力;清楚地表达思想的能力;从事高级研究所需的基本技能。

第二,学习更有连贯性。只要具有可行性,应尽可能取消中学里那些随处可见的、狭隘的、多余的教学任务和课程内容;建立学科系统自身的连贯性;做好连续学习一门专门学科的准备;激励学生热爱学习(包括方法和途径的设计,在课程表中要有充分的安排);培养课外学习的能力和动机,以及将思想付诸实践的能力。重点建设相互联系的统一的学科内容。

第三,发展学生的创造力。通过实践和欣赏体验各种艺术(例如,绘画、手工制作、写作、戏剧音乐);通过多方面鼓励发展个体独立思考和综合思维的习惯;在教师的指导下为学生提供更多的独立完成任务的机会(例如,维修、发明、建造、专门研究、阅读、使用乐器等)。

第四,对现代文明有更清晰的认识,形成社会责任感。通过在课程中开设涵盖有关美国文明、现代社会以及个人或集体解决这些问题的卓越成就的学科,通过把握各种机会帮助学生认识人类的相互依存关系,通过帮助学生解决在情感、实践和评价等方面涉及的问题,通过参与与公共福利有关的学校共同体生活、有关社会和经济问题的讨论小组,通过实地考察工业发展、住房改善或政府机构等,帮助学生形成社会责任感。

第五,修改和重组课程教材。如重新排列不同学科领域的内容(例如数学、自然科学、历史、语言);统一学习科目,打破相关学科现有的界限(例如历史与经济、地理、文学、美术等学科的内容相连);增加一些迄今尚未包含在中学课程领域的新学科内容(例如某些经济学、人类学和地质学领域的知识)。

第六,更好地指导学生。培养学生具有较强的独立性和责任感,这需要教师的及时指导;教师应该全面了解学生,做好与学生共同发现问题并解决问题的准备。中学和大学需要帮助学生认识到职业也是一种成长经历,与整个成长过程有着直接的关系。

第七,更好地教学。培养优秀教师,从学院或大学中挑选和培养最有前途的学生到学校担任教师,参与实验活动;同时,中学教师的培养也可以在实验中进行,在实验中培养教师开展教学改革,进而确保实验研究所需的师资力量;发现和培训优秀教师必须和实验同步进行。

(三) 参与的中学和大学

在上述目标和指导思想的引领下,1933年"八年研究"正式启动。参与实验的中学主要有29所,具体见表1-1。

表1-1 参与"八年研究"实验的中学

进步主义学校名称	所在城市与州
阿尔图纳高中	阿尔图纳,宾夕法尼亚州
巴尔德维因学校	布琳摩尔,宾夕法尼亚州
伊格尔·洛克中学	洛杉矶,加利福尼亚州
贝菲尔乡村学校	切斯纳特岭,马萨诸塞州
费尔斯顿学校	纽约,纽约州
布朗克斯韦尔中学	布朗克斯韦尔,纽约州
弗朗西斯·W.帕克学校	芝加哥,伊利诺斯州
切尔敦汉姆城镇学校	埃尔金斯公园,宾夕法尼亚州
友谊中心学校	日耳曼顿,宾夕法尼亚州
道尔顿学校	纽约,纽约州
格尔曼顿学校	格尔曼顿,宾夕法尼亚州
乔治学校	乔治,宾夕法尼亚州
贺拉斯·曼学校	纽约,纽约州
塔山中学	威尔明顿,特拉华州
约翰·伯勒斯学校	克莱顿,密苏里州

（续表）

进步主义学校名称	所在城市与州
林肯学校	纽约,纽约州
芝加哥大学附属中学	芝加哥,伊利诺斯州
米尔顿中学	米尔顿,马萨诸塞州
奥克兰大学附属中学	奥克兰,加利福尼亚州
新特里尔城镇中学	温内特卡,伊利诺斯州
俄亥俄州立大学附属中学	哥伦比亚,俄亥俄
北海岸乡村学校	温内特卡,伊利诺斯州
维尔塞学校	波士顿,马萨诸塞州
拉德诺中学	韦恩,宾夕法尼亚州
威斯康星中学	麦迪逊,威斯康星州
谢克中学	克利夫兰,俄亥俄
德斯·默尼斯中学	德斯·默尼斯,衣阿华州
丹佛中学	丹佛,科罗拉多州
塔尔萨中学	塔尔萨,俄克拉荷马州

参与合作的大学有300所,如布朗大学、哥伦比亚大学、哈佛大学、麻省理工学院、普林斯顿大学、耶鲁大学、威廉姆斯学院、史密斯大学、韦尔斯利大学、俄亥俄州立大学、俄克拉荷马大学、康奈尔大学、芝加哥大学、宾夕法尼亚大学、达特茅斯学院、布琳·莫学院、威斯康星大学、丹佛大学、塔尔萨大学、密歇根大学等。

二、"八年研究"的第一阶段

"八年研究"主要分两个阶段,第一个阶段是1933—1936年,这个阶段主要是参与实验的中学在中学与大学关系委员会的指导、监督与协调下,在学校内部实施多方位的教育革新,如按照进步教育的原则自由制定学校教育目标和教学计划,重新编制课程,实施民主管理,促进教师专业发展等,这个阶段主要是靠中学自我实施与改革发展,进步教育协会和相关专业人士负责提供指导、咨询和帮助。

（一）教育目标

在具体的教育目标上，29所学校既有共同的目标，也有个体的目标。青少年的需要和保存与发展民主是"八年研究"的根本基础，在此基础上，实验学校的共同目标为：普通教育是提供社会生活中主要方面的丰富有益的经验，促进个体潜能的最大可能的实现，以及最有效地参与民主社会生活。在这个目标之下的指导原则为：第一，教育计划应有助于学习者有效地适应周围的各种环境，包括身体、经济及其社会方面；第二，教育计划应该有助于人的个性的发展，以便有效地参与文化的保存和传递。基于这个共同的目标和指导原则，各个参与实验的学校也在实验过程中逐渐形成了具有自己个性与色彩的发展目标，如俄亥俄州立大学附属中学的目标为：

民主的生活方式是建立在尊重人的个性的假设基础之上的……

从物质意义上来讲，民主的生活方式意味着身心健全的成长与发展所需的食物、住房、衣服、医疗保障、工作条件。从精神意义上讲，民主的生活方式意味着自由地安排个人生活，并在实施计划时适当地考虑对自己和他人所带来的影响；意味着自由地运用民族文化的财富来丰富生活的目标；意味着自由运用聪明才智解决冲突，了解自己和社会，决定行为。

与众不同的个性不能孤立地发展，只有在与他人自由发生相互影响时才能得以发展。充分自由地参与到一个特定的群体或许多群体之中，是促进个体在复杂的相互依赖的社会中良性发展的最好方法。虽然个人健康的发展是基本目标，但社会生活是取得这种发展的较好方式。检验每一个社会和政治组织作用的方式是看其对个体的影响：如果它增强和丰富了人的个性，就是可取的；如果它破坏或限制了个体发展的机会，就是不可取的，是和理想背道而驰的。

（二）课程类型

"八年研究"中的课程改革被泰勒视为"20世纪五项最有意义的课程事件"之一。在坚持参与实验时承诺的"绝不干涉学校工作的自由，允许中学保持完全的独立"的原则之下，各个实验学校在课程方面展开了自己的努力。课程类型主要可以归为以下三类。

1. 综合课程

所谓综合课程，即打破不同学科间界限的课程。具体有两种不同的编制方法，第一是学科内容分析法（subject-matter analysis approach），即通过分析学科领域的内容来确定;第二是社会需要方法(social demands approach),即通过分析日常生活中常见的问题来确定。

学科内容分析法运作,以芝加哥大学附属中学十一、十二年级的两年自然学科为例。它包含了物理、化学、地质学、天文学等各方面的内容。课程大纲如表1-2。

表1-2 芝加哥大学附属中学十一、十二年级的自然学科课程大纲

第一学年	第二学年
第一单元:地球——我们的家园 第二单元:地球不断变化的地形 第三单元:运动——力和物质的变化 第四单元:能量——变化的动因 第五单元:物质的分子性质 第六单元:化学变化和物质的原子结构 第七单元:静止和运动的电 第八单元:电和物质	第一单元:化学反应 第二单元:溶解过程中离子的反应 第三单元:原子结构和化学性质 第四单元:金属和非金属 第五单元:生命的基本元素——碳 第六单元:地球的历史 第七单元:地球及其邻居 第八单元:传播能量的波 第九单元:辐射和星系的性质

社会需要方法的运作,以洛杉矶市十一年级的自然科学课程为例。自然科学课程包含很多内容,如水、地球、大气、天文、燃料、光、通讯、物质和过程、家庭用品等。以"水"为例。

需要解决的问题:

(1) 水的供应;
(2) 莫诺流域计划;
(3) 大城市的水源;
(4) 顽石坝的建造;
(5) 水力发电;
(6) 水质的净化;
(7) 水质的软化;
(8) 作为化合物的水;
(9) 作为地质动因的水;
(10) 地下水;
(11) 水蒸发的保护;

（12）灌溉工程。

需要理解的主要内容：

（1）在所有文明地区，水供应已经或将继续成为一个重要问题；

（2）必须不懈地确保大城市水供应的纯净；

（3）现代水利工程的建设需要在计划、建设和资金上大规模的合作；

（4）在南加利福尼亚州，水的副产品——电也是我们主要能源之一；

（5）水的物理特性使其特别适合人类在能源转换方面的使用；

（6）水是一个重要的化学制剂。

建议学生的活动：

（1）制作自流井的模型并加以论证，并为此阅读各种不同的科学书籍；

（2）水陆两用飞机——男生带来模型——阅读不同的杂志——同飞机制造商交流；

（3）制造洗浴盆、水槽等日常用的 U 型存水管模式——将玻璃试管折弯成 U 型，用来阻止下水道废气的溢出；

（4）举办船模或图画展览等，通过排水量测量船模的重量；

（5）建造小鸟洗澡的浴池；

（6）通过蒸发致冷——论证水温的下降；

（7）测试碳化水——测试石灰水中气体的释放——二氧化碳实验；

（8）论证水的性质：水在金属中的变化；水在氧化物中的变化；水的结晶。

对这门课程，学科内容的选择原则是：

（1）内容应该有这样的特点：促进所期待的结果出现；

（2）应该尽可能包括那些被认为对个体有重要意义的科学基本原则；

（3）教师有权选择或调整教学内容以适应特殊教学情景的需要。

课程的预期结果是掌握以下技能：

（1）运用科学方法解决课题；

（2）批判性地运用多渠道信息；

（3）量化思维；

（4）独立计划和实施方案；

（5）仔细地掌握和操作实验设备与材料。

形成如下习惯：

(1) 批判性思维,依据所提供的数据得出结论;
(2) 探索实际存在的因果关系;
(3) 理性的诚实;
(4) 操作的精确性与整洁性。

培养如下能力:
(1) 能确认和阐明问题;
(2) 能评价信息的真实性;
(3) 作为消费者的理智行为;
(4) 在解决公共问题中的合作;
(5) 认识相互关系;
(6) 根据当前的需要独立开展研究。

形成如下态度:
(1) 开放的心态;
(2) 合作;
(3) 探索精神;
(4) 尊重其他人的观点;
(5) 尊重所有权。

理解与评价:
(1) 科学既是探索真理的方法,又是一种经过验证的有组织的知识;
(2) 许多科学知识具有不确定性;
(3) 作为描述或阐释自然现象的科学法则的性质;
(4) 同巫术和迷信相对的客观因果关系;
(5) 日常生活中自然环境的重要性;
(6) 自然资源极其保护的重要性;
(7) 科学进步的社会和经济内涵;
(8) 我们的科学遗产以及为此作出贡献的机会,包括对尚未解决的科学问题的认识;
(9) 科学分类的标准以及优缺点。

2. 核心课程

一般来讲,核心课程就是要求所有学生都必须学习的学科。合作学校在具体的改革实施中,也形成了以成人和社会需要为基础的核心课程、以青少年需要为基础的核心课程等种类。在以成人和社会需要为基础的核心课程中,有的学校按照"统一学科"方法,即把两个或更多的被认为具有相同点或相似之处的学科融合或统一在一起,如将社会学科与英语融合、数学与自然学科融合等;有的实验学校则以文化历史方法,即按照编年体的顺序来编排课程(见下例),例如对古希腊的学习不是按照学科门类,而是把相关内容整合成一个整体,进而按照历史顺序来编排。以青少年需要为基础的核心课程,则更多地考虑到青少年的兴趣,围绕着让他们更好地了解世界、处理个体生活中遇到的各种人与人、人与社会等之间的关系与问题而展开。

以贺拉斯·曼按照文化历史法编制的"人类文化的历史"这一核心课程为例:

主题:人类发展的历史,现代文明与文化

七年级:远古时代的开始

八年级:美洲的发现

九年级:从美洲发现到现代社会

十年级:美国的文明和文化

十一年级:其他现代文明和文化

十二年级:现代美国的问题及争论

学校全体教师通过以下措施进一步扩充主题的范围:

(1) 通过扩充教学单元的学习范围,形成从小学到初中的连续经验。

(2) 在各个学科之间建立关系,有助于形成对社会的全面认识。

(3) 把学校生活组织成相互联系的有机整体。

(4) 学习范围的确定应适合青春期女生的兴趣与需要。

(5) 选择一项作为高中学习基础的课程计划。

该核心课程的学习不仅仅是让学生掌握人类文化的历史,而是为了实现下列目标:

(1) 说明人类发展过程中进步或倒退的阶段怎样影响学生的当代生活。

(2) 进一步发展儿童参与社会活动的自我意识。

(3) 发展学生正确归纳和推理的能力,以及通过对过去的了解认知重要关系的能力。

（4）发展那些与儿童能力和环境相符的行为的社会、思想和政治理念。

（5）强调社会的永恒基础和变化要素。

3. 学科重组

除了不同学科的融合，以及各种类型的核心课程以外，还有单一课程内容的拓展等。以塔尔萨中心学校的一门美国历史课程为例，为了让学生形成美国民主是逐步形成与进步的观点，了解民主的本质与意义等，该中学对其学科内容进行了下面的重组。

美国的今天与昨天(1830—1937)

第一单元：致力于社会改革的民主

第二单元：致力于解决社会冲突的民主

第三单元：经济变革对民主的冲击

第四单元：民主造就了世界强国

第五单元：改革民主：进步的时代

第六单元：为世界安全的和平动员

第七单元：重新致力于社会改革的民主

（三）学校管理

20世纪二三十年代的美国，中小学学校管理基本还是较为专制的，如早期的课程，有的学校完全是由校长或教育专家制定，而教师只能消极与无奈地接受。所以，在此次的实验研究中，中学与大学关系委员会要求实验学校按照进步教育的理念开展实验研究，实施真正的民主管理，树立"管理就是民主领导"的理念。在此理念之下，实验学校要遵照实施通过全体教职工会议（小型学校）或政策委员会（城市学校系统）等形式确保全体教师共同合作制定教育政策。

另外，美国一半中学设有专门的指导教师，通常是一位负责男生，一位负责女生；在规模较大的学校，一般还聘请一位心理学家，负责心理测试和指导工作。实验学校则认为，如果由班级任课教师承担指导任务的话，效果将更好。一些实验学校为班级中每一个小组配备一名任课教师，保证每天每一节课由这些任课教师上课；还有些实验学校则为班级小组配备指导教师，由主要承担该年级教学任务的教师担任（详见丹佛高中的例子）。除此之外，通过家长会、媒体、学生作品展览、出版物等形式加强学校与社区的联系，让学生参与学校事务等也是实验学校在学校管理改革上的重要举措。

如丹佛高中的指导工作主要靠任课教师,即"教师兼辅导员(teacher-counselor),具体规定如下:

1. 1—3名教师组成一个核心小组,负责一组学生整个三年的高中生活。

2. 专门安排教师参加会议,制定课时计划,以便教师之间,教师与家长、学生、行政人员共同活动,研讨问题。主题均为彼此需要或者感兴趣的议题。

3. 教师兼辅导员有责任保存和使用学生记录。

4. 核心课程的教师,既有机会又有责任了解学生的家庭背景和社区环境。

5. 课程的范围和顺序不事先严格规定,课程教材具有丰富的弹性和较大的选择性。

6. 学生和教师之间的个人讨论或咨询有单独时间。

(四) 教师发展

"八年研究"中,教师始终是十分重要的角色。传统学校的教师只传授固定的教材和内容,很少涉及教学之外的事情,更不会主动提出建设性的意见。而实验学校则让教师充分参与学校的一切事务,合作研究与制定计划、参与管理等。具体来说,实验学校的教师专业发展主要有两种类型:一种是日常生活(daily living),主要是在教师的日常工作和生活中进行;第二种是专门或制度化组织(special or institutional organization),主要是通过专门机构或指定的周密培训计划来实施。表1-3是两种类型的实施途径。

表1-3 教师专业发展两种类型的实施途径

日常生活	专门和制度化组织
1. 课堂实践(如所教授学科领域内的实验、合作教学和制定计划、年级教师讨论会、制定学期计划、运用新教材、与学生共同制定计划等) 2. 学科讨论 3. 制定学校政策 4. 学校协调与课程协调 5. 学校和社区的联系 6. 教育调查 7. 经验的积累 8. 参与社区生活	1. 专门学习 2. 普通研讨班 3. 大学和专门课程 4. 学校的研讨班 5. 角色转换 6. 专业协会 7. 专门顾问

二、"八年研究"的第二阶段

"八年研究"的第二阶段是从 1936 年到 1941 年间,由合作大学根据双方事先签定的协议从实验中学招收毕业生,不经过传统的大学入学考试,依据实验中学校长的推荐信和学生在中学表现的详细记录等来录取学生,时间为 5 年,由中学和大学关系委员会下的专门委员跟踪研究。在允诺参加实验的 300 余所学院和大学中,绝大多数都同意放弃原有的入学考试要求,只有哈佛、哈特福德、普林斯顿和耶鲁 4 所大学拒绝放弃入学考试,但承诺接受其他各项建议。最后由专门委员会记录和评价实验中学的毕业生在大学是否取得成功。协议还规定,合作大学在遇到新问题时,可以暂停接受实验中学的毕业生。此次实验中 29 所实验中学一共向 300 所合作学院与大学输送了 1 475 名学生,并与从传统中学来的 1 475 名学生结对形成实验组与对照组。

从 1936 年开始,专门委员会运用所涉及的评估方法和形式,制定了大学成功标准及描述说明,具体标准见表 1-4。

表 1-4 大学成功标准及描述说明

智力	1. 奖学金:学术成绩的正式测验 2. 求知欲和动力:课外智力方面的兴趣和行为的表现 3. 科学方法:学习和思维具有通常所认可的科学态度的特征 4. 研究技能和习惯:使用学习工具的意愿和习惯
文化发展: 利用闲暇时间; 欣赏力和创造力	1. 艺术方面:音乐、音乐会、绘画、写作、戏剧、电影、雕塑、摄影等 2. 体育和活动 3. 其他学生活动:经营、审判、出版、社交活动等 4. 社会服务和宗教工作 5. 个人爱好
实践能力; 辨别力和判断力; 动手能力; 环境适应性	1. 理财能力 2. 谋职和就职的能力 3. 适应和熟悉周围环境(大学和社区) 4. 分配时间的能力
人生观	1. 职业目标 2. 哲学目标
性格特征 (行为模式)	诸如诚实、责任感、主动性等特征

(续表)

情感平衡 （包括心理健康）	1. 一般因素：担心、自我控制、自信、幽默感、安全感、敏感性、独立性等 2. 家庭关系 3. 调整与其他同学的关系
社会适应性	1. 交朋友和保持友谊的能力 2. 仪态和举止 3. 社交技能 4. 外表（衣着等）
对社会问题的敏感性	1. 关注校园问题 2. 关注当前的社会、经济和政治问题 3. 理性批评的能力 4. 承担公民职责的意愿和自我牺牲
身体健康	1. 健康习惯 2. 从事的运动

通过对1 475对学生的比较，专门委员会认为实验学校的毕业生：

1. 平均总成绩略高于对照组。

2. 除了外语，在其他所有学科上获得了较高的平均分数。

3. 专门的学业领域和对照组相同。

4. 他们在见习次数上和对照组相同。

5. 每年获得较多的学校荣誉。

6. 被认定在思维上常常更精确、有条理和客观。

7. 被认定在理智上的好奇心和内驱力达到较高的水平。

8. 被认定对教育的意义常常有较为清晰或明确的认识——尤其是在大学的前两年。

9. 更经常展现高度的应付新情况的能力。

10. 有效安排时间的能力和对照组没有差别。

11. 与对照组有相同的适应问题，但能更有效地找到解决问题的方法。

12. 更经常地参加艺术活动，并更经常喜欢艺术欣赏的经验。

13. 更多地参加所有有组织的学生团体活动,但宗教性和服务性的活动除外。

14. 每学年获得非学术荣誉的百分比较高(学生组织中的职务、竞选管理协会、获得体育奖章、在戏剧和音乐演出时担任主角)。

15. 与同龄人协调的品质与对照组没有差异。

16. 在洞察他们的学校教育上与对照组稍有差异。

17. 具有更好地选择职业的倾向性。

18. 对世界上正在发生的事情表现出更加主动的关注。

四、对"八年研究"的评价

作为历史上实验规模最大的进步教育实验,"八年研究"中的实验中学和合作大学的数量创下了进步教育实验之最,从准备到结束耗时长达 12 年之久,涉及美国数十个州,被试人数达到 1 475 对;同时,其实验组织的严密程度、实验所涉及范围的广度与深度等都使"八年研究"成为众多教育实验研究中的佼佼者。

泰勒如此总结"八年研究"的主要成果:

第一,人们广泛地接受了这样一个观念:学校可以编制能引起大多数学生的兴趣,有助于满足一些学生的需要,同时又为学生在学院里获得成功提供必要准备的教育计划。

第二,学院和大学认识到,在没有达到特定学科要求的中学毕业生当中,可以找到许多在大学期间取得成功的学生。

第三,在职研讨班得到发展。这种研讨班是在研究期间发明的,目的是为教师编制教学计划和教材、掌握新知识和新技能提供帮助。这种方式现在已被公认是许多领域对专业人员进行教育的有效手段。

第四,人们普遍接受用教育评价来代替测验。"八年研究"提醒教育工作者,教师在教一门课时,通常都寻求达到若干个教育目标,但凭一个测验分数是不能客观地概括教学结果的。通过使用问卷、观察、产品样本和测验,都可以评定学生在每个主要目标上的进展情况。

"八年研究"始终不缺乏赞誉与褒奖的声音,作为意义深远的教育改革试验和现代课程改革的先驱,"八年研究"得到了众多人的肯定,成为一轮又一轮课程改革热潮的历史榜样。但同时,它也受到了各方面的质疑与否定。例如,15

所参加实验的中学到 1950 年已经只有 2 所在坚持和保留实验研究时的理念与做法了,而这无疑是对实验研究本身最大的否定,由此甚至可以判断"八年研究"是无效的;例如,对于"八年研究"的成效而言,没有明确的指标与数据证明实验学校就一定比对照组要好,由此,很多人认为耗时如此之久、规模如此之大的实验实际上是失败的,甚至是浪费人力、物力和财力。

姑且不论"八年研究"在成效上的得与失,作为一种新型的现代教育实验的范式,它设计了制定教育目标的原则,推进了课程改革并为现代课程理论的形成奠定了基础,创新性地提出了教师专业发展的概念与思想,促进了现代教育评估理论的形成与评估实践的发展。单从这些意义上来讲,"八年研究"就是成功的。而且,"八年研究"尽管改革的是中学课程、教学内容、教学管理等,但它们与大学的合作也从另一个角度促使人们思考大学教育的问题。

第一,中学的课程设置与学生培养直接关涉大学的教育质量与人才培养成效,所以大学与中学的课程衔接问题是值得深思的。在我国,大学的专业与课程设置较少关注到中学的课程设置,即大学生们在高中学习了什么和学习到了什么等,如果不了解他们的前备知识,就不能很好地发挥大学教育的价值。这一问题应该得到重视与关注,不站在高中教育基础之上的大学教育,是缺乏根基与土壤的,也可能是徒劳无功与无效的。

第二,大学入学考试,这是一个老生常谈的问题,实际上就是高考。在"八年研究"中,与实验学校合作的大学,调整了原有的考试选拔方式,改由校长推荐与学生高中表现记录等来判定入学与否。实际上,考试的形式与内容,在一定程度上决定了高中的课程设置,也决定了大学能招收到什么样的高中毕业生。同时,在不改变高中课程设置等的情况下,调整与改革大学入学选拔标准与形式,也可能使大学招收到的学生完全不同。由此,面对高考这个古老而有复杂的问题,或许应该追本溯源,还原到我们的教育到底是为了什么这个根本的问题上来。大学教育也同样如此,从根本上思考大学教育为了什么,或许就能更好地厘清大学的专业与课程设置、大学的管理以及如何评判学生在大学获得成功等问题。

第三,大学生在大学的成功,有没有统一的标准可言?"八年研究"的第二阶段主要在跟踪研究实验中学毕业的学生与对照组毕业的学生在大学的表现,并依据一定的标准,判断谁更成功。如果实验中学的学生更成功,证明其教学是更加有效的。但是到 1950 年 15 所实验中学中有 13 所都走回了原来的教育模式,将进步教育拒之门外。这到底是进步教育的问题,还是在中学教育发生改变的情况下,大学教育依旧坚持原来的模式所导致的后果。所以,采用同样的判断标准来判断接受了不同中学教育的毕业生,这个出发点或许本身就有错误。如何判断学生在大学的成功,如同高考一样,是个复杂的问题,值得深思。

第四,"八年研究"对大学课程与教学的改革与发展意义重大。正是因为"八年研究"的努力,改变了常规的高中课程与大学课程几乎没什么紧密关联的习惯思维与做法,研究者们发现大学的课程设置与教学方法、形式等都应建立在高中课程基础之上。所以,大学课程与教学的基础与前备知识需要被拓展,不建立在高中课程基础之上的大学课程与教学必然会出现脱节、盲目拔高等现象与问题。只有衔接好了高中与大学,大学的教学教育工作才真正有价值和意义。从这个角度而言,"八年研究"不仅仅是一个高中课程的实验研究,更是拓宽了大家对大学课程与教学的理解与思考,将高中的课程与教学纳入大学课程与教学工作的视域,并能为大学课程与教学的改革与发展作出具有价值和意义的促进作用。

本章推荐阅读书目

1. 黄光雄,蔡清田.课程设计——理论与实际[M].南京:南京师范大学出版社,2005.

2. 张华.课程与教学论[M].上海:上海教育出版社,2000.

3. 张楚廷.大学教学学[M].长沙:湖南师范大学出版社,2002.

4. 刘海峰,史静寰.高等教育史[M].北京:高等教育出版社,2010.

5. 黄福涛.外国高等教育史[M].上海:上海教育出版社,2003.

6. 单中惠.外国教育思想史[M].北京:高等教育出版社,2000.

7. 威廉·F.派纳.理解课程:历史与当代课程话语研究导论[M].北京:教育科学出版社,2003.

8. 杨捷.中学与大学关系的重构——美国"八年研究"初探[D].华东师范大学博士学位论文,2006.

9. 吴艳.美国八年研究初探[D].华东师范大学硕士学位论文,2002.

10. 吴虹雨.中美课程改革目标的比较研究[D].渤海大学硕士学位论文,2013.

11. Craig Kridel, Robert V. Bullough Jr. Stories of the Eight-year Study:

Reexamining Secondary Education in America.*Education Policy & Reform*,2005(2):321-325.

12. Watras Joseph. The Eight-year Study: From Evaluative Research to Demonstration Project,1930—1940[J].*Education Policy Analysis Archives*,2006,14(21):1-23.

13. Pinar Willliam F. The Eight-Year Study.*Curriculum Inquiry*,2010.

14. Lipka Richard P. *The Eight-Year Study Revisited: Lessons from the past for the Present.* Columbus, OH: National Middle School Association,1998.

第二章

大学课程与教学哲学

大学课程与教学表面上是一种现象或行为,体现为一门门具体课程或一个个教师的教学行为,但在背后却有着深刻的原因。观念影响甚至支配着人们的教育行为,因此,梳理大学课程与教学背后的理念及哲学具有十分重要的意义。本章围绕通识教育与专业教育、人文教育与科学教育这一恒久命题开展讨论,对大学课程与教学理论流派作归纳总结,从宏观层面对大学课程与教学理念进行哲学视角的剖析,以探究课程与教学背后蕴藏的深层原因。

第一节 大学课程与教学的两对范畴

大学教育,从宏观的哲学层面主要是回答通识教育与专业教育、人文教育与科学教育这两对范畴,因为如何看待这两对范畴,对于大学教育具有形而上的理论意义。

一、通识教育与专业教育

(一)通识教育的概念

我国目前尚未有统一的通识教育概念。对通识教育的不同理解,从其名称翻译的多样性中可见一斑。通识教育由英文"general education"翻译而来,也有人把它译为"普通教育""一般教育""通才教育"等,并与"liberal education"相联系。后者可译为"通才教育""博雅教育""自由教育",在意义上两者有一定程度的相通性。在我国,教育理论界一度把两者都译为"通才教育"。在西方的教育论述中,"general education"与"liberal education"也没有明确的意义区分,两者在历史上也有一定的联系。"liberal education"早在希腊罗马时代已出现,它是针对职业教育(vocational education)而提出的,重点是培养统一的人格、自由的精神。"general education"则在 20 世纪才逐渐流行起来,它是针对日趋专门化的专才教育(professional education)或专科教育(special education)而提出,其目的是使学生能打破专门化的狭窄心灵,提升思维水平,培养美德。在历史上,有的学者把两者相等同,认为"general education"就是"liberal education"的现代翻版,两者的实质是一致的。而有的学者反对把两者相提并论,认为两个概念之间存在着根本的区别。通识教育(general education)与经典的自由教育(liberal education)相比较,至少在三个方面有了质的变化。第一,现代大学的通识教育是面向所有学生的,而不像自由教育那样仅仅是少数学生的特权。第二,现代大学的通识教育并不排斥或贬低专业教育,通识教育与专业教育是携手合作,互相补充。第三,现代大学的通识教育强调文理兼备,力图通过科技与人文的深刻对话,达到沟通、整合的目的,而自由教育则对专业教育和职业训练持反对、蔑视的态度,以人文学科作为大学教育的唯一内容。

"通识教育"(general education)一词在19世纪以前一般是指中小学教育的总称,第一个把它与大学教育联系起来的是美国博德因学院(Bowdoin College)的帕卡德(A.S.Packard)教授。他在19世纪初批评大学的自由选课制,为大学本科课程应该设置共同部分(commom elements)进行辩护,他在文中提到:"我们学院预计给青年一种'general education',一种古典的、文学的和科学的,一种尽可能综合的(comprehensive)教育,它是学生进行任何专业学习的准备,为学生提供所有知识分支的教学,这将使得学生在致力于学习一种特殊的、专门的知识之前对知识的总体状况有一个综合的全面的了解。"这是通识教育最初被赋予的含义。但这一概念在当时并未引起太多的注意。直到20世纪初"通识教育"一词开始较多地出现,大学常常把恢复一度失去地位的共同必修课程的教学改革与实验冠以"通识教育"之名,专家学者也越来热衷于讨论有关通识教育的理论和实践问题。但迄今为止,尚没有一个公认的、规范性的表述,各种文献及各个作者对"通识教育"的内涵几乎都有各自的界定。在20世纪30年代,美国曾试图通过研讨会与集体合作研究等方式提出一个可以被广泛接受的通识教育的界定,但最终未达成任何一致意见。[①]

目前,人们从不同角度来界定通识教育的概念。有人从通识教育的性质角度加以界定,提出通识教育是"高等教育的组成部分",是"非专业、非职业性的高等教育",是"对所有大学生的教育",是一种"大学理念"等。有人从通识教

---

① 李曼丽,汪永铨.关于"通识教育"概念内涵的讨论[J].清华大学教育研究,1999(1):96-101.

育的目的角度加以界定,如"通识教育指非职业性和非专业性的教育,目的在养成健全的个人和自由社会中健全的公民","通识教育作为大学的理念应该是造就具备远大眼光、通融识见、博雅精神和优美情感的人才的高层的文明教育和完备的人性教育","通识教育旨在给学生灌输关于好公民的态度和理解",等等。还有人从通识教育的内容角度加以界定,如"给20—25岁的青年一种关于人类兴趣的所有学科的准确的、一般性的知识","通识教育是一种使学生熟悉知识主要领域内的事实和思想的教育类型,例如自然科学、文学、历史和其他社会科学、语言和艺术,与任何与职业有关的目的无关"。

通过对已有的通识教育的内涵表述的考察可以发现,通识教育是一个内涵丰富的、多维度的多阶段的历史范畴,通识教育概念提出至今已近两个世纪,它在实践中发生了很多变化,不同的历史时期赋予它一定的时代特征。然而,尽管通识教育概念具有多维性,但有一些基本内涵却是大家认同的。一般来说,通识教育具有广义与狭义两种理解。广义的通识教育是指大学的整个办学思想与理念,即指大学教育应给予大学生全面的教育和训练,教育的内容既包括专业教育,也包括非专业教育。狭义的通识教育指不直接为学生将来的职业活动做准备的那部分教育,旨在通过科学与人文的沟通,培养具有宽广视野、人文及科学精神的健全个人与公民。

(二)专业教育的概念

与通识教育概念一样,我国教育理论界对专业这一概念的理解也不尽相同,见仁见智。一般而言,对专业这一概念有以下几种解释:1.专业是中国、苏联等国家的高等学校培养学生的各个专业领域,大体上相当于《国际教育标准分类》的课程计划或美国学校的主修,根据社会职业分工、学科分类、科学技术和文化发展状况及经济建设与社会发展需要划分。2.专业可以从广义、狭义、特指三个层面来理解。从广义角度看,专业是指某种职业不同于其他职业的一些特定的劳动特点;狭义的专业是指某些特定的社会职业;特指的专业则指高等学校中的专业,它是依据确定的培养目标设置于高等学校的教育基本单位或教育基本组织形式。3.专业是课程的一种组织形式,相关课程的组合就构成一个专业。可见,不同的人对"专业"一词的理解与运用存在分歧。我们认为,"专业"一词存在于日常生活中的理解与运用,以及大学教育领域中的理解与运用。日常生活中的专业往往是指以一定的专门学问为基础的职业,如医生、律师、教师等,与一般的普通职业如农民、工人等相区别。大学教育领域的专业是指按学科或职业组合而成的专门化领域,它被明确用来指称大学中的系科的分类。美国学者弗莱克斯纳(Abraham Flexner)在其代表作《英美德大学研究》一书中讨论了专业教育的内涵。他认为,专业的特征是"学问高深",没有学问的专业是不存在的,只能是职业。只有那些具有"高深学问"的专业才能列入大学专业教育范畴。同时,他认为,专业的本质源于理智,专业应以学术性研究工作作为自己的本职工作,专业首先具有客观的、理智的和利他的目的,生计是次要的、附带的,因此一个专业是一种等级、一种地位。① 弗莱克斯纳的专业观否认了专业教育的功利性、世俗性目的,给专业教育赋予了新的内涵,在专业教育与通识教育之间构架了一条互通的桥梁。

从以上定义中可以看出,专业与教育密不可分。比较苏、美专业教育模式可以发现,苏联高等学校"职业—专业—课程"的线路十分明显,即当社会有某种职业需要,就在一定学科基础上设置专业,然后再作课程设计,制定专业培养目标与具体的教学计划。其内在的逻辑是,划分职业活动领域是确定专业的起点,人才需求的具体规格是确定专业面和专业内进一步分化的尺度,根据职业活动领域的具体任务、变化情况和发展前景,判明专家应具备的职业知识、素养和能力,并以此作为确定课程依据。美国高等学校专业形成的线路是"职业—课程—专业"。社会对新的职业需求的反映,在高等学校中首先不是以专业的形式出现的,而是以课程的形式出现。当社会上出现新的职业时,高校总是先开设一门或几门职业需求的选修课,只有当新的职业发展到一定规模,提出稳定的人才需求,且高校有可能开设一系列配套的课程,师资、设备达到一定条件时才正式设置专业,开展专业教育。

专业教育与学科的进步、职业的变更有着密切的联系。专业是相对于学科而言的,学科分类是专业形成的一个重要依据。人类千百年来创造的知识体系就由众多不同的学科构成,每门学科都有自己特定的研究对象,学科经过不断的分化与综合,形成学科群,为专业设置提供了范型。专业教育也受到社会职业需求的影响,职业是社会分工的产物,社会分工促进了不同职业的形成。尽管专业与职业有着密切联系,但专业并不完全是职业的影子或附庸。以美国为

---

① Abraham Flexner. *Universities: American, English, German.* Oxford University Press, 1930: 27-30.

例,美国职业选择达 2 万余种,一个美国人在其职业生涯中要更换 5 次左右职业,可专业只不过上百种而已。正是专业与职业的这种差异,给专业教育的课程组合带来了复杂性和困难性,对专业教育培养人才的适应性和针对性提出了挑战。张楚廷曾说过:"专业是教育学词汇,学科是科学学词汇,职业是社会学词汇,它们通过课程汇合。"①

(三) 通识教育与专业教育的关系

通识教育与专业教育的关系如何?现代大学通识教育的使命、功能是什么?如何给大学通识教育以正确的定位呢?笔者认为,大学通识教育担负着三个使命:一是作为对专业教育的补充和纠正的通识教育,二是作为专业教育的延伸和深化的通识教育,三是作为专业教育的灵魂和统帅的通识教育。三重使命反映了通识教育与专业教育的三种关系。第一重使命表明通识教育与专业教育相辅相成、互为补充,两者为并列概念。第二重使命表明通识教育与专业教育是逐步递进、不断深化的关系,专业教育通识化,在专业教育之下进行通识教育。专业教育是通识教育的上位概念。第三重使命认为通识教育是大学教育的灵魂,大学教育必须入于知识教育之中,出于知识教育之外,走向情感教育、道德教育、人性教育。专业教育作为通识教育的下位概念。通识教育的三重使命实际上反映了通识教育功能的三个层次,不同国家的高等教育由于历史传统、价值观念的不同而存在着不同的选择。在我国,由于高等教育被定义为"建立在普通教育基础上的专业性教育",因而,通识教育只是在专业教育之下进行,通识教育不论在理念上,还是在实践上都不足以与专业教育分庭抗礼、平分秋色。而在美国,高等教育的专业概念远不像我国得以明确强化,大学低年级是不分专业的,报考大学也无需填报专业,因而高等教育中的通识教育成分就多了一些。当然,通识教育与专业教育的概念上的上位、下位、并列关系,也与通识教育概念的伸缩性、多维性、模糊性有关。

第一重使命的通识教育,其目的是扩大学生的知识面,加强文文渗透、理理渗透、文理渗透,做到科学教育与人文教育相结合,使理工科学生掌握人文知识,文科学生具有科学知识的武装。现代高等教育已进入人文教育与科学教育并重的时代,高科技水平和高文化素质成为当今发达国家高等学校的教育目

---

① 张楚廷.高等教育哲学[M].长沙:湖南教育出版社,2004:298.

标。第二重使命的通识教育，是帮助学生形成知识的整体观，启迪学生的智慧，培养学生洞察、选择、整合和迁移的能力。通识并不是让一个人懂得越多越好，什么都懂一点。一个人不是万能的，没有一个人可以懂得一切。因此，大学通识教育不能只是开设五光十色的课程供学生修读，不能仅仅传递各种知识，应当在掌握较多知识的基础上，实行学科之间的整合，即发现各专门知识、各相关学科之间的联系，形成知识的"大局观"和"整体观"，打破各门学科之间森严的壁垒，掌握科学的思维方法与研究方法。第三重使命的通识教育，是超越功利，弘扬人文精神和科学精神，培养"全人"。大学的通识教育已不是大学教育中随意增减、表面附带、可有可无的教育装饰，也不是吊挂在大学教育巨轮之后任凭拖带的、没有自身目的的附带物。大学通识教育不是大学教育的仆从，而是大学教育的灵魂。大学通识教育的根本使命在于造就道德高尚、通融识见、身心健康的个人与公民。过分功利的、实用的、职业化的大学教育，只能被动地适应社会。

最后，需强调指出，在我国目前处理专业教育与通识教育的关系，应该注意以下三个方面的问题。

1. 承认专业教育的合理性与必要性

尽管有人批评专业教育体现了职业主义、文凭主义和金钱主义的思想，带有严重的科学主义与工具主义的色彩，认为专业教育下的大学生比以前更加追求物质享受、缺乏理想主义，但是专业教育具有通识教育不具备的功能与意义。专业教育是与社会分工、专门化的职业领域相适应的一种教育，它给了学生在一个不确定的职业世界里的生存能力，给未来的大学生带来了经济的独立。高等教育的一个重要职能就是进行高级的专业训练，高等教育一直被认为是实用的，学生为了从事某种职业而接受高等教育。这样，人们就可以理解目前我国大学生选修大量的实用性、技能性课程这一现象。

2. 提升高等教育品位的重要一环是加强通识教育

我国当前正处于一个激烈的变革与转型的社会发展阶段，正全面进入市场化、商业化、多元化的时代，高等教育肩负着更加重要的使命。高等教育不应一味地、盲目地强调适应社会，不应时髦化和媚俗化，不应放弃精神教化的责任，而应当成为时代精神的代表者、守护者和创新者，成为整合全社会、全民族和全人类价值与理想的重要力量。高等教育应当使人养成善于求真的习惯、反思与批判的精神、高瞻远瞩的视野、高举远慕的心态、追求完美的境界。而这些体现大学品位的特质,可以通过加强通识教育更好地实现。

3. 实施通识教育必须注意理想与现实、目标与可能的关系

实施通识教育的愿望是美好的,但要考虑实现的可能性、实施的可行性。学生不是生活在真空中的人,不是机械被动的知识容器,理想的教育只有化作学生自身的心理需要和生活需要,才真正具有意义。否则,再伟大崇高的理想也只是空中楼阁。可以说,目前我国高校实施通识教育的外部环境并不有利,在这样一个追求功利和实用的世界里,要让学生意识到通识教育的价值是比较困难的。因而,高等教育要能在通识教育与专业教育中寻找最佳的结合点,使之既能有助于学生自觉努力地增长理性,又能满足学生为职业作准备的渴望。大学教育者要帮助学生认识到智性诚实、正直宽容等人文精神对未来职业生涯的重要意义,帮助学生构架起人文课程与职业工作之间的桥梁,帮助学生树立在动荡多变和充满竞争的当代经济社会中寻找自己合适位置的决心和毅力。

二、人文教育与科学教育

(一) 人文主义及其课程传统

人文主义通常指文艺复兴时期反封建过程中的一种思潮,它是与压抑人的权利、自由、个性的社会思潮相对的,同时也是与只重视自然科学的、科学至上的科学主义相对的。因此,"人文"一词既与"神本"相对立,又与"科学"相对应,在不同时期被赋予了不同的含义。在历史上,人文主义主要指文艺复兴运动时,借助古希腊的哲学和艺术,发展人的个性,解放人的思想,反对神学、愚昧和迷信等思想的概括。人文的实质是关于人之为人的思考,其关注的核心是如何做人。人文教育的目的就是发展人的理性。他们认为,宇宙受人的理性支配,人的理性超越于人的生物和社会本性,是人性中最宝贵的东西;理性是人性中的灵魂,它决定着人性发展的方向,人一旦失去理性,也就失去了人心中固有的真善美原则,就会误入歧途。他们认为,人性的共同要素和理性的永恒价值存在于文化遗产中,只有依据这一原则组织起来的课程内容,才有助于养成完美的心灵。

人文主义与人本主义从本质上说是一样的,都强调人的自由、权利和尊严。但平时使用中的含义略有不同,人本主义更倾向于强调以人为本的思想,与"自

然主义"相对立；人文主义更强调人文精神，与"科学主义"相对立。20世纪五六十年代，美国兴起了一个新的心理学流派——人本主义心理学，成为继行为主义心理学、认知主义心理学之后的第三大心理学流派，主要代表人物有马斯洛、罗杰斯等。人本主义心理学思潮涌入大学课程领域，形成当代人本主义课程思潮。

人文主义课程最早是指文艺复兴时期出现的人文学科，那时的人文学科是指拉丁文、希腊文以及通过这些语言学习的语法、修辞、逻辑，这些课程在当时用来取代宗教、神学课程。后来，这种人文学科逐渐成为一个传统，追求和肯定人的价值、人的个性发展、人的智慧和审美道德。因此，人文主义在课程实施中强调民主平等的方式，而不是体罚与严酷纪律。今天的人文学科显然早已突破了当时的科目与内容，但这种人文主义精神却得到了继承与发扬。这种传统的最重要特点表现在三个方面：第一，在课程目的上，重视人的价值，崇尚个性的自由发展。课程的根本目的在于为学生的发展和幸福服务，追求个性的和谐、理性的培育、情操的陶冶、身心的和谐发展。第二，在课程内容上，提倡人文学科，强调基础知识与通识内容，强调知识的广博。人文主义并不反对开设自然科学课程，早期文艺复兴时期的教育家对自然科学也持肯定与欢迎态度，并身体力行进行科学研究。但是，人文主义课程传统对于科学的接纳是从个性完满发展的需要出发的，这与科学主义课程观完全不同。第三，在课程的实施过程中充分地尊重儿童、热爱儿童，重视受教育者的需求和兴趣，提倡主动学习，反对体罚。

（二）科学主义及其课程传统

科学是以范畴、定理、定律等形式，反映自然界多种现象的本质和运动规律的知识体系。它是人类社会认识的一种形式。科学本来是反宗教的武器，但当它被异化成一种意识形态，一种新的宗教，这就形成了科学主义。科学主义作为一种主张和信念，它研究的对象从自然界开始，并把自然界的演化途径上升到本质的高度，从中寻求普遍的价值和规律，重视实证的知识和实验的方法。科学主义将其认识模式扩大到社会和人文领域，征服自然成了人必须完成的一项任务，工具理性成为理性的全部内容。因此，科学主义属于唯科学论的范畴，它不仅是反人文主义的，而且与科学精神和科学态度也格格不入，科学主义是作为贬义词加以使用的。但要注意的是，科学主义课程传统或科学教育则是一个中性词,并非贬义。因此,要区分科学进入课程与科学主义波及课程这两件事。正如张楚廷所说:"尊重科学、崇尚科学的观念,与科学主义是两回事。"①

科学主义教育思潮产生的主要原因是由于科学飞速发展带来的社会对科学教育的迫切需求,另一重要原因则是科学哲学在思想领域取得了主导地位。科学技术的迅猛发展,对人及其教育提出了新的要求,要求改革学校教育,提高自然科学在学校课程体系中的地位,培养适应科学时代需要的科学技术人才。现代科学技术迅猛发展带来的科学巨大功能的显现,以及人们物质消费需要的恶性膨胀,客观上刺激了科学教育的发展,使科学主义教育思潮不断强化。

科学主义作为课程流派的历史要晚于人文主义。科学主义的课程传统可以追溯到培根,后经赫胥黎、斯宾塞等人的发展而逐渐形成。科学主义的课程并不是一种固定的课程模式,而是有着许多具体的课程流派和许多具体的课程上的主张。但科学主义的课程传统是共同的,这种传统主要表现为以下几点:第一,在课程目的上,强调科学本身的价值和力量,课程要为科学的发展和进步服务,即使提到课程对于个人和社会的意义,也归结到二者对于科学的依赖或者科学对于二者的巨大影响方面。第二,在课程内容上,提倡和推崇科学,重视各门科学知识在学校教育课程体系中的地位,并不断增加自然科学的内容,及时吸收科学发展的新成就。第三,在课程实施过程中,对于方法和形式同样讲究科学性,讲究效率。即使关注学习者个体的兴趣、爱好、差异,也是从获取更好的学习结果出发,而不是从学习者个性发展的需求本身出发。② 科学主义课程观重视科学知识在大学课程中的地位与作用,对世界各国大学课程设置与课程内容产生了一定影响,尤其是它对科学基本概念与方法的强调,具有独特的价值并受到人们的重视。然而,作为一种课程思潮,它忽视科技发展的综合性,坚持课程内容的狭窄的专门化,显然具有"科学主义"的倾向,没有看到科学技术这把"双刃剑"的另一面,这是要加以注意的。

(三) 科学主义课程与人文主义课程的争论与冲突

科学主义课程的形成与人文主义分不开,但它成为一种思潮与传统之后,逐渐与人文主义分道扬镳,到了一定的历史阶段,甚至出现了对立和冲突。这种对立和冲突在两个历史时期格外激烈。第一个时期主要是18、19世纪,冲突

---

① 张楚廷.课程与教学哲学[M].北京:人民教育出版社,2003:165.
② 丛立新.课程论问题[M].北京:教育科学出版社,2000:148-149.

的结果是科学主义课程基本形成,而且在学校站稳脚跟。科学主义抨击人文主义课程的空泛无用,远离生活实际,落后于时代;而人文主义则批评科学主义课程表现出狭隘的功利主义倾向。第二个时期是在20世纪。已经成为课程主流的科学主义课程传统暴露出各种缺陷,引起了人们的反思。尤其是在20世纪中叶以后,现代化武器与战争给人类留下了巨大的创伤,对大自然的开发而引发的生态环境的灾难性破坏也让人反思科学技术的负面作用。而科学主义又将科学知识的价值凌驾于人的价值之上,视受教育者为工具,使学生沦为知识的载体和学科的奴仆,课程不再是培养人的手段而成了目的,科学不再是人认识把握外部世界的工具而成了高高在上的权威。面对这些现象,人们开始认识到人文主义的合理性,并且对科学主义课程进行批判和否定,人文主义课程传统又开始复兴。① 一些哲学家从理论的高度批判了科学主义的认识论错误,而有意思的是,一些科学家自己也站出来批判和否定科学主义。

这里介绍一下英国的"两种文化"争论。1959年,英国小说家兼科学家查尔斯·珀西·斯诺(Charles Percy Snow)在剑桥大学发表了题为《两种文化》(The Two Cultures)的长篇演说,认为文理之间存在着日趋扩大的鸿沟,学文科的和学理科的相互缺乏了解,甚至彼此怀有敌意,好像代表了两种文化。他在强调知识的专门化带来的危险的同时,还流露出对理科的偏爱,认为科学家骨子里代表着将来的希望。1962年,英国文坛巨人、文学批评家利维斯(Frank Raymond Leavis)也在剑桥大学发表了演说,题目是《两种文化:查尔斯·珀西·斯诺的意义》,谈论到他和斯诺的分歧:"和斯诺一样,我也关心大学的情况。与他不同的是,我想要使它成为一个名副其实的大学;这种大学不仅仅是一些不同专业系科的搭配,它也应该成为人类意识的中心:洞察力、知识、判断力和责任感都构成了人类的意识。"他强调解决两种文化鸿沟的办法是在大学建立一个富有生命力的英文学院,以有助于人脑的基本活动,包括智力活动与情感活动。英文学院的基本学科应该是文学和文学批评,它以其他任何学科都无法具备的方法同时训练智力和情感,培养人的灵敏性、对事物反应的精确性以及智力的完整性。他认为,对六七门专业的一知半解,甚至是多得多的了解,并不能产生一个受过教育的人。他的言论拉开了"两种文化"争论的序幕。

---

① 丛立新.课程论问题[M].北京:教育科学出版社,2000:150-152.

在很大程度上,"两种文化"之争是19世纪"文实之争"的延续:当时,以纽曼和阿诺德等人为一方、以赫胥黎等人为另一方的英国高等教育界就文科和理科孰轻孰重的问题发生过激烈的争论。从思想渊源上看,斯诺等人与赫胥黎有许多相通之处,而利维斯的思想则跟纽曼等人的思想一脉相承。斯诺等人强调科学应该成为教育大厦的基石,认为科学代表着将来,而文科代表着过去。利维斯则强调文科更能训练人的智力,培养人的情感。[①] 到了20世纪末,科学主义教育与人文主义教育两股思潮出现融合趋势,但又呈现出两种观点:一是科技史家萨顿(George Sarton)提出的以科学主义统合人文主义的教育整合观,而另一种是爱因斯坦(Albert Einstein)、阿什比(E. Ashby)等人提出的以人文主义统合科学主义的教育整合观。作为"两种文化"争论的延续,英国高教界在20世纪60年代后期和70年代围绕"高等教育的核心问题是什么"这一话题展开过激烈的争论,这一问题其实又涉及人文主义与科学主义教育观的问题。

1996年5月18日,美国《纽约时报》头版刊登了一条新闻:纽约大学的量子物理学家索卡尔(Alan Sokal)向著名的文化研究杂志《社会文本》递交了一篇文章,标题是《超越界线:走向量子引力的超形式的解释学》。在这篇文章中,作者故意制造了一些常识性的科学错误,目的是检验《社会文本》主编在学术上的诚实性。结果是五位主编都没有发现这些错误,也没有能识别索卡尔在主编所信奉的后现代主义与当代科学之间有意捏造的"联系",经主编们一致通过后文章被发表,引起了知识界的一场轰动。这就是著名的"索卡尔事件"。

这一事件的产生有着深刻的文化背景,又再次涉及到科学与人文孰轻孰重这一传统命题。20世纪70年代中期以来,随着后现代主义向科学领域渗透,在知识界出现了对科学技术的价值持怀疑倾向的相对主义思潮。索卡尔是受到美国生物学家格罗斯(Paul R. Groos)与数学家莱维特(Norman Levitt)的《高级迷信》(*Higher Super stition*)(1994)一书的激励决定写这篇"诈文"的。这本书对以后现代主义、文化研究和科学研究名义而出现的科学元勘思潮进行了猛烈抨击。在读了这本书之后,索卡尔深有同感,他同样认为人文学者对科学的攻击是不公正的,而且这些学者不懂科学却经常在文章中引用科学来支持自己的观点,有点欺骗读者的意思。他决定撰写这篇诈文,计划要在文章中掺入科学元

[①] 殷企平.两种文化和英国高等教育[J].高等教育研究,1994(2):91-94.

勘和文化研究中最荒唐的错误,变成一篇纯粹是胡说或错误的文章;同时又不能让杂志的主编及编辑们察觉出作者的真正意图,让这篇文章看上去像是一篇后现代主义的哲学论文。为此索卡尔收集了几乎所有的重要文章,在充分占有材料的基础上,一篇几近"完美"地表明后现代哲学的进步已经被后现代科学,特别是量子物理学的后现代发展所"证实"的文章就这样完成了。完稿后,索卡尔把文章投给《社会文本》,这份创刊于1979年的杂志在文化研究者中享有很高的声誉,被《纽约时报》称为"一种善于在文化论战领域中创造一种趋势的杂志"。不久,这篇文章就登了出来,登在《社会文本》题为"科学大战"的一个专刊上。在主编及编辑们看来,此文难得之处在于它出自一个物理学家之手,因为该杂志从来没有著名科学家来写文章。与此同时,索卡尔已经开始着手准备对自己的文章进行曝光的工作。在他的"诈文"发表后不到一个月的时间内,《曝光:一个物理学家的文化研究实验》便在《大众语言》杂志上发表,在此文中,索卡尔说明了他在《社会文本》发表的是一篇诈文,里面引用的所谓科学成果在科学界是些人所共知的东西,而这些成果根本推不出那些社会意义的结论,其中的推导完全是荒谬的。

事件一发生,学术界的大多数人就站在了索卡尔一边,认为这也是他们自己反对学术界中蒙昧和虚伪的斗争。这一事件也触发了一场席卷全球的科学与人文的大论战,论战的一方是由科学家、持实证主义立场的哲学家组成的科学卫士;另一方则是后现代思想家结成的联盟。世界众多著名的媒体参与其中,论战引起了人们的广泛关注。尽管从事件本身来看,自然科学家们占了上风,后现代主义从方法论上抹杀科学与愚昧、知识与谬误的分界是错误的,但自然科学与人文社会科学却各有其价值与功能,人们不能否定人文社会科学的学术地位。

今天,高等教育领域产生了新的变化,表现为大学内部各种交叉、综合学院纷纷涌现,多学科和跨学科研究成了一个重要的研究取向。因此,现代大学内部自然学科、社会学科、人文学科三大知识领域的界限已日渐模糊,研究方法也出现了融合。因此,在对待科学教育与人文教育的关系上,一方面,科学教育必须加强,高等教育在科学传授与方法训练及至职业技能培养中具有重要作用;另一方面,高等教育的最终目标是培养能够适应科技社会的公民,而不仅仅是满足科技以及相应职业培训方面的需求。为此,在大学课程设计中,目前出现的一个趋势是增强文理渗透课程的设计,一方面,是要求文科学生修读理工科类的课程,理工科学生修读文科课程;另一方面,增设了一些跨学科跨专业的交叉课程,这些课程可以从多学科的角度来探讨问题,既用到文科的知识,又需要理工科的知识,通过这些措施来弥补文理科之间的鸿沟。在我国,大学一度也存在着重理工轻人文的倾向,大学对学生的人文陶冶较弱,学生人文素养差,曾引起过众多教育家与学者的呼吁。

(四) 科学教育与人文教育的融合

人类进入 21 世纪,科学主义、人文主义在观念上日益走向融合。大家都认同,在学校教育中,注重科学教育的同时,也必须强调人文教育。20 世纪 90 年代以来,科学人文主义这一新概念被创造并被普遍接受,科学人文主义并不是科学主义与人文主义简单的拼合,而是一种以科学主义为基础和手段,以人文主义为方向和目的的人的发展观和社会发展观;它的最高目的是要在科学与人文的相互协调和补充中促进人和社会在物质与精神方面的均衡发展,并在此基础上实现人自身的解放。因此,科学教育与人文教育整合既是社会发展的需要,也是两大教育思潮自然演进的结果。

1. 尊重科学,崇尚科学

这不仅在理论上是人文发展的物质前提和基础,而且在实践上是我们在现代化进程中的经验教训。首先,必须承认科学的巨大价值。科学对于人类文明产生了巨大的推动作用,使人们的生活有了天翻地覆的变化。中国在清朝末年,西方列强用"坚船利炮"敲开了闭关自守的封建王朝的大门,被称为"奇技淫巧"的科学技术逐渐冲破了"道成而上、艺成而下"的封建人才观念。在今天,科学技术也彻底改变了人们的生活方式,互联网、高速公路、电子通信使人们的生活更便捷、生活质量更高。其次,必须学习科学的思想方法。其中最重要的是公正、客观、实事求是的态度与精神。中国人比较习惯于中庸,习惯于把事物矛盾性的两个方面简单地结合起来,往往成了折中主义和对模糊思维的掩饰。因此,要克服经验主义和实用理性思维方式,确立科学的思维方法。再次,必须认清科学并不能解决所有的社会问题。科学既能造福于人类,也能为祸于社会。人的道德问题、精神需要、信仰追求等都不是科学可以完全解决的。

2. 承认人文科学的地位,提升人的人文素养

一般人们往往把科学理解为自然科学或社会科学,其实人文知识也是一种

科学。不仅自然科学是科学,人文科学也是科学;不仅科学课程推崇科学,人文课程同样也推崇科学。人文主义不仅是与科学主义相对立的,同时人文主义还可以等同于人本主义,是与自然主义、物质主义、神权以及社会本位主义相对立,相对于异化人的思潮。① 人文观念自它出现之日起,就是以提升人的思想境界和道德情操为目的的。换言之,人文观念致力于充实和净化人的精神世界,提高个人的道德水准,促进人和社会的协调发展。在人类共享全球知识和技术资源的条件下,人类个体必须克服传统的狭隘保守、封闭自私、尔虞我诈、妒贤嫉能等不良心态和个性品质,必须要求大家共同创新、合作和进步。在科学技术不断发展的今天,必须提升个人的人文素养以适应社会进而得以发展。

3. 强调科学精神和人文精神的统一

由于科学主义的霸权,人们单纯地强调自然科学知识,知识的丰富内涵出现缺失和偏执。社会的进步需要科学知识与人文知识两种知识协调发展,人的全面发展也需要两种知识的支撑才能健康和平衡。人文知识包含了关于立品、为人的知识,包括个体的道德品质、事业心、敬业精神和责任感等,还包括人际关系的知识,以及关于如何看待自己、人与社会、人与自然之间关系的知识等。只有全面科学地理解知识的内涵,才能在实践中自觉地构建合理的知识、能力和素质结构,从而有利于个体全面发展和人格的完善。科学精神必须与人文精神相平衡、相制约,不应该把科学精神同人文精神对立起来。尊重科学、崇尚科学本身就是一种人文精神,如果在反科学的基础上来讲人文精神,那就容易流入神秘主义和反理性主义。同样,不要混淆科学的对象世界和人的精神世界,不能以科学的决定论、因果关系来绝对地看待人的活动,特别是精神活动,应该给主体留下空间,否则就背离了科学精神。

我们认为,在今天,科学的、人文的、社会的价值观必须走向融合,人文科学、自然科学、社会科学必须和谐统一,三者在高校课程设置中均应占有一席之地。在以自然科学为主的理工科院校,要重视人文社会科学研究,开设大量的人文、社会课程,使学生能广泛地涉猎多方面的知识,具有较为扎实的人文知识、社会科学知识;在一些文科类学校或专业中,则要注意多开设自然科学课程,使学生具有一定的自然科学素养,养成科学思维能力与习惯,以实现文理渗

---

① 张楚廷.课程与教学哲学[M].北京:人民教育出版社,2003:179.

透与交融。张楚廷教授曾称颂人本主义的作用:

> 当神本主义的实际威胁显现出来的时候,人本主义削弱了神权;当社会本位以政教合一的形式使人的地位极度低下时,人本主义起了解放先锋的作用;当科学主义在科学技术的日益强大过程中甚嚣尘上时,又是人文主义挺身而出,抑制物质至上、科学至上的思潮。①

第二节 大学课程与教学的理论流派

任何时期的课程理论总是受到当时的哲学思想、教育思潮的影响,宏观的教育理论总会在大学课程领域中得到折射与体现。大学课程理论与实践在历史长河中也受到教育思潮与哲学思潮的影响与洗涤。

一、教育哲学视野下的课程与教学观

奥恩斯坦(Allan C. Ornstein)认为对美国课程与教学产生影响的主要有四种教育哲学,分别为永恒主义、要素主义、进步主义和改造主义。他这一分析尽管主要针对基础教育领域,但同样也适合高等教育课程领域。他进一步就每一种教育哲学下的知识观、教育目的、教师角色、课程观及实施作了归纳分析,简述如表2-1。②

表2-1 四种教育哲学下的知识观、教育目的、教师角色、课程观及实施

教育哲学	哲学基础	教育目的	知识	教师角色及教学	课程的关注点	相关的课程动向
永恒主义	唯实论	培养有理性的人,发展智力	注重过去的和永恒的学科;掌握事实和永久性知识	教师帮助学生理性思考;以苏格拉底的方法和口头讲解为基础;明确地教授传统的价值观	经典学科;文献分析;永久性课程	读巨著运动;《普通教育和人文教育的建议》

---

① 张楚廷.高等教育哲学[M].长沙:人民教育出版社,2004:138.
② 阿伦·G.奥恩斯坦,琳达·S.贝阿尔-霍伦斯坦,爱德华·F.帕荣克.当代课程问题[M].余强,主译.杭州:浙江教育出版社,2004:7.

（续表）

教育哲学	哲学基础	教育目的	知识	教师角色及教学	课程的关注点	相关的课程动向
要素主义	观念论；唯实论	促进个体智力发展；培养有能力的人	基本技能和学术科目；掌握学科的概念和原理	教师是所在领域的权威；详尽地讲授传统的价值观	基本技能和基础学科	回到基础；卓越教育
进步主义	实用主义	促进民主的社会生活	知识是为了生长和发展；边生活边学习的过程；注重主动和有趣味的学习	教师是学生解决问题和进行科学探究的引导者	以学生的兴趣为基础；运用人类的问题和事件；跨学科的科目内容；活动和研究项目	适切性课程；人本主义教育；激进的学校改革运动
改造主义	社会批判主义	改善和重建社会；教育要促进社会变化和改革	有助于识别和改善社会问题的技能和学科；学习是主动的，关系到当今和未来社会	教师是变化和改革的施动者；充当项目指导人和研究的带头人；帮助学生意识到人类面临的问题	强调社会科学和社会研究方法；审视社会、经济和政治问题；关注现实和未来趋势及国内国际问题	教育机会均等；文化多元主义；世界教育；未来主义

奥恩斯坦还进一步把永恒主义、要素主义称为传统的教育哲学，把进步主义、改造主义称为现代的教育哲学。他认为，传统教育哲学把教育看作是对过去知识的保存与传递，强调讲授知识、训练心智、以学科为中心，强调学科内容本身的重要性，教师则应成为学科内容的权威，为学生传授知识。而现代教育哲学把教育视作是学生对经验的改造，对社会的变革，主张教育即生长，是学生创造性的自主学习，是积极重建知识的主动过程，因此教育者必须重视激发学生的兴趣和需要，学科内容只不过是传授技能、培养态度和训练心智的媒介，所有学科对解决问题的活动都有价值，教师与学生共同安排教学活动，教师是探

究活动的向导,学生独立自主地学习,师生通过对话进行教学。

如果我们再放开视野,从历史长河中来看哲学流派,我们发现,不同的哲学观具有不同的知识观与教学观,可以用简要的表格加以归纳(见表 2-2)。

表 2-2 不同哲学观下的知识观与教学观

哲学观	教学流派	对知识的看法	具体的教学观
经验论	自然主义	知识是通过感觉获得的,尊重经验,遵循自然	强调直观,注重感觉训练,遵循儿童的自然本性
唯理论	理性主义	知识是通过心灵活动获得的,崇尚理性,追求真理	重视学生知识学习及认知能力的发展,强调教育的意义
实证论	科学主义	知识是通过观察、实验方法归纳出来的,只有能被验证的知识才能被把握	教育的目的在于为生活作准备,知识学习必须考虑儿童的实际
实用性	进步主义	知识是由人的直接经验构成的,强调知识的实用价值	以儿童的活动与经验为中心,强调适应与变动,注重教育与生活的联系

从表 2-2 可知,不同的教育哲学持有不同的知识观与教学观。经验论——自然主义教育哲学强调教育具有它自身特有的性质,这些特质作为客观实在,独立于人们对它的认识与经验,因此必须重视自然,遵循自然,认为符合自然生长的具体教育活动必须注重感性、强调直观,因为知识是通过感觉而获得的。唯理论——理性主义教育哲学强调对理性忠诚,信仰永恒真理,认为教育有其终极本质,这些本质是永恒的、固定的,如果认识合于理性,就可以把握这些本质,因此,知识主要是通过心灵活动获得的,唯有通过心灵活动才能获得关于事物的真知。实证论——科学主义教育哲学主张人类的知识经验必须经过验证,这种验证是指科学意义上的实验、观察等方法,只有通过验证的知识才是科学知识,教育应以科学知识为内容,科学知识最有价值,知识的重要性在于它具有功利价值。实用论——进步主义教育哲学认为人类通过在活动中掌握关于事物的直接经验之后才能把握事物本质,教育过程主要表现为经验的过程,坚持以儿童及其活动与经验为中心,强调适应与变动,注重教育与生活的联系。

以上的教育哲学流派只是提纲挈领式的归纳与阐述,但需要指出两点:一是其术语的运用在不同语境下具有不同含义。如科学主义,不同语境下具有不同含义,有时是中性的,有时却是贬义的。理性主义也是如此,尽管它是唯心的,但相比于唯物的经验论却是一种进步。二是这些概括主要是针对基础教育领域而言。高等教育的课程与教学面临的问题与基础教育不完全相同,因此,这些理论用来解释大学课程与教学似乎有些隔靴搔痒。但细究下去,大学课程与教学背后的哲学理念也跳不出上述哲学流派的范畴。

二、大学课程思想流派

大学课程思想流派受到基础教育哲学的影响,但高等教育有其自身的问题,因此,在共性基础上,又有其特殊性。美国课程专家坦纳夫妇曾说过,"课程有一个悠久的过去,但只有短暂的历史",课程作为一个专门的研究领域始于美国,其标志是 1918 年美国课程理论家巴比特的《课程》出版。20 世纪 30 年代至 40 年代期间泰勒原理的问世和成熟,则标志着课程理论成为一门独立学科。大学课程思想流派众多,从不同层面可以作出不同的概括,现选择在大学课程开发、设置和教学中具有较大影响的观点加以介绍。

1. 工学主义课程观

工学主义课程观产生于 20 世纪 20 年代的美国,代表人物是美国早期课程理论家查特斯(Werrett Wallace W.Charters)和博比特(John Franklin Bobbit)。工学主义课程理论在方法论上深受孔德实证主义哲学家思想的影响,并吸取了以追求效率的"科学管理思想",它强调世界上的一切均可用数量表示,均可以测量,因此,主张通过量化描述的方法建立课程体系。这种课程观认为,学生的学习结果是可以预设和加以测量的,课程设计必须围绕着预先设定的目标进行。在工学主义课程观看来,课程设计与实施就像一条流水生产作业线,知识和各种活动就是流水线上的原料,学生的技能与行为就是流水线上的产品。

那么,该如何确定课程目标与内容呢?博比特提出了活动分析、需要分析、职业分析等概念。所谓活动分析,就是将人类的所有活动分为若干领域,例如语言、卫生保健、公民、社交、娱乐、宗教、家庭、职业等,通过对人类活动的分类选择恰当的课程与内容。通过对成人活动的各种分析,确定出教育目标,然后再选择与制订活动计划,即课程。查特斯的功用分析也是编制课程的重要方法。所谓功用分析,即弄清某一功能及实现这种功能的结构各个部分之间的逻辑关系。他也强调要通过成人活动得出课程设置目标。不过,他认为成人社会活动只是课程目标的一个因素,在考虑课程目标时,还需要考虑系统知识、个人的长远幸福和社会与学生的需要等。

工学主义课程观重视课程目标在课程设置中的意义,成为学校课程设置的重要模式。美国麻省理工学院等著名院校的高等数学、研究方法等课程,都曾严格依照这种模式实施过。这种课程观对美国的课程设置与设计实践产生过巨大的影响,对课程理论的发展也产生了积极的作用,泰勒的课程理论就直接受到工学主义课程观的影响与启发。然而,工学主义课程观也存在明显的缺陷:①第一,生硬地搬用工业管理理论与方法,将课程问题简单化、机械化,把课程理论的一切问题归结为技术问题。第二,缺少关于课程性质、课程的社会历史背景的分析,只讲求课程的预测、控制、效率,注重外显行为目标。第三,强调教师就像工人生产产品一样,可以根据课程目标将学生塑造成为需要的人,无视教师与学生的个人主观能动性。正因为如此,工学主义课程观遭到后来一些课程学者的批评,这些批评也催生了人本主义课程的出现。

2. 永恒主义课程观

永恒主义是现代西方较有影响的教育思想流派,其主要代表人物是赫钦斯(Robert Hutchins)、艾德勒(Mortimer Adler)等人,对美国 20 世纪 30—50 年代的大学课程建设产生了深刻的影响。

永恒主义课程观认为,大学的课程必须以反映千百年来人类理性演变的知识为内容。这些知识是发展人的理性的最好材料,它是主要的、永恒的。所谓"永恒学科",就是那些反映人类理性遗产的学习材料,它们存在于历经考验、证明其价值永恒而不朽的经典著作中。因此,在永恒主义课程观看来,名著便是大学的课程,研读名著就是大学教学的主要内容。为建立这种课程,赫钦斯挑选并编定了 71 位古今名人或学派的名著,涵盖了哲学、文学、历史、政治学、经济学和自然科学等诸多领域,他相信这些名著包括了主要的人类永恒观念。这些观念既是人类理性的"共同要素",是培养人的理性的必要材料,也是人类统一认识、相互沟通的条件。永恒主义并不反对专业教育,他只是反对大学过早、

---

① 张圻福.大学课程论[M].南京:江苏教育出版社,1992:240-241.

过分专业化,要求专业教育必须建立在普通教育的基础之上,因为普通教育不仅能为各种专业教育提供学术基础,而且它也是发展人的理性所必要的。

毫无疑问,永恒主义课程观具有浓厚的复古主义色彩。它是传统的人文主义高等教育思想的再现,是对大学课程中盛行的功利主义倾向的批判。面对狭窄的专业化教育弊端,永恒主义课程观重新强调人文学科,对学生的全面发展、平衡和拓宽大学课程设置具有借鉴意义。名著固然是要读的,但名著代表的是过去,不能反映当代科学技术的新成就,无法概括所有领域的新进展。用名著代替大学课程,无论从理论上,还是实践上都无法成立。

3. 改造主义课程观

改造主义课程思潮于 20 世纪 30 年代兴起于美国。代表人物为布拉梅尔德(Theodore Brameld)。改造主义课程思想诞生于美国经济危机和社会动荡氛围之中。他们认为,大学课程必须具有改造社会的目标,大学在提供的课程中要描绘出"共同生活的远景",确立通过学习这样的课程实现共同的价值观念。因此,学校课程肩负建设新文化、创建世界秩序和培植和谐社会的重任。

改造主义课程观反对以学科为基准组织课程,而主张以问题为中心组织课程。布拉梅尔德曾经提出一个"以问题为中心"的课程构想。17—20 岁的青年公民都可以进入一种新型的初级学院,四年的课程可以围绕着一个中心题目——"我们能有哪一种世界,我们要哪一种世界"——来进行。每个学期将研讨这个问题的各个方面:政治的、经济的、科学的、道德的、美术的、宗教的以及许多别的方面。每一门课将尽量利用最丰富的资料来源进行相关研讨。布拉梅尔德认为,这种课程体系中的所有学科和分支学科,都在一个统一的整体内完整地联系起来,不仅要把所有领域的知识连成一个整体,而且还要为这些知识提供新颖、有效的意义。这一流派在实践中没有对美国大学课程建设产生巨大的影响。

改造主义课程观从一个新的角度对课程理论进行了探索,具有一定意义。它的优点是:第一,课程的社会职能能够充分发挥出来;第二,全部学习经验集中于社会人格的形成,能够促进人格的健康发展;第三,学生直接面对社会生活,有助于学生获得有意义的社会经验。然而,它的缺陷也很明显,比如,它不重视系统的知识学习,课程实施的质量无法得到保证。

4. 存在主义课程观

存在主义课程观是存在主义教育思潮的一个方面,它尽管谈不上具有自己的课程理论体系或课程理论家,但这一哲学思潮也不可避免地渗透到了教育领域,尤其为青年学生所接受和推崇,20世纪50年代以来对西方各国大学课程建设产生了一定的影响。

存在主义课程观认为,大学课程的中心任务不是传授知识,知识、技能和智力是大学课程必要的,但不是核心,课程知识内容本身并不是目的,课程的全部重点必须从事物世界转移到人格世界。课程设置必须符合人的需要,课程系统中主要的学科应是人文学科、哲学、历史、文学和艺术等,因为这些学科最能直接地触及人的本性。存在主义课程观反对具有强烈职业目的的专业教育,认为职业知识的传授妨碍个人自我的发展,专业教育降低人的重要性,即使不得不进行专业教育,也应该尽可能使专业教育人性化。同样,存在主义课程观反对大学课程中的理性主义,反对将发展理性作为大学课程的主要任务,认为大学课程的中心任务是发展学生个人对自己本性的内心体验,不能忽视大学课程对个体情感和意识的发展功能。在大学课程的实施上,存在主义课程观认为,苏格拉底式的问题法与启发式教学是最好的课程实施方法,师生之间的对话、诘问可以启发和引导学生。存在主义比较反对课堂讲授,认为学生自己探索发现才能得到真实的东西。在大学课程的组织形式上,存在主义则重视个别教学,因为学习过程是一种高度的、个人的事情。大班教学不利于学生在独特的、个别的需要下发展自己。因而,即使在大班教学的时候,也需要特别强调教师与学生之间的对话、知心和友情。

存在主义课程观对西方大学课程设置产生了一定的影响,在西方大学课程设置背后可以看到存在主义的影子。学校增设大量选修课程使学生在选择课程上有更多的自由,这为学生个性的自由发展、知识面的拓宽、兴趣的培养都产生了积极作用。偏狭和专门化的知识与技术性的课程体系受到了挑战与抵制。存在主义课程观的消极意义也非常突出。作为一种对主流文化持反对态度的哲学流派,存在主义在课程上反对传递理性知识,主张课程的重点应从知识转移到学生身上,这是不现实的。

5. 实用主义课程观

19世纪末美国出现了实用主义教育思想。美国教育家、哲学家杜威(John Dewey)是其主要的倡导者和代表人物。这里需要指出的是,杜威与实用主义哲学创始人皮尔斯(Charles Sanders Peirce)和詹姆斯(William James)不同,他不同意把哲学看作纯粹学术的东西,而主张把它同人类的实际生活联系起来。杜威力图把实用主义哲学应用于教育理论,为美国学校教育的改造设计一张蓝图。

杜威把赫尔巴特(Johann Friedrich Herbart)的教育思想称为"传统教育"或"保守主义的教育",在他看来,"传统教育"的课程观有诸多弊端缺陷,需要加以变革。为此,他建立了以经验论为理论基础的新课程理论,这个理论充分体现了他的最基本的教育观点:"教育即生活""学校即社会"。杜威认为,学校教育教学的最大任务是要从学生目前生活所获得的直接经验中寻找一些东西,作为学生在以后的成长中发展成有组织的知识的根基,而不要把教材看成现在的学生经验之外的东西。要"从生活中学习","从经验中学习","从做中学",学校中一切课程的主要内容,应该就是学生现在生活的经验。杜威反对传统教育中的分科教学,反对现成的、孤立于学生经验之外的成人化的知识,要求把课程与教材恢复到它被抽象出来的、原来的生活经验,学校教育是建立在学生现在的生活经验基础上的教学。他甚至提出要使学生的学习"循着历史上人类的进步足迹前进",重演"从原始的到现代的全部发展过程"。他提出了变革课程的三项要求:第一,课程应是合乎学生心理需要、兴趣和能力的;第二,课程应具有统一性和整体性,而不是支离破碎的;第三,课程应具有社会性。

大学自走出象牙塔与社会的联系日益紧密以来,用高深知识更好地服务社会便是高等教育的一大追求。实用主义坚持"有用的就是真理",主张以社会及个人需要为基础,把知识与社会联系在一起;尊重个人的兴趣与经验,推动个人的发展以及知识的有效利用,把个人与社会、知识有效地联系起来,注重实用性和更好地实现服务社会的功能。

6. 结构主义课程观

结构主义课程观的代表人物为布鲁纳(Jerome Bruner)。他认为,让学生掌握学科的基本结构是教育过程的核心。任何学科都有一个基本结构,即具有内在的规律性。这种规律性反映了事物之间的联系,表现为各种定义、原理或法则,这些学科的基本结构应成为课程的主要内容。学生掌握了学科的基本结构,就易于理解学科的全部内容,易于再现学科的全部内容,易于运用学科的理论,易于产生正迁移效应。为此,在课程编制过程中,应该重视一门学科的基本概念或原理的连续性,正确组织学科的基本概念和基本原理;在课程实施方面,则强调运用发现教学的方法进行教学工作,认为发现学习是掌握学科基本结构的良好方法;在课程评价上,也强调从学科的基本结构方面予以评价。

结构主义课程观从20世纪50年代起对美国中小学课程改革产生了强烈的影响,但在中小学课程改革中却没有获得应有的效果,导致大量学习困难学生。然而,它在大学的课程领域中却找到了发挥作用的天地,它比较适合具有一定知识、能力基础的,具有较强自学能力的大学生,以及具有一定深度的大学教学内容,这一理论在编写大学教材、编制专业课程中具有较强的适宜性。结构主义课程观以结构主义心理学为基础,对学生的心理和学习过程作了深入的分析,从而对课程理论的发展具有十分重要的意义。

需要指出的是,以上各种课程流派并不是并列的,它们处于不同层面,并在大学课程设置中均有不同程度的反映,如存在主义课程观就是存在主义哲学在教育领域中的反映,并体现在课程观上;工学主义则是课程编制与开发的一种技术与手段,它的思想根源是科学主义及实用主义思潮。有的课程流派在基础教育领域影响较大,有的则是在高等教育领域影响较大。大学课程哲学必须从实践出发加以构建,有人提出了"实践课程观"。以前人们对大学课程有所误解,认为大学课程就是指大一统的国家课程,就是一种基于专业为单位的培养计划,是外在于师生之外的"计划"或"目标",其实,大学课程就是师生实践的进程与内容,是师生教学与学习自由下体现出来的内容,大学教师不是课程的局外人,而是课程的开发者,他本身就是课程的一部分。

案例二 耶鲁报告:大学通识教育与专业教育之争

《耶鲁报告》是耶鲁大学1828年发表的一份捍卫古典学科、人文学科的报告,力图在日趋实用、强调科学的大时代趋势下为人文与古典争得一席之地,拉开了大学通识教育与专业教育之争的序幕,对世界高等教育以及大学课程与教学的改革与发展产生了极其重要的作用与影响。

一、《耶鲁报告》出台的时代背景

19世纪初,美国正值产业革命的时代,工业迅速发展,社会剧烈动荡。经济、文化获得迅猛发展,作为文化重要组成部分的高等教育在这一历史阶段也取得长足进展。在大学里,大大小小违反学规的现象屡见不鲜。大学往往根据学生损害学校利益的程度对他们进行处罚,而学生们却认为学校的处罚不公平,也太严厉,自身的权利和尊严受到侵犯,因此学生集体反抗学校管理制度的抗议事件频繁发生。普林斯顿大学、威廉·玛丽学院、哈佛大学、北卡罗来纳大学等都先后发生类似事件。校方将无悔改之意的学生除名,以此来平息学生的抗议运动,却因此名誉受损,还丧失了公众的信任和支持。同时,学院因忽略和排斥实用科目,坚持开设大量的古典课程,尤其是枯燥无味的古典语言课,更是引起了学生和公众的不满。

面对美国社会经济急剧发展的现实,以及从欧洲涌入的大量新思想和新模式的影响,美国社会普遍认为美国高等教育要适应一个蓬勃发展的共和社会的需要。强调民主价值、注重实用知识和科学知识的高等教育改革派提出了各种对传统学院教育及其课程内容进行改革的设想。各种改革尝试的焦点集中在改造传统学院实行的古典课程必修制度上。有趣的是,最初的两个重要的选修制改革尝试,分别发生在当时最古老和最年轻的两所大学,也就是哈佛大学和弗吉尼亚大学里。杰斐逊(Thomas Jefferson)一开始希望在其母校威廉·玛丽学院进行课程改革,由于无法推行,转而创办一所全新的大学——弗吉尼亚大学。弗吉尼亚大学打破"垂直"安排的必修课传统,"平行"开设古典语言、现代语言、数学、自然哲学、自然历史、解剖学与医学、道德哲学、法律八门课程,赋予学生一定的选修课程的自由。而第一批求学德国的美国学者蒂克纳(George Ticknor)从哥廷根大学返回哈佛大学后,即尝试将选修制引入哈佛大学。在他的倡导和推动下,哈佛大学现代语言系开始实施选修制,允许学生选择一些课程。选修制被引入美国最古老的大学,虽因遭遇到阻力而不断反复,但渐成燎原之势。同样古老的耶鲁大学开始深感捍卫古典课程和自由教育的责任重大。

选修制其实是当时高等教育课程改革的先声,这是对古典学院模式和权威的挑衅。选修制以及选修制本身所代表的功利主义教育观,使盛行于美国传统学院的自由教育思想受到严重冲击。传统学院在发展的过程中必须解决这样一些问题:美国大学或学院的教育目的是传授古典学科知识,还是应注重世俗实用学科的教育?美国大学是应该按照德国的模式发展,还是应该师法英国的学院模式?大学教育存在心灵陶冶这一目的吗?如果存在,应该确立什么样的课程体系来实现这一目的？古典语言与现代语言分别具有什么样的教育价值？① 素以保守而著称的耶鲁大学校园开始不平静起来。1827年,身为耶鲁校董、州参议员,并且是熟知古典课程的达林(Noyes Darling)认为旧有的课程已经不合时宜,他建议取消课程中的"死亡的语言"课(即古典语言课)而代之以现代语言课程。一石激起千层浪,达林的建议一出,在耶鲁学院引起巨大反响。为此,耶鲁学院成立了一个由院长戴(Jeremiah Day,他是耶鲁大学历史上任职时间最长的校长,从1817年起至1846年止,前后29年,卸任后又做了21年的董事会成员)、达林等组成的五人委员会,该委员会代表了耶鲁学院的法人与教师团体,并召开教职员工大会,对古典课程和现代课程之间的争论进行专门研究,调查学院的教学情况,尤其对现代语言和古典语言的效果进行调查。

五人委员会充分考虑了学院的有关情况,广泛征集了教职员对学院发展的意见,于1828年发表报告,报告针对古典课程的批评作了针锋相对的回答,重申了耶鲁的自由教育理念。这份报告最初发表于《美国科学与艺术学刊》,题目是《一份关于自由教育课程的报告》(A Report on the Course of Liberal Education)。后来,人们习惯于称之为《耶鲁报告》(Yale Report of 1828),报告一经问世便产生了强烈的反响。② 这份报告旨在维护耶鲁学院的古典教育地位,为古典文学撑腰,为必修课辩护,为自由教育提供理由,为严格管教进行说明。

二、《耶鲁报告》的主要内容

《耶鲁报告》分为两篇,一篇由董事会成员负责撰写,另一篇由教授负责撰写。后者又分为两部分,第一部分主要对学院的教育计划进行考察分析,由院长戴写成;第二部分主要对古典语言教学的必要性和可行性进行论证,由耶鲁学院拉丁文和希腊文教授金斯利(James L. Kinsley)执笔。

《耶鲁报告》明确提出,耶鲁学院将恪守自由主义教育传统,继续实施古典学科教育,通过古典学科知识的学习把自由的原则植入年轻人的心

---

① 王保星.《耶鲁报告》与美国共和主义高等教育观的确立[J].清华大学教育研究,2003(4):56-63.

② 王定华.《耶鲁报告》及其影响.国家教委基础教育司2009年9月1日文件.

灵，培养学生具有高尚的爱国主义精神、大度优雅的举止、深厚的人文知识素养。学生通过古典学科知识的学习获得纯粹的真理。耶鲁学院的课程体系是适宜的，应予以维持。《耶鲁报告》集中阐述了耶鲁学院的自由教育立场，并对美国传统学院的教育目的、教育内容、教育教学方法进行了有价值、负责任的思考。自1828年以后，耶鲁每一位新校长上任都会重申自由教育的理念，在耶鲁历史上每一个重大变化的关头，都会挺身而出，坚定地捍卫自由教育。

（一）学院教育之目的：训练智能，磨砺心灵

学院之目的，其实也就是自由教育之目的的。根据戴确定的基调，《耶鲁报告》提出，自由教育的合适目的是"对学生的官能进行经常的、生动的训练，以便规范和完善学生的心智，发展他们的潜能"。也就是说，通过学院教育，学生要扩展和平衡心智能力的发展，具有自由而全面的视野，塑造美好和谐的性格。学院教育的目的不是简单教授单一的专业技能，而是提供广泛、深刻而坚实的完整教育，为精英教育奠定基础；不是为谋求日后的商业利益，而是通过思维和心智的训练以谋求终身快乐；不是缔造某一行业的专家，而是培养拥有全局观念，能够担任领导的通才。报告认为，即使掌握一般的手工技能都要花费好几年的时间来进行练习，心智能力的训练就需要更长时间的严格、持续而系统的努力。为了达到完善智能，磨砺心灵的目的，学院里学科和课程设置的标准就是要有助于训练和发展学生的注意力、思维力、观察力、判断力、想象力、记忆力，激发并指导学生天赋的充分发挥和展现。报告认为："学院教育的目的不在于提供一种几乎包括了所有领域的零碎知识的肤浅的教育，更不在于传授任何专业领域的具体知识的专业教育或实用教育，而是在学生在校学习时间许可的限度内着手提供一种全面的基础教育。"这也就是说，学院教育的目的并不特别专注于某一具体专业或职业领域知识的传授，而是为所有的专业研究及职业生活奠定统一的基础，并替代家长对学生实施父母般的监护。同时，报告进一步认为全面教育是与片面教育相对而言的。全面教育只能通过全面的心智训练来完成；只采用一些片面的或职业性的科目来进行教育，带来的一定是片面的教育。[①]

《耶鲁报告》倡导的全面教育，其实就是一种自由教育。它要求开设广博的

---

① MelvinI, Urofsky. Reforms and Response: The Yale Report of 1828. *History of Education Quarterly*, 1995(1), 61-64.

课程,反对过早专业化;要求以经典的和基础的科目训练学生的心智,反对传授杂乱无章的经验。报告认为,心智训练的课程与那些职业训练的课程并不是完全对立和水火不容,只是有两点须注意:一是学生在学院有限的三四年中,不可能什么都学,只能是抓住主要科目,奠定必要的基础;二是职业训练应以自由教育为先导和基础。前一点是轻重的问题,后一点是先后的问题。而美国高校当时推行的选修制改革,其实是为了迎合社会上那些庸俗、狭隘和利益熏心的要求,从而降低教育的质量,而无法达到为人的一生做准备的目的。在当时,如此提倡全面教育,可以说是切合美国的实际。从政治上看,学生接受了全面教育,变得头脑清醒,判断准确,在日后投票选举中能够恰当取舍,并对重大国事有较深认识,能使庞大的国家机器有效地运转。从经济上看,未来从工者、从商者、从农者接受了全面教育,变得思维正确,分析周到,洞察秋毫,并能够更好地理解和运用科学原理,大量的财富会因此而落到他们手中,整个社会的物质文明亦将向前迈进。从文化上看,学生接受全面教育,心智得到训练,有助于提高文化素质和理论水平,从而成为良好公民。因为公民需要科学的思维方式,需要品尝理论的甘露;就是说,社会航船驶向远方,离不开指路明灯,离不开理智的灵光。

也许有人会问,那么,为什么学生要浪费时间在那些与他将来的专业没有直接联系的学习上呢?化学能帮他在律师业里辩论,或者二次曲线能使他胜任布道工作吗?再或者天文学对他的医学实践起帮助作用吗?在回答这个问题时,会发现没有什么科学是对专业技能无所帮助的。"每样事物都把光折射在其他任何事物上。"为专业学习准备的学院教育的伟大目标是赋予精神力量的广度和平衡,那些自由和全面的观点以及个性中好的部分,这些在那种总将思维局限在一个特殊渠道的人身上是很难发现的。一个人一旦进入了专业的实践中,原则上来说,他的思想精力必须被赋予一个适当的任务。但是如果他的想法不再涉及其他的学科,如果他从不广泛关注足够的文学和科学领域,那么就会使他在思考习惯上有局限性,性格上有癖好,这些必定标志着他是一个观点和成果都有限的人。假如他在他的专业上很卓越,那么他对其他学科的忽视,和他教育上的缺点将会更加暴露在公众眼前。从另一个方面说,不仅在专业上出类拔萃,而且还具备全面知识储备的人,拥有崇高和尊严的性格,这使他对社会有指导性的影响,以及广泛延展的作用。他的情况使他能够在社会的每个阶层中传播科学之光。一个人是否能够不涉及其他,仅通过专业上的追求而完善一生?他是否对他家庭、同伴、国家没有责任义务?而这些义务是需要多样和广泛的智力财富才能承担的?①

我们相信,对于博雅教育大多数人都能理解:据精确计算,这种文理兼顾的训练法,能同时加强和扩大思维的才能、通晓人类的相关探索和理解相关重要物质的主要原则。博雅教育是一种与专业教育明显不同的教育。前者更致力于通晓那些在生活的任意情况下都是必需的或使其便利的话题,而后者则是让一个人更适应某一特定的情境、事业或就业状况。前者在时间上是先行的,而后者是在前者成为合适的基础上才能建立起来的。博雅教育适合占据整个思维,它的力量是开放的,而且是不断扩大的。而专业教育需要理解力,这种理解力一是在学习中培养出来的,二是通过方法训练与不断努力的练习而形成的。②

(二) 学院教育之内容:古典学科和课程

《耶鲁报告》认为,古代的优秀文化遗产是教育的重要内容,同时还是教育的重要手段。

与学院教育目的相应,《耶鲁报告》坚定了进行完整教育的信念,指出大学课程体系设置的目的,不是进行仅仅包括几门科目的片面教育,更不是进行包含对所有学科浅尝辄止的浅显教育,也不是为适应某一职业的实用教育,而是在有限的时间内,尽可能地开始一个全面的教育课程。《耶鲁报告》认为,为实现心智训练和全面教育的目的,必须确定一些有益的学科,采用一些有益的教学模式。而古典学科应该是学院教育的重要内容,同时也是教育的重要手段。古典学科建立在"训练"和"装备"心灵这两条重要原则之上,是年轻人未来生活最好的基础,是自由教育的必要组成部分,自然就是学院教育内容的不可或缺的部分,是一个有教养的人所接受的完整教育的必要组成部分。这些训练是艰苦的,有时甚至是乏味的,但却是心智训练的有效途径。

古典学科不仅具有极高的品格陶冶与心智训练价值,还表现出较强的实用价值。古典学科自身能够为任何程度的智力训练提供材料,这一训练将贯穿青年学者从启蒙直至成熟的全部过程。古典学科研究的领域自语言基本要素的

---

① 陈汉强,郭思霖,等.耶鲁报告[J].国际高等教育研究,2008(1):29.
② 陈汉强,郭思霖,等.耶鲁报告[J].国际高等教育研究,2008(2):24.

学习一直拓展到文学研究的最繁难、最深奥的问题。这一领域涉及心智的每一方面,记忆能力、判断能力、思维能力、审美能力与想象能力均受到训练,得以提高。古典学科的学习为专业研究和职业生涯做了最好的准备。缺乏古典学科知识的专业或职业工作者只能在一种较低的层次上奔波于职业生计,并且获得较大成功的机会也要少得多。

例如,语言的解释和正确运用,对神职和从事法律职业尤为重要。现代语言虽可作为一种技能或造诣,但不能作为必须掌握的东西。如果因为世界上某些地方的人使用现代语言,就认为它比古代语言更为实用,则是错误的。应该考究的是,什么学科提供最好的智力修养,并蕴含美国文学中最透彻的知识,以及奠定职业学习的最扎实的基础。当然,《耶鲁报告》并不反对学习现代语言,而是主张学好古典语言及经典著作。《耶鲁报告》断言,那些谙熟古典文学,并同样地掌握了现代某种非英语的欧洲语言的人,最富有潜力和发展优势。选择有效的内容训练学生各种感官,进而发展精神力量,并让精神力量按照人的意志从一种学科迁移到另一种学科,从一般的学习迁移到生活中的各种职业。当然,训练心智的学科不限于古代语言。耶鲁的教授们认为,要求未来律师学习物理或要求未来的教师学习圆锥曲线并没有什么不合适,因为这些学科都有助于心智的训练。当时,学生通过数学掌握推理艺术;通过自然科学学习演绎;通过逻辑学习思维艺术;通过写作,获得系统的、精确的表达能力;通过有效的讨论课,变得敏捷、灵活。

《耶鲁报告》对耶鲁学院开设的主要课程进行了考察,详细地介绍了每一门课程的作用,同时还肯定了必须在学院课程中的文学和科学各个不同分支之间保持合适的比例,来形成学生的均衡发展。如"理论数学"有助于训练学生的描述性推理能力;"物理"有助于训练学生的事实性的描述、归纳以及寻找可能性根据验证结论的能力;"古典文学"能提高学生的文学鉴赏及审美能力;"英语阅读"能训练学生的阅读、写作及表达能力;"逻辑与心智哲学"训练学生的思考能力;"修辞与演讲"则向学生传授口头表达的艺术;"作文"则提高学生书面语言表达的准确性与简洁性。耶鲁学院尤其重视讨论课,认为能有效促使学生思维敏捷,表达流利,且富有激情。

所有重要的智力和才能都能得到锻炼,对为一个全面教育打下基础来说是必需的。如果只有一两个才能得到锻炼,而其他才能被忽视了,那将会是不充分的。一栋昂贵的大厦不应该只依靠单一的柱子。当某些天赋才能得到比其他才能更充分的锻炼时,智力特征就会被扭曲。如果各种才能不能得到相应的训练,那大脑永远也达不到它的最佳状态。如果一个学生仅仅只训练他的推理能力,那么他将缺乏想象和对热烈的、让人印象深刻的演讲的感知。如果他仅把他的注意力集中于表面现象,那么他就有可能做不出正确的判断。如果他主要依靠他的记忆,那他的想象力就会因为误用而受到损害。在这些学院的课程中,在文学和科学各个不同分支之间保持一个合理的比例,来形成学生的均衡发展已成为学校的一个目标。从学习数学中,他学会了明确的推理艺术。参加物理学科,通过归纳的过程和对各种相应事例的处理,他开始对事物感到熟悉。在古典文学中,他找到了一些达到极致的欣赏模式。通过英语阅读,他懂得了他所说的和写的语言的力量;通过逻辑和精神哲学,他学会了思考的艺术;通过修辞学和雄辩术,他懂得了演讲艺术;通过经常练习作文,他懂得了怎样来生动、准确地表达;通过即兴讨论,他将变得机敏、表达流利和活跃。①

《耶鲁报告》中对于其大学的课程设计具有以下六个特点。

第一,在文学和科学各个分支间保持一个合理的比例,以使学生得到均衡发展。

第二,在智力教育中,注重激发学生的责任感和学习动机,以使他们最有效地使用自己的智力资源,并且提出学者应该通过自身努力来塑造自己。

第三,集中学习书本知识和基本原理,设置练习课程。报告认为,为了在短暂的时间里进行有效的学习,学生必须集中学习书本知识,以充分了解该学习领域的基本原则,为研究和调查打下良好的基础;同时,设置练习课程,以给予学生全面调查研究某一特定研究课题的机会。

第四,将专业学习排除在学院课程之外,为书本和科学知识学习腾出空间。《耶鲁报告》指出,科学知识和思维的训练不会在匆忙的事务中发生,而只能在大学获得。因此,推迟专业教育的牺牲是值得的,它换来的是一个片面教育与全面教育之间的巨大差别。

第五,统一进度学习。有时候很多人认为不应当强迫学生去学习他不擅长或不喜爱的学科。然而,在一个学生还没接触最基本的原理之前,他又怎能知

---

① 陈汉强,郭思霖,等.耶鲁报告[J].国际高等教育研究,2008(1):24-35.

道自己对此学科有无兴趣和能力呢？科学理论是所有高智力成就的共同基础。当他们掌握了几门科学的共同基础知识时，就可以让他们选择最喜欢的科目学习了。

第六，学校还实行中期考试，以检验学生学习的积极参与程度，激励学生持续不断地进行智力活动的艰苦训练。

（三）学院教学之方法：演讲和背诵

《耶鲁报告》始终坚持古典学科和传统课程，而传统课程强调纪律和训练胜于知识的掌握。耶鲁学院的教学基于这一假设，即学院教育的更好部分是对良好行为习惯的培养：礼拜和虔诚的习惯；勤勉学习的习惯；良好的品行和行为习惯；举止端庄和富有男子汉气概的行为习惯等。报告认为，演讲是适宜的教学方法。演讲的最大优点在于这一方法需要演讲者做出最大的努力，加快演讲者取得专业学术成就的步伐；这一方法还将给学科发展带来启示，为学科发展增添活力，有助于学科最新成果的交流；高水平的演讲还将激发学生的学习热情，增强其学习动力。不过，演讲法常常不能有效地训练学生的心智能力，学生只能坐在那儿静听，缺乏心智能力的积极参与，因而有必要辅之以背诵的方法。必要的背诵也是一种较为有效的学习方式，指定学生背诵具体的内容，尤其是集中背诵一本教材的内容可对学生的心智能力实施持续有效的训练，同时避免了学生因涉猎不同的教材而导致知识上的混乱与理解上的无所适从。

对于其他学校推行的选修制试验，耶鲁将不予采纳。原因在于美国的学生不像德国大学的学生那样成熟，那样具有较为充分的教育准备，他们尚缺乏设计自己未来发展道路的能力，尚不能正确利用自己的兴趣与爱好。美国大学的学生对构成高深学术成就的各类确定无疑的知识尚难以准确地把握，因而把自由选择学习课程的权利交给学生是一种轻率的举动。因此，那种企图把德国大学的自由选修制与专门研究制引进美国学院的做法是荒诞不经的，进入耶鲁的学生必须学习耶鲁学院的必修课程，耶鲁规定的必修课是每一位接受完整教育的学生必须学习的科目。报告宣称，耶鲁学院必修课程涵盖了接受全面教育的个人所应通晓的全部科目，这种自由教育的课程在造就绅士的同时，还能向工匠、工人及农民提供有益的帮助。

在教学过程中，应该注意在演讲和练习之间遵循一个适当的比例，而这个练习通常被称为背诵,也就是对课本进行考试。演讲最大的优势在于,它能激发演讲者最大的努力,促进其自身在专业方面的进步;同时赋予课程以光芒和精神,这将引发学生的兴趣和激情。

它们可能会在逼真的雄辩这样吸引人的外表下,把科学的原则摆在演讲者的面前。在手段的解释、实验的实施,或者是样本的呈现等方面,它们是合适的交流方式。但是,我们仍然很难相信所有教学目的都可以只通过演讲来进行最好的回答。它们通常不会给学生带来一种紧迫的和确定的责任。

他可以在座位上休息,不积极地听演讲者的讲话,不用让自己想法中的积极性进行活动。我们在尽力地改正这种缺陷,从某种程度上来说,是通过对演讲主题的频繁考试来进行改正的。学生应该有自己休息的机会,应该有比听口头教学更能指导自己想法的指令,这是很重要的。平时考试和背诵的主要目的是为了保证他稳固和认真的努力。在这些练习中,通常是以课本为指南。课本中都有一个特定部分是针对考试的。只有通过这种方式,才可以充分地明确责任。如果同一个主题的内容被分配到几本书中去,那么在这些书中论述的多样性将会导致学生的答案缺乏精确性。而且我们知道,没有一种方式能比在一个学习者刚进入一门新的科学时,让他接触半打作者以及在同一时间阅读他们的作品更使他迷茫和困惑的了。他将处于不能有效地学习任何东西的危机中。当致力于他研究的专业时,他可能会发现已经穿过迷宫找到自己的道路,并通过花几天或几周的时间了解几个不同部分的测试建立了自己的观点。①

(四) 学院教育的其他方面

1. 学院之学位层次的设定

学生来上大学并不是为了在学校完成他们的教育,而是要打下全面的科学原理的基础,为进入实用学科作好准备。因此,耶鲁大学就学位体系而言,理论和实践并重,两条发展道路平行有序。

针对"为什么要在理论上浪费时间,而不把时间用在探索实用技术上"这一疑问,《耶鲁报告》指出,劳动者注定要被其他人限制在狭窄的道路上,他需要拥有广博和科学知识的人的持续监管,即"劳心者治人,劳力者治于人"。但同时

---

① 陈汉强,郭思霖,等.耶鲁报告[J].国际高等教育研究,2008(1):25-26.

也指出,只有将理论与实践相结合才能进行有效的教学,克服两个层次教育中的不足,提高两者真正的尊严和价值。因此,当学生获得学位之后,他应该在实践中继续学习,因为他的教育刚刚开始,并没有结束。

2. 学院之住宿制与导师制

两者实际上是实现耶鲁教育目标的方法。报告指出,仅靠课堂授课是无法实现所有的教学目的的。因此,耶鲁大学采用住宿制学院,即在学校内,学生组成了一个大家庭,教员也同样是这个大家庭必不可少的组成部分。他们不仅在工作和进餐的时候与学生在一起,其他的课余时间也一起。在宿舍学院建筑内,学生的房间附近一定安排有一个教员的房间。

而分组导师制则是指将每个班分成几个组,每个组都配备一个导师管理。导师一方面应该有长期供职的经历,能够对学生的学习进行指导;另一方面应该了解学生详尽的信息,例如学生的特别感受、偏见和思维习惯等,以能够对学生产生温和而令人钦佩的影响。导师制不仅对学生学业和道德发展有重要的正面意义,而且它使得教师责任更加明确,有利于学院的管理。

三、影响与意义

《耶鲁报告》是19世纪最有影响的高等教育文献,在整个美国高等教育发展史上也有着显著的位置,"是美国高等教育方面一次与众不同的、负责任的、深思熟虑的尝试"。《耶鲁报告》使在高等教育界占统治地位的传统教育思想和课程观念得到了进一步加强,使一些高等学校兴起的课程改革浪潮受阻于一时。也因为这份报告,旧的课程又在耶鲁牢牢占据了半个世纪。耶鲁学院本身也成为古典自由教育的堡垒。直到19世纪70年代,耶鲁的学生仍然必须学习拉丁语,只是可以比以往少学习三分之一;在三年级可以少学习一学期的希腊语或拉丁语,而增加两学期的微积分;在修辞、逻辑和精神与道德哲学课程的要求方面基本没有变化。而此时的哈佛已经取消了三、四年级的全部必修课。到1884年,当哈佛已经取消了入学中的希腊语要求时,耶鲁还徘徊在选修制的边缘,当时的耶鲁学院院长波特(Noah Porter)仍然恪守1828年《耶鲁报告》的精神,捍卫古典语言课程。

该报告不仅对当时美国的学院教育进行了全面的考察和研究,而且在美国受到欧洲各国的各种思潮和实践的冲击时,充分考虑了美国的状况。报告认为要办好学院,有必要学习欧洲高等教育的成功经验,但不能一味照抄,必须认真分析研究,并根据美国的实际情况而做出修改。作为捍卫古典文科教育的重要文献,《耶鲁报告》努力延续西方自由教育的传统,强调面对新的时代进一步更新或充实传统的自由教育理念。例如,《耶鲁报告》并不排斥专业教育,也不反对知识的实用价值,只是主张在特定的阶段应接受心智训练,这比在这个阶段接受实用训练更为必要。它肯定了心智训练是一种最有效的职业准备,而不仅仅是为了人格和道德的养成。在这方面,它使得自由教育更容易被务实的社会接受。正如一位历史学家所言:"它将教师对文化的要求与国家的实用倾向,将中层社会的家长对英才的渴望与学生对职业训练的需求等,统统融为一体了。"

1828年美国耶鲁学院发布的《耶鲁报告》被称为自由教育的守护者,甚至被称为自由教育的"圣经"。如前面所摘录的来自《耶鲁报告》的内容,充分体现和展示了它秉持的立场与态度。在自由教育与专业教育之争中,《耶鲁报告》坚定地站在了自由教育这一边,提出大学教育的主要目的不是专业教育,而是智能训练,在于通过使用古典语言讲授传统课程的方式来规范和完善学生的心智,发展他们的潜能。因为,在"智能修养中,规范和完善学生的心智是至关重要的两点。此外,还要开发学生心智的潜能,为之奠定必要的知识基础"。故而,要使学生在理性文化中获得两方面的发展——心灵的磨砺和装备;以知识填充心灵,并使心灵的理性力量得以增强。而在这两者之中,心灵的磨砺更为重要。因此,在大学课程的目标中,最高目的在于对学生的官能进行持久而严格的训练,大学学习应能有助于训练学生集中注意力,指导思维能力的训练,通过对学科的分析提高学生的观察能力,继而使学生在课程讨论中表现出精确的判断能力;唤醒、激发并提高学生的想象能力;运用一定的技巧训练学生的记忆能力;激发并指导学生天赋的充分发挥与展现。

《耶鲁报告》是人类历史上第一部明确关于自由教育与通识教育、博雅教育等的意思一致性的报告。它坚定地站在了自由教育的一边,严肃地阐述了自由教育的重要性与必要性,并严谨地设计了自由教育的课程体系。在通识教育与专业教育的博弈中,《耶鲁报告》是通识教育最好的保护伞,深刻地道出了通识教育的作用与意义。无论是时处19世纪初期,还是在21世纪的当今;无论是工业革命刚刚起步,还是信息化的全球革命席卷世界,《耶鲁报告》始终有它的普世立场与现实价值。

同时,《耶鲁报告》拉开的关于人文与科学、古典与现代等的争论,在真正意义上让人们开始思考和反思大学的课程设置与教育教学的问题,特别是在知识日新月异、科学迅猛发展的时代大背景下,大学课程与教学的目的是什么,选择什么样的知识来达成大学教育的目的,并如何将这些知识传承下去等,成了高等教育必须重点思考的问题与领域。大学要培养什么样的人,开设什么样的课程,如何开设这些课程,等等,都是《耶鲁报告》重点探讨的问题,而这些问题又是紧密联系在一起的。《耶鲁报告》认为培养心智是大学最为重要的目的,而心智要依托人文与古典课程,通过背诵与演讲来培养。尽管这样的观点在今天这样的时代背景下,可能有失偏颇与公允,但是《耶鲁报告》的意义已经远远超越了其本身。因为自《耶鲁报告》开始,人们开始真正探索和思考大学是为了什么而存在,通过什么样的载体来培养年轻的大学生,该如何在纷繁复杂的知识中选择最适合大学生学习的知识,什么样的方法最有效,等等,即大学课程与教学的设计问题。事实上,课程与教学是教育的核心,由此,《耶鲁报告》本身的意义远远不是通识教育与专业教育之争这么简单,更多的是促成了大学课程与教学走入人们的视野,人们开始重视它们,使得高等教育的发展回归到培养什么样的人和怎么培养人这一本质问题上来。

本章推荐阅读书目

1. 张楚廷.高等教育哲学[M].长沙:湖南教育出版社,2004.

2. 阿伦·G.奥恩斯坦,琳达·S.贝阿尔-霍伦斯坦,爱德华·F.帕荣克.当代课程问题[M].余强,主译.杭州:浙江教育出版社,2004.

3. 张楚廷.课程与教学哲学[M].北京:人民教育出版社,2003.

4. 丛立新.课程论问题[M].北京:教育科学出版社,2000.

5. 杜作润,等.大学论[M].成都:四川教育出版社,2000.

6. 黄俊杰.大学通识教育课程的理论:批判与建构(华人地区大学通识教育学术研讨会论文集)[C].香港中文大学通识教育办公室,2000.

7. 拉尔夫·泰勒.课程与教学的基本原理[M].北京:人民教育出版社,1994.

8. 布鲁贝克.高等教育哲学[M].杭州:浙江教育出版社,1987.

9. 耶鲁报告[J]. 陈汉强,郭思霖,等译. 国际高等教育研究,2008(1).

10.《耶鲁报告》英文全文:Robert J.O'Hara.The Yale Report of 1828·Part I Liberal Education and Collegiate Life.

http://wenku.baidu.com/link? url=b4skaYbxr54_SClgn8SGtVB5zMWz8mhJU4Cgc52JGazFnuPo6qDQbZrfuxcDIaKOWp74GJx4rGndLAxfmMCPhpfVS2qQSSH6ojy6vhGqQ1e.2013-04-01.

第三章

大学教学组织与实施

"组织"一词,可以有名词与动词之分。作为名词,组织是指社会实体,是为了达成共同目标而相互合作、相互联系的群体。作为动词,组织是指活动过程,是为了达到某一特定目标,有计划地协调各种行为的活动。大学教学组织包括以上两个方面的内容。在今天高度组织化的社会中,大学教学也呈现出组织化的特点与趋势,表现为大学教学实践不断被强化的制度化、规范化、标准化和模式化的发展趋势。这一趋势有利有弊,它使教学工作及管理更为规范、科学,却在一定程度上约束或压制了大学教学的创造性与自由度。

第一节 大学教学组织建制

大学作为一个集教学、科研、服务于一体的学术组织,其区别于其他组织的重要特征就是教学。大学教学是如何组织的,大学教学的载体是什么,这是大学教学组织必须加以分析的问题。本节围绕学院制与基层教学组织作一探讨,以更好地了解大学教学组织与普通中小学的区别。

一、学院制

(一)学院的起源与类型

在世界范围内,大学学院制既是一个历史的,又是一个现实的概念和制度。大学学院制最早形成于中世纪大学,它以学科知识划分学院,也带有一定的职业分工特征,主要有神、文、法、医四类学院,但各学院间在地位上却不是一种并列或平行的关系,人文学院位于底部,神学院处于顶端。当时实行的是校、学院共同管理。但早期的英国牛津和剑桥的学院却与学科分化没有关系,而是一个相对独立的教学、研究、生活单元。这些学院大多是由学院以外的人士如主教、国王或一些富人捐赠而创办的,每个学院不仅是一个相对独立的教学研究单位,如招生自主、财政相对独立、设科自主,而且也是一个相对集中的、师生同住同吃的基本生活单元。在当时,学院通常由一个住宿部、一个食堂、一个小礼拜堂和一座图书馆构成。时至16世纪的英国,学院不以学科划分,它履行着大学的职能,大学则是相对松散的组织。这一独特的学院建制一直沿用至今。19世纪,美国在赠地学院运动之后,形成了主要是按学科划分,同时又紧密结合社会、经济发展需要的一种比较自由的学院制度。这一建立在知识分类并以知识在社会上应用需要的基础上的学院制,已被世界上的大学广泛采用。

中国的大学学院制,最早可追溯至1928年。当时颁布的《大学组织法》规定,大学可以设置文、理、法、教育、农、工、商、医等8类学院;设立3类学院以上的方可称为"大学"。实际上,当时许多大学由于规模小,而且实行两级管理制度,学院有较大的自主权。新中国成立后,在1952年的院系调整中把大学分为文理大学、单科性大学和单科性学院。此后,在计划经济体制下,因大学自主权减少,校一级行政管理面面俱到,学院难以形成,系一级权力也微不足道。由于当时学校的规模不大,实行的是小口径的狭窄专业教育,学科交叉与综合的要求并不强烈,使大学学院制被遗忘成为必然。

从世界范围来看,目前大学中的学院主要有三种类型。一是牛津、剑桥式相对独立的、多学科性的、师生共同生活其中的二级学院,如牛津的三一学院、圣埃德蒙学院,剑桥的彼得学院、卡文迪什学院,等等。由这些学院组成的大学,如牛津和剑桥,其实正是一群相对独立的学院的组合体,"是一个联邦大学,一个由学院结合而成的联邦团体"。① 二是大学内按照不同层次划分的本科生学院和研究生学院。前者多称为"大学学院"或"文理学院",如哈佛大学的哈佛学院和拉德克利夫学院,耶鲁大学的耶鲁学院,芝加哥大学的大学学院。后者一般以学科专业命名,也有按"研究生院"命名者。三是最常见的二级学院,即大学中按照学科专业划分的专业性学院(大多称为school)。这些学院是师生共同的组织形式,师生身处其中共同从事教学与研究。从与学科专业的关系来说,这些学院一般都建立在学科门类上,以学科专业命名,如文学院、理学院、工学院、法学院、农学院、医学院、商学院、教育学院等。也有一些极富特色的专业性学院,如美国康奈尔大学的旅馆管理学院、西北大学的演讲学院等。在大学中层组织名称上,有些国家并不冠之为"学院"名称,如法国大学中的"教学与

---

① 金耀基.桥与海德堡[M].沈阳:辽宁教育出版社,1995:18.

科研单位",日本某些大学中的"学部""学群",等等。这些组织形式也都是按照学科专业来划分的,只是口径可能比一般的专业性二级学院更大一些。①

目前,我国各大学学院制设立的做法不尽相同,大体也可分为几种类型。一是依学科门类而定,如文学院、法学院、理学院、医学院、商学院、信息学院,等等。这些学院有的是由原来的系升格而成,有的是依学校内部相近相关学科整合而成。二是依托大学而相对独立的民办二级学院。它们有自己的董事会、独立财务制度、招生收费政策等,但也属于大学下的中层组织。三是按照社会产业、行业需求设置的学院。这类学院突破了单纯按学科组建学院的思路,更多地考虑办学的社会针对性。四是特色学院,如为进行精英教育而设置的专门学院等。五是从事其他教育形式的学院,如成人教育学院。

（二）学院制实施的原因与优势

1952年,为了适应当时计划经济对专业人才的需求,按照国家统一部署,我国高校参照苏联高等学校制度,实行了院校调整,高校内部先是取消院级建制,调整出工、农、医、师范、政治、财经等系科,或独立建立学院,或将这些系科合并到原有的同类学院中去。自此以后,我国高校普遍实行校系两级管理体制。20世纪80年代以来,随着科学技术的发展和学科综合趋势的加速,社会与市场对复合型人才培养需求的增长,以及学校规模的扩大,原来以单科专业组建的系、所的组织及其有限的权力的管理越来越不适应这一发展的要求。在经济体制改革和市场经济不断完善的过程之中,学科发展综合趋势加剧,社会对复合型人才需求不断增加,高等教育向更高层次和更大规模发展,均不同程度地冲击着大学的校、系两级管理的原有格局,引起高校内部管理的复杂化。加上受欧美高校学院制模式的影响,组建学科群,建立学院,由校、系两级管理走向校、院、系三级管理的要求就应运而生。

由于上述原因,学院制改革符合大学发展的内在逻辑,表现出这一制度的优势。(1)有利于促进学科发展。学院制的设立,可在一定程度上缓解、弥补学科之间相互隔离的缺陷,为学科发展提供良好的培育土壤。世界一流高校无不重视以重点学科为龙头带动学科群的建设,即以一门和一组学科带动其他学科乃至整个学科发展。学院的建立,有利于学院内部及学院之间、各学科各专业

---

① 周川.高等学校建制的组织学诠释[J].教育研究,2002(6):68.

教师间的交流与合作,有利于相近相邻学科间的交叉、渗透与融合,有利于形成、巩固和突出学院的学科优势与特色。(2)有利于理顺组织机构和提高管理效益。由于避免了设系过小过多而造成的学校管理不便和管理幅度过大的实际状况,学院制改革使学校能够政令畅通。一方面,它通过改革大学的管理层次,缩小校长的控制幅度,有利于发挥校长的宏观调控职能;另一方面,它有利于学系集中力量搞好教学和科研,充分调动学院的积极性,增加学院的自主权和办学活力。(3)有利于优化资源配置。大学的办学需要借鉴经济学中的规模经济理论和范围经济,进行成本—效益分析,讲求质量和效益。学院制改革是大学内部协调规模经济和范围经济、形成共生效应的良好机遇和最佳载体。(4)有利于推动大学发展。学院的设立既是推动大学向研究型模式发展、提升研究水平的重要前提,也是大学拓宽融资渠道、多轮驱动发展高等教育的良好机会。设置学院,不但能够形成雄厚的学术实力,提高自身的学术档次,而且有利于与国际一流大学开展对等交流。(5)有利于复合型人才的培养。我国高等教育在20世纪50年代学习苏联,建立了单一的、过分强化的专业教育,要求培养各种"专家",形成了以专业需求为导向的课程体系。我国进行的学院制改革,正是从组织形式上提供了"强化基础,拓宽专业口径,淡化专业界限"的体制保证,有利于复合型人才的培养。

(三) 学院制改革

学院制改革的一条途径是改革按学科设置的学院体制。有实力的、研究生教育规模较大的大学可以仿效美国研究型大学,将现有分科设置的学院转换为本科生院与专业学院。我们知道,美国研究型大学往往设有三种学院:第一部分是本科生院(liberal arts college),也可译为博雅学院或文理学院;第二部分是研究生院(graduate schools),主要包括文理基础学科;第三部分被称为专业学院(professional schools),属于行业性、职业性的,相当于研究生专业层次的教育。我国大学学院制改革也可进行这方面的尝试。本科生院可按一、二年级分别设立,主要承担本科生的的教学、生活和日常教育管理;与本科生学院平行的专业学院,是职业化、专业化的培养和研究机构,把专业教育职能相对延到研究生层次,同时也为本科生学院提供各种专业的课程模块。

学院制改革的另一重要内容是扩大办学权。正如大学要求政府放权一样,学院也同样要求学校下放权力。在大学内部,学院是从事人才培养、科学研究和社会服务的最基层单位,它直接面向学生,最了解各学科专业发展、人才培养的基本规律,因此学院要拥有人、财、物的管理权。事实上,在我国大部分高校,学院拥有的实际权力是不够的,学院权力太小,学校行政管理的各处室掌握资源的权力过大,使学校整个管理体系效率不高、运转不灵,学院活力无法激活,基层的工作积极性主动性低下,造成学校资源的极大浪费。目前,许多高校尤其是办学历史较长、办学规模较大、办学实力较强的"985""211"高校通过实施校院两级管理体制改革,把办学自主权交给学院。学校行政部门只负责教学质量评估、教学科研以及重大项目等宏观规划和监管,形成小机关、大学院的管理体制,做到管理重心下移。推行学院制以后,学校对学院的管理主要是宏观管理、目标管理和政策调控,学校各职能部门主要是做好协调、参谋、评估、服务等工作,为学院自主办学提供支持和创造条件。学院中最重要的是财权与人权,学校要按一定比例把办学经费切块给学院,让学院自主使用;同时要在学校总编制核定的前提下把教师引进与职称评定的权力下放给学院或学科,这才是学院制改革的"要害"。

二、学系、专业教研室

大学基层教学组织是指大学纵向组织结构中承担教学、科研、服务职能的最低层次的正式组织。在我国,大学基层教学组织在学院制实施前,主要为专业教研室;在学院制实施后,主要为学系。

作为大学的基层组织形式,最初为讲座组织。讲座制历史悠久,起源于中世纪大学的初期,后来成为欧洲大学的传统操作控制形式。所谓讲座,《牛津英语词典》的解释是:"(1)一个教授或其他授权教师发表其讲演的席位;(2)教授的职务。"[1]尼夫(Guy Neave)和洛兹(Gary Rhoades)认为讲座制"最突出的特征在于讲座持有者个人(即教授)拥有举足轻重的独立和个人权威。学术工作围绕着教授而组织。虽然很大一部分工作实际上是由下级学术成员完成的,但这些工作都由教授进行管理。讲座主持人是一个学科或学术领域的地方表现。讲座教授的自主性如此之强以致欧洲大陆的大学被描述为'独立学者的联合体'。"[2]讲座这一

---

[1] *Oxford English Dictionary*.Oxford:Clarendon Press,1933,248-249.

[2] Neave,G.,& Rhoades,G.The Academic Estate in Western Europe.In clark,B.R.(Ed.),*The Academic Profession:National,Disciplinary,and Institutional Settings*.Los Angeles:University of California Press,1987,214-215.

形式在德国大学中获得了新的活力,德国高校内部管理几乎完全由正教授们负责。讲座及其所属的研究所是大学管理组织中最重要的基本单位,教授是他的研究领域中唯一一名讲座持有者,也是研究所唯一的负责人,几乎是大权独揽,主宰科研、教学、人事及财务等各种事务。正因为如此,德国的大学被称为"正教授的大学",大学中的其他成员,如讲师、助教、一般学术人员、大学生及非学术人员,基本上被排除在决策过程之外。但讲座制在发展过程中也日益显示出其弊端:讲座的权力过大带来了正教授负担过重的问题,讲座规模过小不利于综合教学与研究,此外还有学科狭小、门派林立、"教授封建主义"等问题。因此,"它们正在朝建立比较宽广的操作单位的方向进行改革,以此作为规模日益扩大、复杂性程度日益增加的学科领域的支撑机构"。①

学系制产生于 19 世纪美国理事和行政管理人员对日益发展的学院和新兴大学加强控制的背景之中。由于学科分化与大学规模扩大,便出现了学系组织。建立学系的初衷主要是为了克服德国大学讲座制的种种缺点,把同一学科的学术人员组建成学系,可以有多名教授,共同拥有学术权力。美国的学系制或系科制与欧洲的讲座制或研究所制均为基层教学组织,但其学术权力、结构模式却不尽相同。第一,它"是由许多职位和地位不同的教授组成的学术单位"。在典型的系建制中,系是大学中最基层一级的教学科研组织。第二,学系一般设在学科门类之下的一级学科之上,如理学院之下,设有数学系、物理学系、化学系,文学院之下设有语言文学系、哲学系、历史学系等。只有极少数极富特色的学科专业,才可能在更小的口径上设系。第三,系一般只是单纯的教学科研组织,主要承担教学管理协调工作。在美国大学,学生入学标准、学术要求、毕业条件等问题的决策权被大量地分配给不同专业的系科的教师,没有核心权威能全面处理教师的任命、晋升、终身任职资格以及解雇事宜,"但在实际上,至少在最具决策权的机构中,系科的影响最为根本,一般而言具有决定意义"。②

教研室则产生于 19 世纪上半叶的俄国,是按专业或课程设置的教学组织,后来成为苏联大学中主要的基层教学和科研单位,主要负责一门或几门同类学

---

① 伯顿·克拉克.高等教育新论:多学科的研究[M].杭州:浙江教育出版社,2001:111.
② Howard R.Bowen & Jack H.Schuster.*American Professors:A National Resource Imperiled*. New York:Oxford University Press,1986,P.21.

科的教学科研工作、学生的教育工作以及年轻教师培养和进修工作。苏联对大学教研室非常重视,曾先后于1961年和1981年发布了《高等学校教研室条例》,对它的性质、职能、结构、建制、工作方式等都作了详尽的规定。新中国成立前,我国大学基本上沿用欧美的学院制,直到1950年我国颁布的《高等学校暂行规程》还是倡导学院制:"大学如有必要,得设学院,并在学院内设若干学系",但到了1951年,高等院校全面调整,照搬苏联高校设置模式,取消了学院制,采取校—系—专业教研室三级管理体制。在教学组织上,普遍设立了教研组(室),课程性质相近的教师被组织在一个教研组(室),它是教学科研的基层组织,也是培养研究生的基层组织。

当前,基层教学组织设置呈现出多样化的特点。基层组织设置大体有如下三种类型。(1)对应学科点组建系。系下设研究所、研究室,研究生随导师进入研究所、研究室。同时,组建教学(实验)中心,负责本科生的教学、实验和实习活动。(2)对应本科生所设专业和研究生所设学科组建研究所。研究所集教学、学科建设、科研以及人才培养、实验室建设、科技开发等于一体。(3)系、所并存模式。系对应本科生专业,负责教学、实验室建设等。研究所对应研究生学科点,负责研究生的培养、学科建设、科研、实验室建设、科技开发等。由于各学校的发展历史和现状不同,所以学院组织设置也不尽相同,不能强求整齐划一,而是应该因地制宜,发挥各自优势。

第二节 大学教学组织形式

为了完成教学任务,实现教学目的,除必须确定教学内容,采取适当的教学方法和手段外,还必须凭借和运用一定的组织形式。离开教学组织形式这一载体,教学活动就无法实施。

一、大学教学组织形式的类型

大学教学组织形式有多种类型。课堂教学是教学的基本组织形式,课外活动、社团活动、社会实践都是大学教学组织的重要形式,俱乐部、沙龙等教学组织形式则反映了大学教学组织形式的特殊性。

(一)课堂教学

课堂教学,在目前仍是我国高等学校教学过程中的一个主要的、基本的教学组织形式。在学年制下,一般课堂教学都以班级为单位;而在学分制下,课堂教学则以课程为单元进行区分。课堂教学这一组织形式具有以下优点:教学效率高,教学的计划性强,有利于培养学生的集体精神。但课堂教学也有其缺陷:一是不利于因材施教;二是不利于理论与实际的结合。因此,课堂教学只是教学的基本组织形式,而不是唯一的组织形式。必须依靠其他的教学组织形式来弥补课堂教学的不足。

  课堂教学作为一种教学形式,教师主要依靠这一教学形式从事教学工作。作为大学教师,不但应该具有渊博精深的科学知识和专业理论,还应该具有课堂传授知识的技能。一堂课讲下来,其效果好坏、学生对技能掌握的程度如何,往往取决于教师对课堂是否组织得合理,教学方法是否得当。高校教师,如果只凭借从以前的老师那里学来的教学经验来指导自己的教学实践,而自己却游离于教学法研究之外,这必然会影响教学效果。目前一些院校的师资队伍往往存在"近亲繁殖"的弊病,一个教研室、一个系,老少几代都是同一个专业、同一个系留下来的师资,因此在教学方法上、教学艺术上、课堂教学组织的处理上和备课、讲课、作业布置、检查考核等诸多环节上,往往模仿着同一种模式,这也会使教学效果的提高受到限制。

  大学教育在数百年乃至上千年的历史发展中,在"大学自治、学术自由"思想的支配下,逐步形成了较少约束、突出个性的自主化的教育教学传统,这一传统被称为"浪漫主义"教学观,甚至成为大学教育的精神支柱。美国教育评估专家森特拉(John A.Centra)曾说:"教室是教师的领地,任何评论教育内活动的企图,都是对他们隐私的侵犯,怎样教和教什么完全是他们的职责。"大学课堂成了"教师的独立王国",教学内容和方法成为教师的"领地"。由于学科、专业、高深知识的教学更具有专家行为特征,大学课堂教学确实存在着特殊性,但无可否认的是,教学是一门科学,也是一门艺术,教学有许多共同遵循的规范与要求,学校有责任对课堂教学方法进行引导与监控,以保证教师能更好地进行课堂教学,保证课堂教学质量。

(二) 社会实践

  在基础教育领域,为了弥补课堂教学的不足,教学组织形式又有现场教学和个别辅导两大辅助形式。然而,在高等教育领域,现场教学和个别辅导两个概念使用不多,更多的是使用社会实践或实践教学来指称。作为教学组织形式的社会实践,与现场教学有些重叠,但两者侧重点不同。社会实践是学校为了实现培养目标,有目的、有计划、有组织地安排学生走出校门,深入实际,深入社会,充分发挥学生的主体作用,使学生参与具体社会生活,了解社会、增长知识,把书本知识同社会生活结合起来,用知识服务于社会的一种融社会性、实践性于一体的社会活动。对社会实践通常有广义、狭义两种定义。广义的社会实践包括两个方面:一是以科技文化服务为重点,主要利用课余和节假日时间进行,包括勤工助学、暑期社会实践、志愿服务和社会考察调研等类型的实践活动;二是学校教学计划内的专业实习、军事训练、公益劳动、社会调查等实践教学环节。狭义的社会实践则主要是指上述两个方面中的一个。教学计划安排中的实践教学环节主要侧重专业知识、技能的培养和训练,而综合性社会实践活动则侧重于综合素质能力及社会适应性的提高。

无论广义或狭义的社会实践,其教育功能和目标都是一致的,即培养综合素质、实践能力与社会责任感等。高校应充分认识到社会实践对学生成才的意义与作用,对社会实践统一规划、系统设计,以实现其整体功能。打破校内与校外、课内与课外、假期与学期内的界限,制定统一的社会实践大纲和计划。要根据不同专业、年级和层次学生的特点,确定参加社会实践的时间、形式、内容和要求等,有针对性地组织开展各种活动,同时注重社会实践的成绩考核和评估,使其逐步实现规范化、制度化。在调整、削减课堂教学时数的基础上,建立一整套的实践和创新教育体系,结合课堂教学内容增加实践的环节,把实践教育渗透到其他各类课程的教育环节中去,增加学生的实习、实验、课程设计、社会调查、校园文化等活动的时间和空间,积极鼓励和扶持教师带领指导学生开展与课程相对应的实践教育活动。当前,我国大学教学组织形式中课堂教学是主渠道,但也不能忽视实践教学,以培养学生的创新精神与实践能力。

(三) **科研训练**

科学研究是高等学校的三大职能之一,大学生是高等学校科学研究的重要力量。大学生科研能力的培养一般是通过平时的科研训练和学年论文、毕业论文(设计)等形式来进行的。

平时的科研训练主要通过课内与课外两种途径进行,以课外为主。学生课外的科研活动主要有下列形式:一是听取校内外专家的学术报告;二是参加校内或校际的学术讨论活动;三是参加学生社团或研究会的学术研究活动、科研大赛活动等;四是根据自己的兴趣爱好,独立进行的研究活动;五是参加教师的课题研究,承担一定的科研任务。学年论文是在教师指导下,学生运用一门或几门课程有关的知识,一般在二三学年一定的时期,独立地解决一些与课程、专业相关的问题,是介于平时科研训练与毕业论文(设计)之间的中间环节,旨在培养学生综合运用已学课程的知识解决理论问题与实际问题的能力,使学生得到撰写论文、独立设计的初步训练。毕业论文(设计)是带有总结性的集中的科研训练,是在系统掌握专业知识与技术及平时科研训练的基础上,按照规范化的研究程序与方法进行的科研活动。它既是一种水平较高的研究性学习,又是正式进入研究领域的开始,是为学生未来独立工作进行的直接和最后的准备。

培养学生的科研能力是大学责无旁贷的任务,然而这一工作长期不被重视。随着高校科研的兴起,近几年来学生科研在一些重点高校的情况有所好转,学校在各个方面给予支持,如设立专门的学生科研经费,给予科研奖励学分等。

(四)教学沙龙、午后茶、俱乐部等

教学沙龙作为教学组织的辅助形式在国外大学教学中比较盛行,在国内的研究生教学中也较常见。教学沙龙可以提供一种制度化的文化环境,在这里,追求知识的人聚集在一起,可以相互交流,并在不断的交流中磨砺自己的思想,从而保持独立思考和自主研究的精神和氛围。沙龙、咖啡馆,或许还有俱乐部和中国的茶座,以及闭路电视、互联网上的大学BBS与聊天室等,都可以成为大学教学组织的辅助形式。这种教学组织辅助形式可根据学科分类,如文学沙龙、哲学沙龙、教育沙龙等;根据社会问题分类,如环境问题咖啡馆、人口问题咖啡馆、心理问题咖啡馆、家庭问题咖啡馆等;还可根据所从事的课题、研究的具体内容来分类;亦有"与名人对话"茶座企业界名流沙龙等,形式不拘,多种多样。有的还可预告某日或一段时间内讨论的主题,让大家对自己感兴趣的话题能心中有数,积极参与。这种组织既可以设置在大学校园内,以增强大学的研讨和学术氛围,也可以设立在大学附近的大学城里,从整体上形成"文化街市";还可以直接通过网络联通学生宿舍,构筑现代大学自由、轻松、愉快的隐性课程文化。作为个性化教学组织的补充形式,这种组织可以作为高年级大学生,尤其是研究生的学习场所。教师或导师是组织者、引导者和主持人,必须充分发挥他们的主导作用;学习者是主体、参与者,必须完全调动他们的主动性、积极

性和创造性。教师和学生有时也可以互换角色,以增强其自由、平等、多彩的风格。这种形式比目前的班级授课制更能发挥其优越性。难怪有人将高等学校随处可见的学术沙龙、论坛、答辩,甚至闲聊、茶话会、聚餐会等都被统称为"无形学院"。

二、大学教学组织形式的变革

(一) 教学组织形式从课堂教学走向"大课堂"或"非课堂化"

大学教学形式在长期的历史发展中,形成了一个缺陷,就是把自身隔离在与社会绝缘的深院高墙之中,封闭在狭窄的课堂活动之内。这在信息传递手段如此进步的时代,传统的课堂教学越来越显现出其封闭性与保守性。课堂教学组织形式自诞生之时起,就存在着高效率、规范性、集体性等优势,但其不利于因材施教、不利于理论与实际结合的痼疾也给人才培养带来了负面影响。因而,将大学教学组织形式从单一的课堂教学活动扩大到学生自学活动、社会实践活动以及科学研究活动,已成为世界高等教育发展的一大趋势。

随着大学与社会的关系日益密切,大学教学组织形式从单一的课堂形式转向课堂内外结合已成为一个趋势。如英国、澳大利亚和加拿大等国,采用"合作教育"的方式来实现教学活动从课堂走向生产车间,并与企业相结合,实现"学、研、产"一体化。这种教学组织形式在学生低年级时主要在校学习,然后到高年级安排学生到企业或社会团体实习,学生在这些单位边工作边学习,将理论与实际结合起来。在此之后,再回到学校学习一段时间,加强理论深度,把课堂教学与社会实践有机地结合起来。

(二) 教学组织形式从集体化教学走向个别化教学

学校教学形式从个别授课制发展到班级集体授课制,是人类发展史上的一大进步。然而,随着今日人类个体的丰富发展和多样化,随着社会对劳动力的独立能力的需求的增加,以及随着现代化教学手段不断进入课堂,班级授课制这种集体化的教学形式的弱点已渐趋明显,个别化教学方兴未艾。这种个别化教学主要有两方面的表现。第一,由于现代化教学手段涌入课堂,新的信息传播手段介入教学过程带来的对师生活动空间旧有限制的冲击。学生在家中就可通过上网进行学习,在网上听课、参与讨论、递交作业、进行考试等,这与集体教学的统一性、标准化要求不一样,学生的学习个体之间可以有所不同。第二,由于现代科学对学生个性差异性的研究以及现代社会对学生独立性的需求所引起的教学形式改革。"开放教学""独立学习""小组活动"成为大学教学常见的形式,给学生更多的自由安排时间,以实现教学目标。

(三) 课堂教学组织形式从规模化走向小型化

课堂教学组织形式自夸美纽斯在《大教学论》中首次从理论上进行总结与概括以来,显示了它的效率化、制度化、集体化等优势。正如夸美纽斯自己所说的那样,个别教学好比是"手工抄写",课堂教学好比"印刷术"。按当时夸美纽斯的设计,班级规模在三百人以上。他还说,在课堂教学组织形式下,教学工作如同时钟一样有条不紊地进行,在教学内容、授课时间、学年编制等方面都建立起严格的规章制度,教师按课程表分科对学生进行教学。然而,课堂教学自产生之日起,就蕴藏着一种危机:一个教师面对众多学生,不可能完全按照学生的个别差异实施教学。因此,课堂教学遭到美国教育家杜威的强烈批评。

在我国实现高等教育大众化的进程中,一些学校盲目扩招,加上教师紧缺,大量地采取大班教学组织形式,严重影响了高等教育质量与人才培养质量。在国外,大学评价指标中有一个指标为班级规模人数,计算小班教学与大班教学的数量,小班教学比例越高得分越多。为此,20人以下的小班教学形式纷纷出现。尤其是在辅导、答疑、讨论、实验等教学环节中,一般都采用小班或小组进行教学。

(四) 教学组织形式从单一性走向多样性

教学组织形式的多样性与大学教学组织的多维性相关。大学教学是一个集教学、科研、社会实践于一体的综合体,大学教学与科研、社会服务紧密相连。从教学组织形式的历史发展过程来看,若从师生的组合方式来考察,经历了从个别教学、班级教学、分组教学到开放教学的过程;若从教学实施的空间形态来分析,也可分为课堂教学、现场教学、社会实践、远程教学几个阶段。大学教学组织形式是一个从简单到复杂,从单一向多样发展的过程。当然,每一个发展过程并不意味着后一种形式对前一种形式的否定,它们之间也不存在线性关系,而是表现为相互间的补充和发展。当代大学教学组织形式的现状是多种教学形式并存,教学组织形式显现出缤纷多彩的姿态。

第三节　大学教学组织实施

按照教学环节,大学教学组织实施主要有课堂教学、考试、实习、毕业论文、社团活动等形式,下面选择这些重点环节加以讨论。

一、课堂教学的准备与实施

在大学教学组织形式一节中,曾对教师如何进行课堂教学作了有重点的介绍。在此,根据备课与上课的基本要求进行原则性的论述,主要是针对普遍情况提出提纲挈领式的指导意见。

(一) 备课

备课是整个教学工作中十分重要的环节,也是上好课的必要条件和前提。教师的备课过程大致包括以下四个基本阶段。第一步:研究和制订教学大纲。了解教学大纲规定的本学科总的目的要求和总的原则,学生必须掌握的知识内容、范围和标准,以及教材体系及教材范围和深度。在大学,许多教师自己制订教学大纲,确定教学目标与内容,因此必须把教学大纲制订与内容选择作为重要的备课内容。与基础教育教师不同的是,大学教师不依赖教材进行教学,在教学内容上具有较大的自由度。然而,教学大纲与教学目标不应该只是教师个人说了算,而应该是在课程组或教研室集体讨论,并吸收行业协会、高校同行等意见后,经过一定程序由集体审定,讨论通过。第二步:钻研教材各章节内容,熟练驾驭教学内容,掌握教学目的、要求、重点、疑点和难点。对于大学教学来说,教师不仅要熟练掌握教材内容,还要了解整个知识点的发展历史、最新研究成果,不唯教材、不唯书。同时,还要了解教材内容在课程中的地位与价值,考虑到学生的兴趣与需要,不能只是分析教材重点难点,以知识为中心,更重要的是要考虑课堂教学的亮点、兴奋点,吸引学生注意力与激发学生的学习热情。第三步:研究教学方法。教学方法的选择要根据教学目的、教学内容、学生特点和教师本身的可能性等来进行。大学教学如果是小班教学,则要大量采用讨论的方式进行;教师还需提供给学生阅读书目及有关参考资料,供学生课后阅读与练习。第四步:编写教案。教案要反映出教学的目的和要求、教学的重点及实施的步骤和方法,它是一门课的具体计划,也是教师备课的最后结果。在大学中,教师要具有制作课件的能力,能够运用多媒体进行教学,有条件的学校还可以提供网络课程。

（二）上课

上课是学校整个教学工作的中心环节。上课的核心问题是如何提高课堂教学的效率。根据国内外学者的研究,关键在于调动师生双方的主动性与积极性,并掌握好下列要领。(1)目的明确。上课的目的是使学生在课堂上有所收获,但每堂课有其具体的教学目标与教学任务,应围绕知识点进行教学。因此,每一堂课都必须围绕具体教学目标,完成认知、情感、技能三重目标。具体教学目标既是每一堂具体的课的导向,又是检查评价课的依据,它贯穿于教学过程的始终,教师务必谨记,以之作为教学活动的准绳。(2)内容正确。教师在讲解教材时,应注意内容的科学性,同时突出重点,分析疑点和难点,启发引导学生思考问题,掌握基本知识和技能。教师在教学中,不仅传授事实性知识,还要介绍方法性知识。大学教师要告诉学生知识的来龙去脉,有哪些学者作出了贡献,运用什么方法得到这些知识,等等。这是大学教学中体现研究性质的重要方面,也是大学课堂教学与中小学课堂教学中在内容处理上的不同之处。(3)方法得当。每一堂课都应合理地、综合地运用多种教学方法,力求做到生动活泼。但也应注意,方法是为内容服务的,方法的变换有其分寸,应当适可而止,切不可变化多端,喧宾夺主。(4)组织合理。每一堂课都应根据任务性质和内容特点,适当选择全班教学、小组教学或个别教学的形式,并合理选择课的类型和结构。无论教师运用何种方法与形式,其出发点都应有利于学生学习积极性的调动,让学生主动参与到教学中来,只有做到这一点,课堂教学才是有效率的。

在信息社会,"一机在手,无所不有",知识随处随时可以搜索,各种资料触手可及,课堂中的学生随时可以通过手机上网查询各种信息。教师在课堂中如何应对这一挑战？重要的是课堂中不再以知识为中心;重要的是教给学生方法,让学生自己在课外学习,课堂中组织讨论,教师帮助学生形成质疑精神与正确的思维方法。同时,注意把学科前沿知识、最新研究成果告诉学生,培养学生的钻研精神与科研能力。我国高等教育教育质量被人怀疑与批评,其中重要的一环是课程质量不高,而课程质量不高又与课堂教学质量不高相关,教师在课堂中习惯于把知识咀嚼后"喂"给学生,养成了学生被动学习的习惯,只会考试与记忆,走上社会或遇到现实问题,就茫然失措,人云亦云,缺乏独立性与创造性。

二、考试的组织与实施

考试,是检查和评定学生学习成绩的重要手段,是教师和管理人员获得学生发展和学习效果信息的重要方法,也是学生对学习效果自我判断的依据。

从学生成绩评定角度来看,在大学教学中,教师一般在学期末进行考试,期末考试是一门课程学习终结时实施的考核,最常用的办法是考查和考试。考查、考试及其评定方式多种多样,比如开卷考试、闭卷考试、论文作业、口试、实验操作、技能测验等。有些课程在期中也举行考试,视课程情况而定。现在浙江大学试行四学期制,其中原因之一就是认为原先的两学期制,从开学到考试时间过久,不利于学生积极紧张地投入学习。期末考试成绩再加上平时考核、作业成绩,来评定学生的课程成绩。在实行学分制的学校,按课程学习分数折算为学习绩点。平时考核的方式方法包括日常观察、作业、回答问题、出勤情况、课堂讨论以及不定期的书面测验等。它的特点是在教学过程中进行考核。平时考核的意义在于及时反馈,有利于改进教学中存在的问题,有助于鞭策学生,使学生养成经常复习巩固和勤思、多想的好习惯,同时,它可以弥补期末一次性考核方式在时间、内容方面的某些不足,改善一次考试成绩决定学习成绩的不合理性。因此,平时考核正引起越来越多的重视,成为课程成绩评定中不可缺少的组成部分。

从考试形式来看,有多种多样的类型,其中笔试与口试是最主要的两种类型。口试是最早出现的考核方式,也可称为面试。它是通过师生对话形式考核学生学业成绩的一种方法。教师和学生进行面对面的问答。事前,教师依据教学大纲的要求将一学期学过的内容归纳为若干试题,学生通过抽签就教师事先拟定的题目进行短时间的准备后,口头回答。通过口试,教师可以比较准确而深入地检查学生掌握知识的广度、深度以及运用知识的能力水平,教师还可以借学生回答问题观察学生的思维能力、表达能力和反应能力。尽管口试有许多优越性,但口试较为花费时间,有些课程也不适宜于运用口试方式,因而大学教学考试中运用口试较为少见,一般在研究生教育中运用较多。笔试是指学生以书面的方式回答试卷中的问题,可分为开卷和闭卷两种方式。在教学中具体采用开卷还是闭卷,需要根据课程的性质、内容和要求来确定。开卷考和闭卷考各有短长。所谓开卷考试,就是把试题公开,由学生看书、研究去作答。具体做法可以是指定地点、时间,携带有关资料、工具应考,也可以只确定交卷时间。目前大多采用前一种做法,并且规定不允许相互讨论、抄袭。开卷考试对学生和教师都有较高的要求。学生对教材内容必须深入理解、融会贯通。同时,教师设计的试题应使学生不能就一本教材或笔记照抄作答,而必须就课本与参考资料的有关内容加以综合运用才能完成,这对教师命题提出了更高的要求。如果组织不周密或者命题不适当,开卷考试就不能达到预期的目的。闭卷考试比较容易组织,教师事先针对教学内容进行命题,让学生根据各种题型进行回答。

关于考试命题,有一个广泛争议的话题,就是试卷库的建设与使用问题。支持者认为试卷库建设可以避免命题的随意性,评分过程的宽严不一,提高命题的科学性、一致性与客观性,同时有利于试卷保密,不因人为因素而导致评价不公。反对者则认为试卷库不能及时反映最新的教学内容,是对教师的不信任,一些课程也无法建立起试题库。在高校考试中,一度曾比较强调试卷库建设,近几年来较少提倡。在此,对这一问题作为存疑提出来,望大家深入思考。笔者愚见,一些课程内容较少变化的课程,如"高等数学""大学物理"可以采取题库的形式,绝大部分课程不宜采用题库,但应该在课程大纲与试卷命题上严格管理。笔者支持一些课程建立试题库,主要是有感于一些课程随意降低课程难度、缺乏课程标准,如果建有统一试题库,一定程度上可以避免这种课程内容随意调整的问题。

三、毕业论文或毕业设计的组织与实施

当前,由于招生规模的扩大及就业压力的增大,毕业论文或毕业设计这一教学环节常常被削弱。正因为如此,教育主管部门在本科教学评估中对毕业论文或毕业设计给予了充分的关注与重视,试图通过检查与评估提高毕业论文的质量。

大学本科毕业论文或毕业设计是高等学校人才培养的重要环节,是学生接受四年本科教育成效的总体反映。毕业论文或毕业设计能全面反映学生掌握知识、运用知识、解决问题的能力,能培养学生的科学研究能力,使学生初步掌握科学研究方法,是科学研究的一次演习。然而,目前,毕业论文或毕业设计这

一教学环节却存在较多问题。究其原因,有的是学校的责任,有的是教师的责任,有的是学生的责任;有客观社会的原因,也有主观认识不足与措施不力的原因。下面试作分析。

1. 准备不充分

由于毕业论文或毕业设计大都安排在第八学期,而这一学期恰恰是毕业生确定工作的时期,所以两者在时间上的冲突给毕业论文或毕业设计带来了一定的影响。学生为了在限定的时间内找好工作就自然把毕业论文或毕业设计放到了从属地位。已确定工作单位的学生也因为工作已经落实,而对毕业论文或毕业设计投入明显不足。学生往往在无充分思想、理论、素材的准备下,仓促上马,应付了事。学校为了照顾学生就业,对此情况往往也放任自流,管理不严。

2. 教师精力投入不足

由于学生规模的扩大,指导教师在指导毕业论文或毕业设计方面的工作量也随之增加。教师在较为繁重的教学同时,还要提高自身学历、完成科研任务。尽管有的院校为了确保毕业论文或毕业设计质量采取了一些措施,如成立由中级职称以上教师负责的指导小组,增加报酬等,但由于毕业论文或毕业设计时间过于集中,大多数指导教师在毕业论文或毕业设计的指导上仍不够认真,投入不足,从而影响了毕业论文或毕业设计的质量。

3. 学生论文选题不当

在毕业论文或毕业设计选题方面,目前大部分院校仍实行约束性的选题方式。这种由教师确定题目的方式既限制了学生主观能动性的发挥,又抑制了学生的主体意识和主动发展的愿望。从学生来说,往往偏重于选择较为容易的题目,不利于科研能力训练与水平提高。

4. 学校条件不充分

由于学生人数的增加而教学资源的投入又相对滞后,因此,学生在做毕业论文或毕业设计的时候,教学条件捉襟见肘,实验室的设施不到位,图书馆资料不充分,学校的电子图书设施落后,都会限制毕业论文或毕业设计的质量。

另外,学术界一些不良风气给学生带来了消极影响,学生毕业论文或毕业设计中抄袭现象严重。不同学校之间互相抄袭,同一学校不同班级之间相互抄袭的现象严重,甚至一些学生从网上下载文章进行剽窃,有的学生则请人代笔。

解决目前高校毕业论文或毕业设计中存在的问题,需要从学校、教师、学生个人等方面齐头并进,多管齐下。具体说来,要做到以下几个方面:第一,提高对毕业论文或毕业设计工作的认识。要通过现代教育思想的学习教育,使学校、教师、学生明确毕业论文或毕业设计的教学和教育功能,进而意识到毕业论文或毕业设计是高校教学计划的重要组成部分。毕业论文与其他教学环节相辅相成,构成一个完整的教学体系,而它的实践性、综合性、创新性是其他教学环节所不能替代的。从学生角度来说,也要自觉地把毕业论文或毕业设计作为本科教育效果的大检阅。有的学生自踏入大学校门起就有一种懈怠心理,日积月累,最后在做毕业论文或毕业设计时也同样希望可以蒙混过关。第二,加强对学生综合能力的培养,优化学生知识结构。这是提高学生毕业论文或毕业设计质量的根本途径。毕业论文或毕业设计的完成,归根到底是学生的事情,教师不能代劳,必须由学生亲自去做。所以,学校应该在学生一入校就适当地开设一些有关论文写作或毕业设计方面的课程,注重论文写作训练,把提高学生论文写作的能力放在平时,常抓不懈,为以后的论文写作奠定良好的基础。第三,学校要加强师资与办学条件建设,为学生完成毕业论文或毕业设计创造条件。学校要加强实验室、图书馆建设,增加教学投入。同时,教师要承担起指导的职责,教师自己必须具备较深厚的学术理论基础和一定的科研实力,能把握该领域的学术动态,进入该学科研究的前沿,并进行资料的搜集和整理,在指导学生论文时能给予有效的启示和帮助,而不至于出现误人子弟的现象。第四,实行指导教师责任制。毕业论文或毕业设计指导是教师培养学生学术研究能力的过程,它是教师主导和学生主体相结合的现代教学方法的集中体现,是整个毕业论文或毕业设计的关键环节,所以指导方法适当与否具体关系到毕业论文或毕业设计的质量高低。实行指导教师负责制,切实保证指导到位,收到"学有所导,导有所学"的效果。学校或院系可设计"论文指导登记表"落实相关责任与职责。第五,加强毕业论文或毕业设计的考核机制,严格执行评审与答辩制度。毕业论文或毕业设计写作结束后,在指导教师评语的基础上,先由评审人进行评阅,通过后方可进行答辩。各专业成立答辩委员会,答辩时实行指导教师现场回避制度,并对答辩过程做认真记录。为使成绩评定客观、公正,各专业还应建立成绩评定指标体系,指标体系包括指导教师评分项目分值和答辩委员会评分项目分值及两者在总成绩中的百分比,做到成绩评定不偏不倚。答辩工作结束后,由答辩委员会对各小组答辩成绩情况进行综合评审。第六,加强毕业论文或毕业设计的管理,做好毕业论文或毕业设计工作总结。制订一套科学规范的管理方法,将之落到实处是十分必要的。学校必须在论文的指导、论文时间、论文格式、论文规范、选题、论文程序、评分标准与比例等方面制订详细的标准,使论文工作有章可循、有据可依。优秀论文可汇编成册,或推荐给相关杂志发表。一个学年的论文工作结束后,要及时总结本届学生毕业论文或毕业设计的情况,为教学提供参考意见,以改进教学工作。

四、毕业实习的组织与实施

毕业实习是指学生在毕业之前到企事业单位参与一定的实际工作,通过亲身实践提升运用知识解决实际问题的能力,从而提高综合素养的实践教学形式。它往往是与毕业论文或毕业设计相联系的一个教学环节,是学生走向社会前的一次重要"练兵"。毕业实习按组织形式可以分为集中实习和分散实习。毕业实习组织与实施的过程一般分为制订实习计划阶段、组织与准备阶段、实施阶段和评价阶段。

学校在组织实施毕业实习过程中存在的问题具体表现为:(1)指导不足,监管不到位。在实习过程中,由于监管制度不够完善,指导教师应对之策不足、监管不到位、指导不足的情况时有发生。(2)学生实习成绩评定较为随意。实习评价是制约学生实习的重要手段,而目前由于指导老师不到位,评定主要以学生的实习报告、实习日记等为主,显然这些评价措施对学生的约束力不够,容易出现没有真正实习就有实习报告的情况。(3)毕业实习质量不够理想。由于实习的监督措施不到位,加之部分学生对实习缺乏兴趣,甚至有找个单位盖个公章的做法。此外,实习过程中会出现实习错位的情况,由于实习工作并非学生所学,也导致整个实习质量下降。

因此,一是要加强目标导向。毕业实习牵涉面广,需要制订出各实习环节的目标,甚至各环节内容的具体实施步骤目标,只有目标明确、具体,才能保证实习内容真正落实。第二要合理安排实习进程。学校要充分利用信息平台,使学生能及时了解实习信息,合理分配实习岗位,掌握实习信息的新动向。学生实习的形式应该灵活变通,以集中实习为主,但在集中实习和分散实习间也应该给学生一定的选择空间,让学生实现实习效果的最优化。第三要加强监督管理。高校设立专门负责大学生实习的管理机构,负责学生实习计划的制订、实习动员、实习工作的展开及相应的考核评价等各方面工作的管理。对于分散实习的学生,学校也要加强监督与过程管理,不能采取放任自流、不闻不问的态度。

五、社团活动的组织与实施

大学生社团是大学生自愿组成的,基于成员共同的愿望和兴趣爱好,按照一定的章程开展活动的非营利性学生组织。社团是由学生自发形成的非正式团体,其组织机构比较松散,对成员没有强制的约束力,容易营造宽松、畅所欲言、平等相处的良好氛围。社团成员结构打破了系和专业的界限,打破了文理工的界限,使不同智能类型和水平的学生融为一体,形成一个多层次、多方位的、纵横交错的立体智能网络。社团活动以知识输出为桥梁,以能力提高为目的,立足校园,坚持业余,面向社会,走出校门,拓宽了高校学习生活的空间。时至今日,学生社团在高校内已形成了相当的规模和辐射力,成为学生课余开展学术、科研、文娱等活动的重要阵地。大学生社团类型多种多样,主要包括知识学术类社团(如读书协会、心理学研究会、名人学会等),社会服务类社团(如环保协会、青年志愿者协会、礼仪协会等),文化艺术类社团(如艺术团、戏剧社、吉他社等),体育类社团(如篮球俱乐部、武术协会、健身协会等),专业技能类社团(如金融投资协会、广告与营销协会、汽车协会等)。

大学生社团活动的开展对学生的成长成才发挥着日益重要的作用,同时有些也暴露出了一系列的问题,主要表现在:第一,缺乏健全的制度体系,成立程序简单,缺乏统一要求;第二,经费紧张,影响社团发展;第三,有些社团组织和管理水平较低,社团活动质量参差不齐;第四,有些社团活动的内容和形式不够丰富、新颖,学生参与度不高,盲目性较大。针对以上问题,高校必须加强对学生社团的组织管理。首先,要建立专门负责学生社团成立的审批与管理机构,制订一系列行之有效的制度,包括社团成立申请制度、年度审核制度、社团活动的申报和考察制度、社团财务制度、社团档案制度等。其次,要为社团委派对社团活动充满热情的专业指导教师。专业教师的指导不仅可以直接在学生中树立表率,帮助学生明确未来的发展方向,还能够为社团的管理和发展出谋划策。高校应为每个专业教师核定相应的工作量,并补贴相应的薪酬,从而调动其工作的积极性。另外,我国高校学生社团的组织管理还可效仿美国部分高校的做法,即在校园网站上建立学生社团申报成立的电子注册系统、社团信息发布系统等,以便各项组织管理程序的落实和信息的发布。

总之,一方面高校要进一步丰富社团活动,社团管理部门要支持学生社团积极开展各项活动,丰富社团活动载体,拓展社团活动空间,增强社团的社会适应性,强调社团活动形式与方法的创新,扩大社团活动的参与面,吸引更多的学生参加学生社团与社团活动;另一方面要注重社团类型结构的合理性,社团活动既要基于学生个人的兴趣爱好,也要密切联系学生课业的学习和能力的培养,避免盲目过度强调文化艺术类社团活动的开展,而忽视了其他类型的社团活动。

案例三 美国大学教学:基于亲身经历的经验总结

实际的美国大学课堂教学是什么样的?有哪些环节?主要采用什么样的教学方法?诸如此类的问题是每一个从事大学教学工作与教学研究的人所感兴趣的。本案例以实践经验为主要线索,以笔者和国内其他学者在美国学习的经历为基础,对美国大学的课堂教学展开论述与探讨。本案例选取了哈尔滨工业大学高等教育研究所的吴绍春老师在美国内布拉斯加林肯大学(亦称美国林肯内州大学)留学访问的经历作为叙述对象,他在访学回国后将其在美国上课的经历整理成了一系列的文字与文章,较为系统地论述了美国大学课堂教学的情况。①

美国大学一堂课的教学所包含的环节和方法比较丰富,主要有教学大纲(syllabus)、课堂讨论、小组学习、嘉宾论坛、课外考察与调研、丰富多样的教材、呈现(presentation)、课后见面、大量阅读、论文写作、问题—回答(question - answer)、现代教育技术、案例分析、学生评估、多样化的考试等。表3－1、表3－2是吴绍春老师在美国林肯内州大学所上的11门课程采用的教学方法,这些要素与方法是极具普遍性的,笔者在美国学习期间经历的大学课堂教学也大都是采用这些方法。

① 本案例主要内容来自哈尔滨工业大学吴绍春和笔者本人在美国的亲身经历与感受。

表 3-1　吴绍春老师经历的美国林肯内州大学 11 门课程及其教学方法（1）

课程名称	教学大纲	多样考试	课堂讨论	小组学习	嘉宾论坛	课外考察调研实践	多样教材	呈现
美国大学教师发展	√	√	+	√	+	√	√	√
多元文化与国际教育	√	√	+	√	+	+	√	+
美国高等教育管理	+	√	+	+	+	+	+	√
法律与高等教育	√	+	√	+		+	√	+
教育管理规划							+	√
高校财政管理	√	+	+	√		√		
质性研究方法	√	√	√		+	√		
教育研究概论	√	√	+			√		
调查研究方法	+		+	√	+	√		
美国高等教育史	√	+	√	√		√	√	+
美国社区学院	√	√	+	√	+	√		

表 3-2　吴绍春老师经历的美国林肯内州大学 11 门课程及其教学方法（2）

课程名称	课后见面	论文写作	大量阅读	学生参与评估	问题—回答	现代教育技术	案例分析等其他研究方法
美国大学教师发展	√	+	√	√	√	√	√
多元文化与国际教育	√	+	√	+	√	+	+
美国高等教育管理	√	√	+	√	√		
法律与高等教育				√			+
教育管理规划	+	√	√	√	√		√
高校财政管理	+	√					
质性研究方法	√	+					+
教育研究概论	√	+					
调查研究方法	√	√	√	+	√	√	√

(续表)

课程名称	课后见面	论文写作	大量阅读	学生参与评估	问题—回答	现代教育技术	案例分析等其他研究方法
美国高等教育史	√	+	√	+	√	√	
美国社区学院	√	+	√	√	√	√	+

注:"√"代表采用了这种方法,"+"代表不仅采用了这种方法,而且有独到之处。

一、教学大纲

每一堂课的任课老师都必须在正式上课之前完成教学大纲,并在开学第一堂课的时候发给学生,它既像是一门课程的概要,又像是清单,但实际的主要作用是指导书。美国大学的教学大纲主要包括如下内容:

(一) 课程的基本信息。主要包括:该课程的代号、名称与学分;开设课程的学院与系所、学期与具体日期等;任课老师的简要介绍、上课的具体时间与地点、通信地址和电话等信息;有关课程的主教材、辅助教材、阅读材料和参考文献等的详细清单,并详述教材和阅读材料、参考文献等的作者、名称、出版社或发表杂志、时间等;课程目的与目标、主要内容、与之前课程的联系和对课程前备知识的要求;课程的地位与作用等。

(二) 课程的主要内容。一般的教学大纲会详细介绍这门课程每一章节的具体内容、目标、要求等,这些内容会详细到每一个知识点,每一个知识点的目标与要求、课程教学的方式方法、课程组织的安排、内容的上下联系、学生需要预先阅读的材料与完成的工作、课后作业,等等。这是教学大纲中最重要的部分。

(三) 教和学的责任和要求。这部分内容既包括对教师的要求,也包括对学生的要求。对教师的要求包括教师要达到什么样的标准、应当怎么样,以及在备课、讲课、组织教学、讨论、课程安排和考试等方面的具体详细要求和责任;对学生的要求包括权利、义务与责任,特别是在听课、作业、讨论、小组合作、论文、考试等方面的详细要求。

(四) 评估与评价。一方面是教师对学生进行学习评价和成绩评定,包括评定标准、原则、方法、要求等,课程作业、期中考试、期末测试、小组合作、个人呈现（presentation）、论文、读书报告等各自在成绩中的比例等；另一方面也请学生对教师和本门课程进行评估与评价。

（五）其他信息。如课程相关活动的安排、节假日的处理、考试时间的安排、作业、论文或课程设计的最后期限、特殊情况的处理等。

笔者在美国所上的每一门课程，第一节课便是教授抱着厚厚的材料进入教室，接着给每位学生发放教学大纲。在每位学生领到教学大纲之后，教授们一般都会十分详细全面地介绍教学大纲，即把这门课程的基本信息、主要内容及其时间安排、小组学习、呈现的安排、实践的安排、考试时间与方式、需要学生阅读的文献与材料、教授与学生课后见面的时间与地点等等信息一一向学生解释，让学生们对这门课程有全面的了解，并且清楚自己的权利与义务，知道在这个学期里如何在教授的指导下学习与完成这门课程。

二、小组学习

小组学习是美国大学教学中比较普遍的教学方法。教师在教学大纲中设计好本课程的小组学习环节，例如目标、人数、内容、任务、要求、考核形式等。学生根据教师的小组学习要求，自愿结合成固定的学习小组，围绕教师设定的内容，例如研究课题、合作项目、社会实践、综合实验、案例分析等，由教师规定题目，或者小组在教师设定的范围内选定题目，进而围绕相关要求与任务开展学习活动。

美国大学的小组学习的形成可归纳为以下五点：第一，自愿结合。小组不是指定搭配的，也不是长期固定的。因采用课程选修制，班级概念淡化，几乎没有长期稳定的班级集体的概念，选修哪门课就形成了一个班级，课程结束班级也就不复存在。在这门课进行中，就形成了若干个学习小组，任何学生都可以参加到一个小组中，同时任何人都不能指派和要求某位同学必须是哪一个组的成员。第二，人员少、规模小、无组长之说，是一个简单平等的或圆桌型的小组。一般这种小组3—5人，最少2人，不超过6人。同时，一个学生不能同时跨越两个或更多的小组，加入或开除小组成员应取得该小组其余成员的一致同意。第三，小组文化。每个小组成立后的第一件事，往往是建立一种自己喜欢和认可的文化形式，如建立小组名称、选择一个代号和标志、设立小组口号、制订章程或签订协议等,以此增强小组成员的信念和信心,增加凝聚力和认同感,不同的小组文化为以后的合作与交流创造了条件和氛围。第四,学习小组概念。这是一种目的和任务比较单一的共同学习的合作组织形式。这种学习小组的组成一般是由课程决定的,是与教师的要求和整个课程的进行相一致的,根据教师在教学大纲中设计的学习任务和目标的要求组成,因而每个小组的名字、代号和学生姓名等应在任课教师处登记,教师要在教学进行中及时指导小组学习。第五,小组考试。既然有小组学习,自然就有小组考试,且以每个小组的成绩或评定等级作为每个小组成员的最终成绩,或最终成绩的一部分。而且,小组成员还要互相评定成绩。

以美国林肯大学基泽(Kizzier)博士开设的"教育研究的调查方法"(*Survey Methods in Educational Research*)的小组学习为例:

小组合作主题:学生论坛

任务:由每一个小组组织一个面向全班同学的60分钟的公开论坛;小组的讨论题目由老师分配;小组成员自愿结合而成。

论坛的流程是:小组汇报(演讲)——提出问题——全班讨论

每个小组的具体职责:

1. 阅读所分配的阅读材料并确定小组研究问题,每一个小组成员至少阅读一份课外资料。

2. 以适当的策略引导讨论,使得全班其他小组的同学能积极投入讨论当中。

3. 提出适当且高水平问题,供班级讨论。

4. 可以邀请外部专家协助讨论和确定演讲题目。

5. 在需要的时候与指导教师联系,帮助小组解决在准备过程中遇到的相关问题。

6. 全班共享资源与信息。

7. 汇集所有资料供教师评估。

在其中一个小组演讲与组织论坛的时候,其他小组也应该积极阅读相关资料,并积极参与到论坛当中去。

评估标准:问题合理,高水平的问题以及与演讲题目的适应性,全班同学参与问题的讨论,精心选择的演讲材料与演讲。

笔者在美国学习期间的每门课程几乎都有小组学习,有些课程是随机的,例如教授在自己讲授了30分钟之后,会留下一个问题,让座位比较靠近的同学为一组展开讨论,讨论5分钟左右,然后教授随机抽取同学对此问题发表自己小组的看法。也有些课程的小组学习是相对大型的,提前几节课布置好任务,然后让各小组在规定的时间呈现自己的成果与观点。笔者在"跨文化交流"这门课程中所经历的小组学习便是如此。

1. 教授选定小组成员并安排好小组。

2. 主题范围:选取当前国际文化中的前沿趋势,呈现这一趋势的好处或做法等,关键在于让你的听众接受你的观点,并愿意尝试、学习甚至实施,而这也是评估小组合作是否成功的重要标准。

3. 各个小组展开实施,一般的流程是第一次小组讨论确定主题,接下来是布置各成员的任务等;第二次小组会议是商议进度,以及解决遇到的困难等;第三次小组会议讨论最后的呈现等;第四次是模拟呈现等。

4. 小组呈现。15分钟的呈现,每个人必须呈现几分钟等。

在这门课程上,我们全班9个同学(其中有8名来自亚洲国家,1名来自哥伦比亚共和国),最后以3人为一组分成三个小组,三个小组选取的主题分别是"请您喝茶""器官捐赠""欢迎到哥伦比亚来旅游"。

三、教材

教材的多种多样也是美国大学教学的特点之一。除了主教材、辅助教材等种类多样外,教材的来源也十分多样,除了选用名著、系列教材等,教师还自己编撰教材,如综合多本书编写自己的教材等。下面同样以美国林肯大学基泽博士的"教育研究的调查方法"课程的教材为例。

1. 该课程没有选用任何已经出版的专门教材,而是基泽博士自己编撰了一部又厚又重的系统教材。这部教材全部是复印的,学生不必购买。上课时由教师发下,课程结束时再还给老师,或者也不必归还。

2. 整个教材是活页的,允许学生复印任何章节,不需要的可以随时取下来,新的重要的资料和信息可以及时补充上去,非常方便灵活。同时,还欢迎学生们在整个学习过程中提出修改和补充的意见,真正体现出教学过程中对教材的不断改革和完善。

3. 从内容和体系来看,该教材主要有三部分。第一部分是理论部分,相当于主教材,往往是选择最权威、最重要的一些理论和观点,有的是原著的文章,有的是典型的论述,有的是精辟的介绍,既有经典的,又有现代的;既有老专家的,也有新学者的。第二部分主要是对这些理论的分析和评论,可谓百花齐放、百家争鸣,对各种理论的评论、综述、研究、分析、对比、批判及发展,各种文章应有尽有,此外还包括大量的最新研究成果和大量参考文献。第三部分是最特别、最有意义的,和所有的教材不一样,几乎全部是上几届学生写的文章,有综述、评论、读后感、个人见解、论文及报告等,甚至还有学习本课的体会经验和总结,然后是大量的作业、思考讨论题及附加材料索引。几乎每章都是按这样的顺序和内容安排的。

教师使用自己编撰的教材,这在美国大学课堂,特别是研究生课堂中是十分普遍的。笔者在美国内布拉斯加州立大学奥马哈分校学习时,选修了几门本科生课程和研究生课程,在"当代国际教育改革动态""教育科学研究方法""社会科学研究方法"等研究生课程中,这些课程使用的教材基本都是自己编撰的。这些教授在此课程的教学上经验丰富,他们会在过往教学经验的基础上慢慢积累,进而将最经典、最权威的学界观点,自己的理解与经验等编撰成教义或教材,并不断聆听每一位学生的建议,不断改进与补充。

四、呈现

呈现(亦称陈述报告)无论在美国本科生课堂,还是研究生课堂,抑或留学生课堂,都是非常普遍的形式。在美国学习期间,笔者选修的每一堂课几乎都进行课堂呈现,只不过时间、方式等不同而已。有的在期中进行,有的则是在期末进行;有的是个人的形式,有的则是采用小组合作的形式;主题的选择可以完全自主,也可以在教师指定范围内选择,或者完全由教师指定;有的教师将呈现视为考试的一部分,有的则纯粹是锻炼和练习。关于呈现在大学课堂使用得如此普遍,笔者曾咨询过几位上课的教授,他们几乎都认为呈现除了锻炼和提升学生的表达与沟通能力(这一能力被教授们认为是大学生应该得到培养的最重要能力之一)外,还是很好检查学生对知识的理解与应用水平、课外阅读量与实践运用等的机会。

1. 本科生课堂的呈现。例如笔者选修的"教育学基础"这门课程,因为是本科生课程,鉴于课堂时间的限制,所以教授采用的是小组合作呈现的形式。教授提前半个月将要呈现的主题范围确定,以中小学课堂教学突发事故的处理以及背后的法律、政策依据等为主题范围,同学们自愿组成小组,在规定的时间里,每组呈现(小组汇报或报告)5—7分钟,然后接受其他同学的提问,并展开回答。

2. 研究生课堂的呈现。以笔者选修的"当代国际教育改革动态"为例,全班只有8名同学,所以是个人呈现,主题完全自己选择,在学期结束前的最后一堂课进行,每名研究生的时间是15分钟,接下来是同学们的提问与回答。"冬令时和夏令时背景下一学期时间长度的讨论与建议""现代教学技术如何应用于中小学课堂""教师与学生宗教差异问题的处理""寒暑假的时间长度以及如何帮助学生安排寒暑假生活""英语作为第二语言的学生如何学习英语""来自弱势家庭的学生如何融入班级与学校"等等,都是这些研究生自由选择的呈现题目。

3. 留学生课堂的呈现(毕业呈现)。在美国学习期间,校方将笔者视为留学生,特意安排了一些与来自不同国家如日本、韩国、越南、哥伦比亚等同学一起学习的课程,这些课程基本以美国文化、国际交流等为主。以"跨文化交流"这门课程为例,其考试形式就是最后的个人呈现,这次的个人呈现显得特别重要,类似于毕业汇报。上述本科生和研究生的课程主要是本班同学聆听与交流,与正常的教学没有区别,而留学生的呈现则会事先有海报、网站等宣传,欢迎和吸引所有的学生与老师参与,并选择在学校的小型剧场或舞台进行,作呈现汇报的学生必须着正装出席。校方留学生方面的负责人甚至学校领导、相关教师和所有任课教师等均会出席,并邀请相关专家与教师作为打分评委。呈现的流程则与所有的呈现类似,呈现者汇报15分钟左右,听众提问,呈现者回答,然后是整个呈现结束、打分,最后是任课教师将打分通知学生,并告知学生呈现的优点与缺点,以及如何改进,等等。

所有的呈现形式大都相同,即"课件+个人演讲"的形式,但也有些学生会用"课件+表演(即兴表演或事先将表演好的内容录成视频当场播放)+个人演讲"等。这些均取决于学生自己。

五、考试

(一)考试形式

例子:

1. 课程名称:教育系统规划

百分制的构成:考试 10%(平时、期末);作业 5%;两个设计 50%;一篇论文 25%;出席与参与课堂讨论活动 10%。

2. 课程名称:质性教育研究方法

百分制的构成:出席和参与教学活动 20%;论文与答辩 50%;考试 20%;作业 10%。

3. 课程名称:教育管理

百分制的构成:出席和参与教学活动 15%;开卷考试(包括所有教材与阅读材料)15%;调查报告 15%;小组活动报告 30%;期末论文 25%。

从上述三个案例不难看出,美国的考试主要由三部分组成:

第一,出席与课堂表现。出席是重要的,无故三次不出席,将没有成绩评定。但是出席不是只带着耳朵听,做个单纯的接受器就好了,而是要手写、眼看、耳听、口问、头脑思考,积极参与,主动地、活跃地参与课堂的一切活动,特别是分组的操作和讨论。从百分比构成来看,出席与参与课堂教学活动占总成绩 10%—20% 不等,一般不超过 20%。

第二,考试成绩。这主要指考试卷面上的分数,一般有期中和期末考试,也有频繁的小考,小考一般不是很难,有时甚至是开卷考试。即使是期末考试也不划定范围,不存在标准答案,教师不进行专门复习,实际上可以说是一种按照课程基本要求进行的通过性考试,主要是考基础知识、基本原理、基本计算、基本技巧等。所以,考试所占的总成绩的比例一般也不会太高,主要考核基本内容的掌握等,占总成绩的 20% 左右。

第三,学生自己独立完成的作业或论文等,包括日常作业、论文报告、个人报告等。在林肯大学,几乎每一门课都有论文报告或个人报告,它不同于一般的作业。一般的作业主要是根据课堂和书本的内容做题、计算或一般的阅读理解,而论文和设计或报告则要认真选题,做大量的前期准备,到图书馆查阅大量的资料,阅读参考文献等,收集各种相关信息,进行一番精心设计。在调查、采访、综合、归纳、比较、分析、计算、论证等基础上,少则一两周、多则要一两个月甚至更长时间才能完成。这是对学生的一种综合训练,突出的特点是考核学生的能力和独创性,因而这部分权重在总成绩中占的比重就比较大,60%—70% 不等,至少不低于 50%。

(二) 考试方式

考试分半开卷考试、小组合作、学生自己出考试题。

所谓半开卷考试是指介于闭卷和开卷之间的一种考试方式,它不完全开卷,所以在考试的时候不能随时查阅各种图书资料,但也不像闭卷那样,而是允许查阅自己准备的一张纸(可以允许携带的资料纸张大小与数量取决于不同老师,但一般为一张纸左右)。通常是考试前教师通知学生,本次考试为半开卷考试,学生可以自带一张老师规定大小的参考资料纸,每位学生可以在这张纸上写满所有重要的数字、概念、方程、公式和原理等,把自己认为和考试相关的、自己把握不准而需要参考的最重要信息与资料记在这张纸上,考试时学生可以反复查看自己准备的这张资料纸,而不需参考别人的或者进行讨论与交流。这种半开卷考试形式,貌似简单,但实际也很能衡量学生的水平,规定大小尺寸的纸张,完全自己做主决定哪些是课程的重点难点,自己思考问题,做好总结与归纳等工作,而这些都必须在有限的纸张上完成,这张纸上的自由发挥与组织在一定程度上也相当于是一次考试了。

小组合作的考试形式主要包含两种:一是小组考试或测验;一是小组答辩。小组考试的形式,通常是一个班级分成三到五个小组,一个小组共同做一套题,首先是小组成员独立做题,小组成员为自己小组内的每个人评定一个成绩,然后是小组共同讨论研究,每一个小组交一份统一的答卷,这份答卷的成绩和每个同学个人成绩的平均分就是这次考试或测验的成绩。小组答辩,通常是在小组学习的基础上,大家共同完成一个课题、一篇论文或一个项目,然后通过演讲答辩的方式,向全班同学作介绍与报告,小组外的全体同学还要提出各种问题请小组答辩的成员回答,最后以小组答辩和工作完成的水平和质量作为依据,决定给每个人的成绩,由小组外的其他同学和教师评定。当然,小组内部每个成员也可以相互打分与评定。

学生出题考试通常有两种方式:一种是平时学生出题,例如每一个章节的教学过程中给学生布置作业,其中一部分作业就是学生根据自己的理解与思考,出若干道考试题,作为作业交上。二是期中或期末,特别是期末时,教师总结课程,要求学生出考题,按照课程内容和章节出一套综合考题。这些考题必须出具相应的参考答案,必须说明为什么要出这道题,以及与课程内容的相关度等。教师可以从学生出的若干道考试题目中选取部分或一套题,经过适当的处理后,作为期末考试试题。实践证明,学生自己出题,是对学生的极大信任与鼓励,也能调动学生学习的积极性,让他们学得好、学得多、学得活、学得透。

六、其他

(一)课后见面

在美国,课后与学生见面是教学的基本要求与任务。每一位教授每周上完课之后必须有一段时间是向学生开放的,用来回答学生的问题,解答他们的疑惑,或者是纯粹的师生交流,个别教学,给特殊学生提供帮助等,甚至有些老师还会要求这门课程的每一位学生必须在这个学期里与教授见面一次或几次,这是为了强调公平对待每一个学生。课后见面的地点主要是在教授的办公室,每周的课后见面时间会在教学大纲里详细说明。例如我经历的"教育学基础"这门课程,教授在星期一上午上完两节课以后,接下来的上午和下午时间就是向学生开放的时间,有问题随时可以到教授的办公室去咨询。同样,星期三上午上完两节课之后,这一天接下来的时间也是课后见面时间。笔者曾经去教授办公室几次,有时是学生很多,要一一轮流提问,但有时也没有其他学生,所以就可以随意与教授交流。同时,如果你有较多的问题想与教授交流,也可以预约教授的其他时间。"教育学基础"这门课程的教授,星期一到星期五,除了上课和会议以外,其他时间几乎都在办公室,所以学生与他的沟通与交流的机会比较多。课后见面,类似于延伸教学或者拓展学习,除了帮助课堂教学和提升课程教学质量之外,也是一个很好的互动与交流平台,无论从师生情感还是学生成长与发展、教师教学等各个角度而言,都是大有裨益的。

(二)嘉宾论坛

嘉宾论坛,实际上是教授邀请与本门课程相关的知名学者和专家来讲座。一般是在本门课程正式教学之前便已经设计好,即在教学大纲中便有体现与设定,是有计划、有目的,并且服务于教学需求的,当然也存在临时加进来的情况。在"社会科学研究方法"这门课程里,在讲述田野调查这一部分内容的时候,教授便邀请了自己的朋友——一名长期从事田野调查与叙事研究的学者。他主要跟同学们分享了自己从事田野调查的经验与故事,以及如何收集和整理资料,如何处理和利用突发情况等,并在最后的时间里回答学生提出的问题。另外,值得一提的是,有些嘉宾论坛是教授特意安排的,也有些嘉宾论坛是随机安排的，例如学校因为某些活动邀请了外校的知名专家学者，有些教授也会带着全班同学一起去聆听这些专家学者的讲座等。

（三）大量阅读

大量阅读，是笔者对美国大学课堂教学颇有感触的地方，特别是在"社会科学研究方法"这门课上。每堂课结束之后，教授便布置课后阅读的任务，一般是布置在网络课程模块里，学生可以在网上阅读，也可以打印出来阅读。第一次课结束后，教授考虑到笔者是唯一以英语为第二语言的学生，特意照顾说："我给你打印出来了，因为是第一次，所以你只需要阅读其中的三篇，其他的同学都是六篇，以后你就不会被特殊照顾了，跟其他同学一样，没有任何区别。"然后拿出来三篇已经打印好的文章，几乎每篇文章都有二十几页。一般来讲，每次的阅读量基本都在八十页左右，这是一个星期必须完成的任务，如果完不成阅读，下一次课的内容几乎很难听懂。该教授在下一次课的时候，基本不太会检验你是否阅读，但在举例或者讲述新内容的时候，如果没有之前的阅读，基本上是很难理解和掌握的。例如在讲述"方差分析"之前，教授会布置你阅读与之相关的若干篇文章。有时候的阅读任务，也是对已经上完的课程内容的总结概括与延伸。除了这门课程以外，其他课程的老师基本也都会有阅读的安排，只不过阅读量有多有少；有些老师会安排课堂阅读，但绝大部分教授都要求在课余时间完成阅读。

（四）课外考察与调研

课外考察与调研类似于嘉宾论坛。不过，嘉宾论坛是请专家学者来，而课外考察与调研则是走出去。当然，这不是每门课程必需的，而是要与课程性质与需求结合起来。在"教育科学研究方法"这门课程里，教授在讲授完"中小学课堂观察方法"之后，便布置每位学生联系一所中小学，去观察其中一位老师的课堂，并且以讲故事的形式记载下来，最后要作一个十分钟的汇报。因为这是一门研究生课程，大部分研究生本身就是中小学老师，所以他们中有些就以自己为主人公展开论述，也有的选择其他老师展开论述和评论。而在"美国文化"这门课程里，教授为了让留学生更多了解美国，则组织了四次参观，一次是参观政府部门，一次是企业部门，一次是杂志社和报社，一次是娱乐场所。在参观的过程中，学生们必须向参观主办方提问，这一方面是表达你对对方的兴趣，另一方面教授也通过你的提问了解你的学习情况与后续学习的需求等。参观结束后,全班或小组讨论、写故事或论文、个人呈现等则是必须完成的作业。

(五)学生评估

学生评估是每门课程最后一节课的必要环节。每一门课程最后一节课的时间里,教授会留出10—15分钟的时间让学生完成纸质稿的评估。这份纸质稿的评估表一般是由密封好的信封装好,由教授带来教室交给某位同学,由他分发给全班同学填好。在全班同学填写这份评估表的时候,教授一般要走出教室回避。最后,填好的评估表要么由某位学生集体交到系所,要么交给教授。因为在中国经历了教学评估之前教授们的紧张与担扰,看到美国教授们的坦然与轻松,笔者曾十分好奇地与"教育学基础""当代国际教育改革动态"等课程的师生进行了交流,因此对此有了相对全面的了解。因为美国大学课程教学的学生评估主要是发展性的,帮助教授了解自己教学情况以及学生们的感受,了解教授教学的长处与短处,帮助教授改进自己在教学方面的问题和发挥自己的优势,所以,教授们一般不会惧怕学生评估,因为这并不影响他的职称评定,而是促进他的发展,除非出现重大事故,或者连续几年都有学生反映同一较为严重的问题,教授始终没有改进,这才会对其有一定的影响。基于发展和改进教授教学的前提下,学生们也会较为客观理性地填写这份评估表。笔者曾经与一位学生交流,他告诉笔者,"他每次都会很严肃地对待此次评估,会十分公正与理性地填写这份表格,因为这不仅是对教授负责,也是对此后的学生负责"。而教授也会看到每一位学生填写的评估表,仔细阅读每一位学生填写的意见等,进而结合自己的实际教学情况,或继续发扬,或努力改进。

七、对美国大学课堂教学的体会

客观冷静地分析在美国课堂上课的感受,尽管并不是所有的课堂都值得推崇,但总体来讲,美国的大学教学有如下三点值得我们学习和借鉴。

(一)美国大学教学方法整体比较多元,服务于教学目的

从吴绍春老师以及笔者自己经历的美国大学教学来看,其教学环节与方法十分多元。笔者所上的每一堂课,几乎都有教学大纲、小组合作学习、呈现、课堂讨论、问题—回答、课后见面、案例分析、大量阅读、嘉宾论坛、多样的教材、多种形式的考试、课外实践,等等。教授们一般会在正式上课之前便设计好整个学期的进程,并根据教学目的有针对性地设计好每一堂课相对应的方法,例如哪些章节需要大量的阅读作为基础、哪些内容适合也需要课外实践、什么样的案例最适合,等等。教授们在第一堂课解释教学大纲的时候,大都会解释为什么要采用这些方法,其目的是什么。因为教学大纲的整体设计,上述教学方法的采用基本都服务于教学需求与教学目的。明晰的教学目的,以及为此服务的多元的教学方法,是美国大学教学过程中值得借鉴的特点之一。

(二)教学方法联系在一起使用,很难完全割裂开来

实际上,小组学习、课堂讨论、问题—回答、课后见面、课外考察与实践、案例分析等教学方法很多时候是联系在一起使用的,很难完全割裂开来。例如教授在课堂上布置一个问题,有时会要求座位临近的同学一起在课堂时间里讨论,进而回答问题;有时会要求学生自己回去思考,然后在课后见面的时间里与教授交流自己对该问题的看法与观点;有些教授会要求学生在完成课外观察后,进行小组讨论或全班讨论,或者是展开问答等;有些教授会将小组学习、呈现、论文等作为考试成绩的依据,有些则是完全采用论文式或半开卷式等;而小组合作学习一般都与讨论、大量阅读、呈现、问答等联系在一起使用。因此,多元的教学方法并不是孤立的,而是相互联系相互作用的。

(三)学生得到锻炼的机会很多,重视自觉与自律

观察美国的大学教学课堂,不难发现的一点是,学生有自己学习、公开表达与演讲、自己观察与思考、同学合作等的大量机会,这在前面的多元课堂方法上也有体现。例如,必须完成的大量阅读,则几乎取决于学生自己的学习,是否自觉与努力;课堂讨论与呈现,则是鼓励学生思考与表达,总结以前的观点表达自己的想法,这同样需要阅读与思考;例如小组合作与学习则是锻炼学生们的团队协作能力,同时也能锻炼交流与沟通、管理与协调能力,等等;学生自己出考题、半开卷考试也是锻炼和检验学生的很好机会。纵观美国的课堂教学,学生的主体地位得到凸显,其重要的原因是广泛使用多元的、互动的教学方法,两者相辅相成,相互促进,形成良性循环。当然,所有这些方法的使用与成效,在一定程度上也取决于大学生自身的自觉意识与自律精神。因为自己自觉与努力,加上教授们的信任与指导帮助,学生从这些锻炼诸多能力的教学环节与方法中获益匪浅。

本章推荐阅读资料

1. 陈列,等.大学教学概论[M].杭州:浙江大学出版社,1987.

2. 胡建雄,等.学科组织创新[M].杭州:浙江大学出版社,2001.

3. 拉尔夫·泰勒.课程与教学的基本原理[M].施良方,译.北京:人民教育出版社,1994.

4. 潘懋元,王伟廉.高等教育学[M].福州:福建教育出版社,1995.

5. 王伟廉.中国大学教学运行机制研究[M].广州:广东高等教育出版社,2005.

6. 王义遒.文理基础学科的人才培养[M].北京:北京大学出版社,2005.

7. 徐辉,方展画.高等教育[M].长春:吉林教育出版社,2000.

8. 潘懋元.高等学校教学原理与方法[M].北京:人民教育出版社,1995.

9. 吴绍春.美国林肯大学课堂教学观感[J].中国大学教学,2001(12).

10. 吴绍春.两种考试观的比较——美国林肯大学没有"一张考卷定乾坤"[J].交通高教研究,2001(12).

11. 吴绍春.一切教都是为了学[J].高等工程教育研究,2002(9).

12. 吴绍春.就是让学生学得不一样[J].高等工程教育研究,2002(5).

13. 吴绍春.教师:主持人·多角色[J].高等工程教育研究,2002(1).

14. 吴绍春.高质量的课堂教学来自于精心设计——美国林肯大学Syllabus剖析[J].高等工程教育研究,2001(7).

15. 吴绍春.美国林肯内州大学Dr.Kizzier的教学特色[C].黑龙江高等教育学会2002年学术年会交流论文集,2002-6-30.

16. 吴绍春.高校的课堂教学缺少什么及思考[C].黑龙江高等教育学会2002年学术年会交流论文集,2002-6-30.

17. 吴绍春.教材不仅仅是一本教科书——美国林肯内州大学教师运用教材的特色和启示[J].西安欧亚学院学报,2007(5).

18. 吴绍春.毕业答辩Presentation与学生能力培养[J].西安欧亚学院学报,2008(10).

19. 吴绍春.从11门课程看美国大学的教学方法和理念[J].西安欧亚学院学报,2008(7).

20. 吴绍春.小组学习是提高教学和人才培养质量与效果的有效途径——

美国大学小组学习方式的介绍和研究[J].西安欧亚学院学报,2008(4).

21. 吴绍春.再谈美国大学如何进行课程考试——方法的多样性与课程教学的适应性[J].西安欧亚学院学报,2009(4).

22. 吴绍春.学校和教师在考试方面还应该做些什么——谈美国大学如何进行课程考试[J].西安欧亚学院学报,2010(7).

23. 吴绍春.质量为本:美国大学人才培养的荣誉制度[J].西安欧亚学院学报,2012(7).

第四章

大学人才培养方案编制

大学人才培养方案即教学计划,由于教学计划、教学大纲、教科书等概念逐步被课程论相关术语或新名词取代,高等教育理论界往往把大学总体安排四年学习活动的计划称为人才培养方案。一般来说,指称"教学计划"较为传统,因为苏联教育学中把教学内容分为教学计划、教学大纲、教科书三部分;而称为"人才培养方案"则试图突破教学计划中蕴含的学科中心痕迹,扩展培养方案的内涵与外延。由于人才培养方案与教学计划、课程设置或课程体系等概念基本同义,行文中不作严格区分。

第一节 大学人才培养方案概述

在我国计划经济体制下,我国高等学校的管理是一种典型的中央集权管理体制,学校没有办学自主权,人才培养过程中的设计活动,包括学科专业设置、培养目标的确定、课程的安排等方面几乎都由上级教育行政部门决定,学校只需按照已经确定的目标和编排好的教学计划进行工作就可以了。在高等教育大众化阶段,我国高等教育人才培养活动日益与就业市场紧密结合,不同类型的学校都必须充分考虑到人才培养计划的合理性、针对性、科学性和有效性,人才培养方案制订成为高校自主决定的管理事务,成为高校提升人才培养质量的重要一环。

一、大学人才培养方案的含义与体系

大学人才培养方案一般指大学开设的教学科目、各种活动及先后顺序和教学时数的安排。人才培养方案是一项系统工程,它设置的基本依据是根据培养目标、学科特点,为学生建立完整的知识结构和技能结构服务,它集中反映了大学的教育目标和专业的培养方向。借助人才培养方案,大学和大学某一专业开设的各门课程之间发生有机的联系,构成实现培养目标所必需的知识系统和方

法体系。具体来说,人才培养方案要达到以下目的:第一,根据大学的培养目标与专业培养方向,确定大学和某专业开设的课程门类及各类课程的名称。第二,要对这些课程进行组合,明确各门课程的地位、性质与作用,构建课程之间的联系。第三,确定各门课程开设的先后顺序和课时数,确定课程的修读方式,明确各门课程的学分数。

大学人才培养方案体系一般可以分为纵向结构与横向结构。有人认为,纵向主要是从时间顺序来分,按学生修读的时间顺序进行分类;横向主要是从空间方位来分,按学生学习的地点来分。按此分法,纵向就可分为公共课、专业课等,横向则分为理论课、实践课等。还有人则认为,课程的横向结构是以课程对于专业的适用性划分,把课程分为必修课程与选修课程,这一分类较为普遍。

1. 纵向结构

纵向结构又称层次结构。把大学课程分为以下五类。(1)公共课,又称为公共基础课。我国目前的公共基础课有思想政治课、体育、英语、计算机等课程,有些大学还开设高等数学、大学语文,作为全校必修公共课程。设置这类课程的宗旨一方面是保证国家意志的贯彻,使国家倡导的价值观与意识形态体现在大学课程中,另一方面是保证学生在基本文化素养、身体素养方面达到一定标准。(2)学科基础课,又称一般基础课,指学习某一学科或专业学生必修的基础理论、基本知识和基本技能的课程。如理工科学生必须修读的高等数学、大学物理、普通物理实验、工程数学等课程。学科基础课程是帮助学生获得本学科领域的基本理论知识,初步受到分析、运算、思维、研究等技能的训练,特别是学科基本方法的训练,为学习后续课程打好理论和方法的基础。(3)专业基础课,是指该专业学生必修的专业基础理论课和专业技术基础课。它的任务是使学生学习本专业基础理论,为学习专业知识打好基础,接受进一步的专业基本训练,学会在更深奥专门知识领域进行理论的分析和技术的应用能力。如机械类专业普遍学习的机械制图、理论力学、材料力学、机械原理、金属工艺学等课程。(4)专业课。根据社会、学科对该专业人才业务上的特殊要求设置的,它体现了该专业的基本要求,其任务是使学生掌握必要的专业知识和技能,了解本专业最新的科学技术成就和发展趋向。当然,它不可能包括专业范围内的所有知识,而只是最必要的核心部分内容。(5)专业实践课,包括专业实验、生产实习、课程设计、毕业设计或毕业论文等内容,是为了培养学生理论联系实际和独立工作能力而设置的课程。当然这一分类只是就一般属性而言的,是与专业相对应的。同样一门课相对于不同专业来说,可能具有不同的价值与功能,因而也具有不同的归类。比如,大学物理对工科类专业来说可能是学科基础课,但对理科类学生来说就是专业基础课。

在课程的纵向组织上,我国大学普遍采用"二二分段"的组织模式,即在大学低年级设置通识教育课程,而在大学高年级设置专业教育课程。随着高等教育改革的深入,这种"二二分段"的课程组织方式逐渐暴露出了许多弊端:学生知识面不广,社会适应性差;基础知识的学习与专业课程的学习脱节,学生缺乏学习兴趣;课程的学习与未来职业缺乏联系,学生学习效果欠佳。因此,主张把通识课程与专业课程融会贯通,交叉设置。另外,关于毕业实习、毕业设计(论文)安排的时间也将影响课程的纵向组织。

2. 横向结构

横向结构是从课程修读的要求来区分的。大学人才培养方案中设置有必修学分与选修学分,因此课程也就分为必修课与选修课。必修课程是必须修读并取得学分的课程,选修课程是指学生根据自己的兴趣爱好及需要,有选择自由修读的课程。在历史上,选修课的出现要比必修课程晚得多,选修课程的设置可以追溯到欧洲的大学,最先是 19 世纪初德国的大学开始实行,后来在美国的大学得以完善,并逐步发展成学分制的形式。为什么要设立选修课程呢?其主要理论依据是社会需求与个人需求的差异,社会要求具有不同的人才规格与类型,个人也有不同的兴趣与爱好,因此,教育要尽可能提供给学生更多的机会,选修课无疑是一种实现多样化、差异化课程的有效途径。选修课也可以分为有不同的分类:一是分为公共选修课与专业选修课,公共选修课即为了拓展学生的知识面,加强文理沟通而要求学生必须在专业之外的学科中选修一定的课程与学分;专业选修课则是为了加深对某一专业方向的研究而选修的课程与学分。二是分为学术类选修课、职业类选修课、兴趣爱好类选修课。学术类选修课强调较深的学术内容,学术成分较强;职业类选修课往往更多地与职业相联系,具有较多的职业技术色彩,强调职业技术教育;兴趣爱好类选修课则是为了满足学生的个性差异而开设的课程,如琴棋书画、戏剧舞蹈等课程。

表 4-1 为四年制本科期间最主要的教学环节安排情况。

表 4-1　人才培养方案中各教学环节的安排

主要环节	四年制本科
理论教学(包含实验)	约 120 周
考试	约 12 周
实习	10—14 周
毕业设计(论文)	12—14 周
入学教育、毕业鉴定	2 周
军事训练	2 周
社会调查或社会实践	3 周

二、大学人才培养方案制订原则与范畴

国家教育行政主管部门参与到大学人才培养方案的决策中，往往被称为大学人才培养方案的集权模式，大学自身设置课程则被称为大学人才培养方案的自治模式或分权模式。集权模式由国家实行对大学人才培养方案的统一要求，突出大学的国家服务或社会服务功能，使大学能按国家的意志培养人才，并通过人才培养方案来确保基本的教育质量；集权模式为人诟病的是，国家参与大学人才培养方案，使人才培养方案具有统一性与强制性，可能会剥夺大学的自治权，窒息大学特色与个性的发展。目前，我国大学人才培养方案根据国家有关政策，主要是在公共必修课如"思想政治理论课程""职业发展规划""心理健康教育""军训"等要达到教育行政部门的要求，其余课程基本上根据学科专业的要求自由设置，可以说是既有统一要求，又有自主选择。一般而言，大学人才培养方案都必须充分考虑到社会需求、科学技术的发展、人才培养的目标等因素。因此，大学人才培养方案必须遵行一定的原则，如知识、能力、素质协调发展原则，科学发展与社会适应相平衡原则等，具体到制订人才培养方案，必须正确处理高等教育中的几对范畴，这里既有宏观的理论问题，又涉及具体的操作问题，是每一个制订人才培养方案的人员都必须考虑的。

（一）专业与通识的关系——回答各类课程所占比重问题

随着自然科学专业学科大量涌入大学的课程，专业教育取代普通教育统领了大学，专业教育成了大学的主要特征，支配着大学的课程。但在今天，大学教育使专业教育这一命题被重新审视和诠释。这一反对狭窄的专业教育的呼声与支持通识教育的意见形成合力正在影响着大学课程体系的设置。支持通识

教育的人们提出如下理由:科学知识的综合化趋势要求大学要为学生提供一个更为广阔的知识背景;高等教育大众化使得本科教育成为中等教育与研究生教育的中继站,专业教育向上延伸;经济生活的多样化带来了人们更换职业的可能性,因而大学要培养具有一定适应性的学生;狭窄的专业教育培养出了一些被称为"经济动物""科技奴隶""智能强盗"等人格具有缺陷的人;专业教育模式已经过时,高等教育发达的美国实施的就是通识教育。而坚持专业教育则认为:专业教育是建立在社会分工的基础上,只要存在着社会分工,专业教育就不会消失;高度复杂的、专门化的职业领域不断涌现,任何人单靠经验都不能胜任这些工作,大学实施专业教育势所必然。专业教育是与我国目前经济发展水平相适应的,是人才市场、用人单位的要求。专业教育既是衡量学生水平的根本所在,又是评估学校办学水平的主要依据,是大学的一个主要杆杠,是体现大学水平的重要标志。在今天,缺乏师资、课程、经验准备的大学进行通识教育未必能取得好的效果,学生也未必领情等。

孰对孰错,何去何从?什么是狭窄的专业教育,什么是宽口径的专业教育?高等教育是专业教育一只独轮,还是专业教育与通识教育两个轮子?每一个进行大学课程体系设置的人都不得不面对这个问题。从理论上细究起来,对这一问题的不同回答还可以复原到社会本位、人本位的教育价值取向,或者是追溯到科学主义、存在主义、永恒主义等课程流派的不同观点。

当前,可以从两个角度来解决这一分歧。其一,给大学正确定位。高等院校当然起着传播文明、弘扬科学、培育人才、服务社会的历史使命,但是不同的高等院校在其职能发挥上各有优势与短处。美国的研究型大学以培育精英、追求卓越为己任,社区学院则强调自身在社区中的服务功能,他们在专业与通识问题上往往立场坚定、观点明确,哈佛大学仅把三分之一的课程留给了专业教育,相反,社区学院则更强调课程的应用性、职业性特征。恰恰是介于研究型大学与社区学院之间的美国四年制文理学院,在如何安排课程上长期存在着通识教育与职业教育的冲突。其二,我国目前经济发展极不平衡,不同地区经济结构、产业结构均表现出很大差异。人们之所以难以在专业教育与通识教育关系问题上达成共识,就是因为对经济发展对人才提出的要求作了不同的估计。有人认为,只有具有专业训练的毕业生才能适应劳动力市场的需要,而有人认为复合型人才受到用人单位的青睐。这两种观点都有其合理的成分,因为在我国,存在着劳动密集型、资本密集型、技术密集型、知识密集型等不同产业,既有手工式家庭作坊,又有机械化大生产,还有以高新技术为依托的现代化企业,不同的生产方式、产业水平对劳动力的需求当然是不一样的,他们对大学毕业生的素质要求也不尽一致。因而,以不同的人才市场、就业需要为依托的高等院校,要综合考虑专业教育与通识教育课程比例的问题。

基于以上分析,在课程体系中必须体现专业教育与通识教育的结合,在不同的院校、不同地区的院校中可以有不同的比例。中华人民共和国成立后,移植苏联高等教育模式,大学的人才培养以专业为单位进行,其主旨在于强调专门人才与社会职业部门的"对口"。因此,大学课程体系的构建是以专业为基点,强调学科自身的知识体系,注重学科之间纵向的系统性、关联性、整体性,逐步衔接深入,属于学科知识型、理论深化型的深桶式课程结构。课程往往由公共课、基础课(包括共同基础和专业基础)、专业课三部分组成,比例往往是3∶4∶3,一年级以公共课为主,二、三年级以基础课为主,四年级以专业课为主。这一结构与模式现已被冲破,"基础教育+专业教育"的两段式模式、"普通教育+专业教育+临床教育"的三段式模式、"主修+副修"的主副修模式、"契合式"模式等已成为许多大学课程体系的特点。各大学在原先的公共必修课的基础上设立了公共选修课,增大了通识教育的比重,打通全校的课程供学生选修,以加强学科的交叉与融合,拓宽学生的视野。这一做法是符合世界课程改革发展趋势的。

(二) 共性与个性的关系——回答必修课与选修课的比例问题

长期以来,由于大学的必修课分量过重,使学生只能局限于狭窄的学科领域,知识结构比较单一,学生学习的兴趣与主动性受到压抑。因此,增加选修课是社会发展和学生个体发展的客观需要。

在今天,谁也不会否认选修课程要在课程体系中占有一定的份额,但这一比例究竟是多少为合适却是见仁见智。在我国,大学课程体系在1950—1970年间基本都是必修课,到了80年代,选修课在课程体系中有了一席之地,从最初的10%发展到90年代的25%左右。现在的问题主要不在于课程体系的制订上,关键在于操作落实。在大学教学实践中,不乏把选修课当作摆设、装点门面的学校,实际上学生没有选择的余地与机会。有的学校把选修课分作限定性选修与非限定性选修,大量的都是限定性选修,而限定性选修在一些大学就等同于必修。当然,选修课的开设也并非多多益善,选修课开设究竟占多大比例为好,目前还没有一个科学的定论。

从理论上看,课程设置可以分为以学生为中心、以知识为中心、以社会为中心,不同观点各有其长,各有其短。高等教育作为基础教育的延伸,应该更多地关注学生个人的兴趣、爱好、才能,充分挖掘学生的潜力,这样才能发展学生的创造力。一些研究人员尝试着把学生分成不同类型:如得过且过型、娱乐享受型、数理分析型、人际关系型、混合型、老谋深算型、政治动物型和怪杰型,从不同角度对大学生进行分类归纳,使我们认识到不同学生有着各自不同的优势和弱点,必须针对学生实际情况进行教育。从世界范围来看,大量增设选修课,实行灵活的课程设置是大学课程体系的一大趋势。美国大学课程中自由选修课约占三分之一,被誉为"总经理摇篮"的哈佛商学院,要求学生必修的课程只有12门,可供学生自由选修的课程有几十门;以"MIT 课程模式"著称的麻省理工学院为本科生开设了600余门人文社会科学课程供学生选修。以日本名古屋大学为例,数学专业设5门必修课,而选修课则有101门;物理学专业必修课为9门,选修课是72门;化学专业必修课15门,选修课34门。

但选修课是否设置得越多越好呢,特别是在我国目前教师、课程资源不很充裕,学术水平、课程管理不容乐观的教学型大学、职业技术学院中,选修课的比例不宜过大。大学选修课的设置必须掌握好以下原则:广博性,加强文理学科的相互渗透和融合;平衡性,实现公共课、基础课、专业基础课、专业课之间,必修课、限定性选修课、任意性选修课之间的相互平衡;相关性,构建各种知识与课程之间有机互补,避免学生学到片断的、零散的知识;适应性,满足社会、经济发展及学生个人的需求。

(三) 理论与实践的关系——回答理论教学与实践教学的比例问题

首先需要在概念上作出澄清。高等教育中的理论教学与实践教学有其自身的指向与含义。这里的理论教学就是指课堂教学,实践教学就是指与课堂教学相对应的实验、实习、劳动、毕业论文、社会实践等环节,两者是从教学组织形式这一维度加以区分的。从理论上说,理论是相对于实际的,实践是相对于认识的,理论与实践并非在所有的层面上都是对立的,理论教学中渗透着实践的因素,实践教学蕴含着理论的成分,因而理论教学与实践教学只是从教学的外在活动形态上加以区分。目前,对实践教学有"实践教学环节""实践性教学环节""实践教学体系"等不同的称谓,其特征是一致的。

理论与实践的关系在不同的专业会有不同的要求。理、工、农、医各专业要搞好实验、实习、计算机应用、绘图和某些必要的工艺及有关现代技术的训练;一些文科类专业要搞好阅读、写作、资料积累、文献检索、调查研究、使用工具书等方面的训练;艺体类专业、师范性专业要加强专业技能的实践训练。比较而言,应用性专业显然比理论性专业要更多地安排实践课时。但总体上看,在我国,实践教学长期受到一定程度的忽视。在课程设计上忽视实践教学,理论性课程比较有系统,实践性课程处于从属地位,可有可无。

对实践的重视源于实践的巨大功效。"实践出真知",讲的是实践与认识的关系;"从做中学",讲的是实践与教学的关系;现在提倡的培养学生的实践能力,讲的是实践与成才的关系。教育家怀特海说:"在某种意义上说,学习过程中应该存在一种从属的应用性活动。事实上,应用是知识的组成部分。因为所知事物的意义在于超出它们自身的各种关系中,未被应用的知识是没有意义的知识。小心翼翼地保护一种大学,使其独立于周围世界各种活动之外,是扼杀兴趣,阻碍进步的最有效途径。独身不适于大学,它必须与行动结为伴侣。"① 怀特海的论述当然已经超出实践与理论关系这一范畴,但对正确理解理论教学与实践教学还是有相当的意义。

从课程体系来看,国外把实验教学、课堂教学、毕业论文或毕业设计视为大学教学的"三鼎足",其实践教学课时一般占总课时数的35%左右。而我国实践教学普遍不足,我国大学的实践课数时一般只占总课时的10%—20%。究其原因,可能是多方面的:重理论轻动手的传统教育思想的影响;课程体系主要以学科体系为依据,片面强调课程体系的全面、严谨、系统,挤占教学实践的课时;实践教学需要建设实验室、实践基地,需要大量的资金、场地作后盾;实践教学需要具有有实践工作经验的、动手能力强的教师进行指导,而具有相关资历的教师在大学不多;没有把实践教学环节当作一门课程进行管理,实施效果不尽如人意;没有与企业建立密切的伙伴关系,人才市场发育不够成熟,等等。

（四）课内与课外的关系——回答教学总课时的问题

高等学校在制订课程体系时,必须考虑学生修读的课程总量与教学总时数

---

① 约翰·S.布鲁贝克.高等教育哲学[M].杭州:浙江教育出版社,1987:105.

的问题。在我国,一般要求学生修读160学分左右,总学时数约在2 600—3 000之间,这一学分与学时总量均要高于国外同等高等院校。但这是否意味着我国大学生要比国外大学生的课业负担重、学习要求高呢?其实未必。事实上,在我国的学分计算中规定,某一课程,若课内讲授1学时,学生在课外还需2学时左右,则每周讲授1学时,满1学期(18课时)为1学分;若基本上不需要课外自学的课程,则每周授课3学时,满1学期(18课时)为1学分。但在实际的操作中,课外2学时的自学时间往往流于形式,几乎所有的课程都按课堂教学时数计算学分。

长期以来,我国大学往往重课内,轻课外,导致课内时数偏高,剥夺了学生课外的自学、预习、查阅资料、撰写文章的时间,造成学生被动学习的局面。因而,减少课内学时,加强课外指导,给学生自主学习和独立思考留出足够的时间与空间,成了每次教学计划修订的重点内容之一。从理论上看,缩减课内教学时数是与大学教学过程、大学生学习特点相吻合的。由于大学生在生理和心理上远比中学生成熟,再加上大学的培养目标、大学的教学条件、大学教师的教学方法、大学的教学管理制度等均与中学有着较大的差异,因此,大学生的学习与中小学生的学习有较大差异。大学生具备了承担自主学习、探索性学习的基本素质和条件。大学教育作为学习与研究相结合的专业教育,大学生除了要学习基础知识、基本理论外,还要了解反映现代科学发展的最新成果,发展独立探求知识和独立分析问题的能力。一般都认为,大学学习具有专业性、自主性、探索性和多渠道性等特点。对此,在第三章中已有论述,不再展开。

缩减课内教学时数,在当前也是需要冒一定风险的。自主学习虽是大学学习应有的重要特征,但并非每位大学生都能合理地利用课外时间进行自主学习,这既有主观原因,又有客观原因。大学要缩减课时,除了要培养学生自主学习的意识、能力及习惯外,必须加强客观条件的创造:一是加强图书馆、实验室建设及开放时间,举办各种学术活动,让学生有地方去学习;二是教师必须改变教学方法,实现从讲授为主到指导自学为主转变,课堂讲授体现"少而精"原则,采用多样化的教学方法;三是要改变考试及成绩评定方法,把平时作业、课堂发言作为考试与评定成绩的重要组成部分。而要做到这些,并非一日之功。

总之,高等学校课程体系应正确处理专业与通识、共性与个性、实践与理论、课内与课外的关系,在学生、学科、社会三者之间追求最大限度的统一,寻求整体价值的融合,努力把个人的发展、社会的要求、学科的进步贯穿于课程体系的设置之中,让学生在"宽口径、厚基础、重实践、强个性"的课程体系中受益。

第二节 通识课程设置

现代大学是由两个轮子组成的,一个是专业教育轮子,一个是通识教育轮子。大学不仅具有适应性、功利性,要培养社会需要的合格公民;大学同样还具有超越性和脱俗性,要致力于学生身心的和谐发展。在此,从课程设置的角度再来看看如何实现大学的通识教育。

一、我国高校通识教育课程设置特征分析

如何安排通识课程,以加强对学生的通识教育,这是我国课程设置中心须加以注意的问题。目前,我国大学通识课程的设置呈现出一些共同特征。

第一,目前,在我国通识教育这一概念和称谓尚没有统一和普及,以文化素质教育或文化素质课程这一称谓为多。在我国高等教育中,实际上有两大课程体系是为通识教育服务的,一是公共必修课,二是公共选修课。公共必修课是指高等院校各专业学生都必须学习的,培养学生基本的品德、政治、文化、身体素质的课程,主要包括"两课"、外语、体育、计算机等。这些课程的设置,受教育主管部门的指导与评价。"两课"的课程门类、学时数都有具体明确的要求;外语、计算机两门课程有明确的等级考试要求;体育也有达标要求。公共选修课是近年来出现的新生事物,是除了公共必修课之外,再开设若干人文科学类、自然科学类、艺术类的课程供学生修读,取得规定学分(学分数一般在 6—12 之间),以开阔学生视野,扩大学生知识面,培养学生的人文、科学素质。目前,教育行政部门及学校教学管理职能部门对公共必修课程比较重视,但这也不是因为这些课程具备的通识功能而受青睐,而是这些课程关系到学校的办学声誉;对公共选修课的设置尚处于探索阶段,各高等院校各行其是,尚没有全盘考虑与统筹安排。

第二,对通识教育课程的理解尚停留在表面的层次。关于通识教育的定义,尽管迄今为止尚无统一的、公认的、规范性的表述,但通识教育具有一些共同认可的特征与指向。我国高校目前的做法很难说是实施真正的通识教育。

其表现有三:其一,通识课程设置的目的仅仅使不同专业的学生有机会学习其他专业领域的知识,扩大知识面,满足学生的兴趣爱好,增强学生的适应性。因而,在通识课程设计上缺乏统一思想,往往以"新鲜、实用、有趣"为取舍标准,成为一个七拼八凑的大拼盘。其二,教师对通识课程不予重视,往往将专业课程的内容加以稀释,教得浅显一些,便成为通识课程。其三,学生学习中存在着明显的功利趋向,为了学分而学习,为了实用而学习,在课程选择上存在着趋易避难的现象。

第三,对通识教育的学分都有明确要求,具体学分不等。我国目前大学教育课程体系中的公共必修课约占总学时、总学分的30%左右,从比例上看已是不低,但"两课"、外语占了大部分,缺少通常意义上的通识教育的作用。因此,各高等院校开设了人文、科学、艺术系列的课程,作为公共必修和选修课程,供学生修读,并规定了学分要求。这部分的课程由于各个大学的背景、特点、传统、目标、地理位置等的差异,而出现较大的不同,学分的要求也不尽一致。

第四,基本没有实施通识教育的专门机构。高等院校进行通识教育,一般由教务处制订计划和负责实施。教务处是通识教育的责权单位,全面负责通识课程的开设、管理、计酬等事宜。由于教务处是全校教学管理的职能部门,负责全校教学计划的制订与实施,因而全校性的公共课程与选修课程由教务处负责也是顺理成章的事。但在国外的一些大学,为了使通识课程的开设更加合理,把全校的通识课程纳入到统一的通识教育理念之中,提高通识课程质量,取得通识教育的功效,因而大都建立通识教育委员会或通识教育中心、通识教育办公室等机构,全面负责通识教育。

总之,我国目前通识课程设置基本上处于比较自由随意的状态。当然,各学校通识教育不必有完全相同的内容与形式,但学校实施通识教育必须在统一的理念指导下进行,才能取得较好效果。目前,通识课程的设计与开发主要依据三种课程理论:其一,精义论。主张以经典著作作为通识教育课程的主要内容,因为人类的文明虽然与时俱进,但在变迁中有其永恒不变的价值存在,这种核心价值尤其保存在经典文献之中。通识课程要体现人类的永恒不变的核心价值,因而经典著作便自然成为课程设计的中心。其二,均衡论。认为知识是一个不可分割的整体,只有各种知识都统筹兼顾,均衡发展,才能避免20世纪以来学术过于分化导致的视野狭窄,心灵缺陷,因此必须以通识教育课程为学生提供均衡的视野、平衡的心智。其三,进步论。强调教育必须为学生解决问题,对他们的生活有所裨益,因此通识教育课程的内容必须与学生未来的生活相结合,为未来的生活做准备。① 目前,我国通识课程的开设都受这三种理念的影响,在我国课程设置上可以看到他们的影子。但三种理论各有其缺陷与不足。精义论易流于文化中心论,何况经典著作的观点及内容未必都与时代精神相一致,其理论往往与现实生活相脱节,对现实问题的解决能力也较弱。均衡论有将通识教育视为补充教育的嫌疑,把通识教育作为弥补大学以前教育不足的手段,让学生选修不同学科门类的课程,学生对每一涉及学科都有少许了解,但什么都了解不深,学生所学的免不了片断和肤浅。这样的通识教育课程充其量只能达到认识其他学科领域的知识与方法的作用,而不能起到整合经验、架构知识、陶冶身心的通识教育目标。进步论的课程设计忽略了继承传统的深厚文化,不能正确处理过去、现在、未来的关系,教育只是为未来的生活做准备,具有强烈的功利色彩,是一种工具主义教育观。事实上,学生适应未来生活的能力,并不完全取决于他掌握的知识与技能,而是依赖于学生是否具有健全的人格。

在我国,由于形成了以专业教育为核心的高等教育办学传统,因此,以专业教育改革为核心的人才培养模式改革是加强通识教育改革的前提和关键。为此,加强对通识教育课程设置的研究,处理通识教育课程与专业教育课程的关系,促使学生科学素养与人文素养、知识能力与道德修养的和谐发展。

二、国内外通识教育课程设置比较

据刘少雪对美国10所著名研究型大学的通识教育课程设置情况分析,通识教育课程大致有两大部分构成:一是以培养大学生具备基本的读、写、交流等方面能力为目标的技能类课程;二是有利于形成大学生均衡的知识结构、全面看待和理解人类社会及自然界所需要的人文科学、社会科学与自然科学方面的知识,以及满足学生兴趣和个性发展所需要的其他非专业课程的学习。后者是

---

① 黄俊杰.大学通识教育课程的理论:批判与建构[C].华人地区大学通识教育学术研讨会论文集.香港中文大学通识教育办公室,2000:107. 李金连.大学通识教育课程规划之实例研究[J].通识教育季刊,2000(1):69.

各大学通识教育的主体。表4-2可以清楚地反映出这一情况。①

表4-2　美国10所著名研究型大学的通识教育课程设置情况

大学\主要内容	技能性课程	知识类课程类别
加州大学洛杉矶分校	写作、交流、实验	人文科学基础,社会与文化基础,自然科学探究
威斯康星大学	交流(包括读、听、讨论与写作)	定量推理,自然科学,人文科学,社会科学,种族研究
伊利诺斯大学	写作、外语	人文科学,自然科学/技术,社会/行为科学,文化研究,定量推理
加州大学戴维斯分校	写作	人文科学,自然科学与工程,社会科学,社会文化差异
华盛顿大学	写作、外语	视觉、文学及表演艺术,个人与社会,自然界,定量与定性推理
哈佛大学	写作、语言	跨学科课程,拓宽性课程
麻省理工学院	交流、写作、体育	自然科学,人文、艺术与社会科学,科学与技术,实验
斯坦福大学	写作、语言	人类社会初步,自然科学、应用科学和技术,数学,人文与社会科学,世界文化、美国文化及性别研究
芝加哥大学	语言、体育	人类与文明研究,自然科学与数学,社会科学
康奈尔大学	写作与交流、体育	自然科学,社会科学,人文科学,定量分析

在这10所大学中,通识教育的实施办法并不完全相同。大体可分为以下四种模式。(1)以知识串的方式,规定学生的选修原则。这种课程设置模式是

---

① 刘少雪.美国著名大学通识教育课程概况[J].比较教育研究,2004(4):6-10.

根据一定的研究主题,确定包含不同学科的知识串,串与串之间的地位是平等的,一般每个知识串含 2—3 个知识领域。特点是学生的选择分两个层次,第一层次是以知识串为单位,第二层次是以串下课程为选择单位。比如,加州大学洛杉矶分校就是这种形式,把通识教育分为八个领域,在每个领域下设立众多的按研究主题设立的交叉课程、核心课程。(2)按学科领域设置课程组,在规定范围内由学生自主选修课程。这是较为常见的、普通的通识课程设置模式。(3)按学科类别设置不同的纵向课程级,学生按规定自由选修。如同一门课程,分为不同的纵向层次,如物理学 1、物理学 2、物理学 3,学生如果选择了纵向课程组的前者,后者就自然跟随,强调课程之间的连接与对应,学生的选择带有一定的限定性。(4)哈佛大学模式。哈佛大学的通识教育是作为核心课程的组成部分来设置的,它在内容上往往与专业课程相重叠。哈佛大学的通识教育课程并不是单独设置的,均为跨学科课程与拓宽性课程,既可以看作是通识课程,又不是传统意义上的通识课程。因此,哈佛模式是独一无二的,与其他大学的通识教育课程有相当大的区别。

表 4-3 为中国几所高校通识教育课程比较。

表 4-3 中国几所高校通识课程计划

学校	课程形式	学科领域	学分要求
北京大学	全校必修课和文化素质课	全校必修课包括:政治理论课程、外语课程、计算机课程、体育与军事课程 文化素质课包括:数学与自然科学类、人文学科类、社会科学类、思想政治类、计算机类、语言类、艺术类、体育卫生类、基本技能等,其中还有跨学科课程	全校必修课:40 学分 文化教育选修课:16 学分,每个领域至少选修 2 学分
清华大学	校内必修课、系内必修课和全校选修课	全校必修课包括:政治理论课、体育、外语、法律基础、计算机、军事理论课 选修课包括文化素质、外语、体育三类。其中文化素质选修课包括:历史与文化,文学,艺术欣赏与实践,哲学与社会思潮,写作,当代中国与世界,环境保护与可持续发展,经济、管理与法律,科学与技术,国防教育与学生工作	文化素质类课程必须选修 6 学分

（续表）

学校	课程形式	学科领域	学分要求
香港中文大学	必修和选修	中国文明（必修,3学分） 分科课程（需修,6学分） 跨科课程（需修,3学分） 书院课程（需修,3学分）	一般本科课程须修大学通识科目共15学分,特许专业则须修读12学分
香港科技大学	选修和副修课程	文学、语言、历史及人类学、哲学及宗教、经济及政治发展、社会关系、科学技术和社会、中国研究八个领域	选修课程至少选修6—12学分,工学院的只须选修6学分
台湾清华大学	选修	自然科学领域,社会科学领域,人文科学领域	人社学系学生修自然科学8学分,其他学生在规定的领域修习4学分
台湾东海大学	选修	人文学科、自然学科、社会学科、生命科学、管理科学等五大领域	至少修习11个学分

资料来源：见各大学网站2003年12月。

从表4-3我们看到,在中国,香港、台湾与大陆的通识课程不尽完全相同,但也有相似的地方。目前,理论界对通识课程涉及哪些知识领域,一直以来争论不休,见仁见智。台湾、香港地区高校由于强调知识的普遍性、完整性及全人教育,因此在课程设置上重视对文化遗产的理解,对现代科学世界的理解及对多文化的尊重与理解,强调生态环保与地球永续发展教育,"世界伦理"教育与公民教育,传统中国思想经典教育等;大陆高校通识课程设置则比较强调拓宽学生知识面,除了开设选修课外,公共必修课占据了通识课程的大部分,"两课"、外语、体育、计算机等均为全校学生必修,比例较高,这是大陆高校特有的。由此可见,港台地区的通识课程设置比较强调人类永恒不变的价值的传递,为学生提供均衡的视野、平衡的心智;而大陆通识教育课程设置则比较强调实用性,强调为职业做准备,偏重于应用型和专业化的内容,按照学科专业式的思路进行,即基本上就是把某专业的课程降低要求、稀释内容后拿来作为通识课程。这种课程所能起到的通识作用极为有限。美国密西根大学杜祖贻教授认为通识教育成为"五花八门的科目"是对西方通识教育移植后的变质或变种。他说:"本科生将高达百分之十五的宝贵时间花费在这些漫无标准的闲散杂学,对学生,是时间的浪费;对学术,是无端的负累。"①此话虽然有些偏激,却一针见血,击中要害。

从课程设置与修读要求来看,一般按自然科学、社会科学以及人文科学三大领域分别设置课程及制定相应的学分要求。传统上,大陆把科学分为自然与社会两大类,只是近些年来才采用自然、社会、人文的三分法,因此,在高校课程设置上,人文类课程的开设比较薄弱。港台地区的通识课程则比较强调人文性,诸如爱情、人生、宗教、职业规划、性别研究等课程得以重视,而且港台更注重中国文化传统的发扬与保存,强调世界文化课程的开设,力求使学生达到中西文化的共通。在大陆,通识课程的开设具有较大的随意性,缺乏统一课程理念的指导,课程设置存在着"杂、散、乱"的特点,缺乏整体的力量,从保健教育到市场营销、从京剧绘画到桥牌象棋,学生"自助餐"式的课程任意组合,均被称为通识教育。

第三节 专业课程设置

我国大学人才培养方案的主要内容是专业课程设置。专业课程体系基本上根据专业目录提供的人才培养目标与规格,设置相互联系、相互渗透及递进的专业课程群,通过理论教学与实践教学两个渠道来完成培养目标,确保人才培养质量。

一、专业课程分类

我国专业教育的课程一般分为学科基础课、专业基础课、专业课及专业实习、毕业论文或毕业设计等理论课程与实践课程。在课程体系中,目前为了拓宽专业口径,采取的一个措施就是按二级学科大类进行招生和编制人才培养方案,从而加大学科基础课的课程设置。至于专业基础课与专业课占教学计划的总教学时数与学分数多少为合理,是个有争议的问题。有的人主张在加强通识

---

① 李曼丽,林小英.后工业时代的通识教育实践[M].北京:民族出版社,2003:3.

教育的情况下,削弱专业基础课与专业课的教学时数与学分数,以使学生有更大的空间选择其他领域的课程;而有的人则认为,如果再削弱专业基础课与专业课,会降低专业培养规格,学生根本就不具备从事某一专业所需要的基本知识与技能。

众所周知,美国高校本科阶段不分专业,只有主修领域。主修领域是一种以专门教育为目标的课程领域,从课程组织角度看,通常包括五种主要类型:学科主修、跨学科主修、专业准备主修、职业主修和个体兴趣主修。本科阶段的学科主修主要目的是使学生逐步加深对该学科领域知识的认识,通常包括一门概论课程、一套用来打基础的课程和一些程度较深的先修课程。跨学科主修主要是围绕某一主题而将不同学科领域的课程组织起来,如国际关系、城市研究等主修领域就是典型的跨学科主修。专业准备主修是为那些准备进入研究生阶段某一专业学院深造的学生打下专业学习的理论基础及掌握必要的技能,这一主修往往类似于中国普通高校的专业,在美国,有50%以上的学生注册学习这种类型的主修。职业主修通常是由两年制的学院提供,但不少本科院校也设有这类主修;这种主修的目的是帮助学生运用知识于某种具体的职业,其内容主要涉及生产、商贸、服务等领域的职业技术知识,相当于我国高等职业技术院校的专业。个体兴趣主修是指直接面对个人兴趣的主修领域,由教师和学生共同商定主修内容;这类主修既可能是专门教育性质的,也可能是通识教育性质的,视学生个人兴趣而定。在美国大学,一个主修领域的课程通常是不让学生进行选择的,平均为5—7门课程,平均每门课程的课时数少于30学时,但美国大学供学生选择的主修领域非常多,一般一级学科范围内的主修领域最多可达几十个,最少也有十多个。①

(一) 专业基础课的设置

专业基础课是个模糊的概念,有时与公共基础课、学科基础课重叠。比如,张楚廷曾经设问:"物理学专业开设的数学课,工程技术专业开设的数学课,医学专业、食品工程专业的化学课,究竟算公共基础课还是专业基础课?"所以他进一步思考:专业基础课是专业中的基础课,还是为专业学习而做准备的基础却并不专业课程?② 但这并不意味着没有专业基础课存在。素描对于美术学专

---

① 王伟廉.中国大学教学运行机制研究[M].广州:广东高等教育出版社,2005:42-44.
② 张楚廷.大学教学学[M].长沙:湖南师范大学出版社,2002:118.

业肯定是一门专业基础课,田径对于体育专业也肯定是一门专业基础课。因此,专业基础课对于学生的专业发展有着直接的作用,影响着学生专业后续发展能力,专业基础课质量高,可以把后续的专业课程衔接好。

专业基础课程与学科平台课程有交叉重叠。在人才培养方案中,专业基础课程设置多少门课程、占多少学分是一个值得研究的问题。对比美国高校对于专业教育的做法,我国普通本科院校的专业基础课程比重显得过大。大量的专业基础课与专业课挤压了专业选修课程与专业方向课程模块,这被认为是"强基础"或"厚基础、宽口径"的一种措施,但不同类型高校应该根据生源特点、办学定位、学生去向合理安排专业基础课程的门数、时数与学分。

(二) 专业课程的设置

专业课程是指接近专业前沿、更具有专业性质的课程。对于专业课程的设置,教育部专业目录中对每个专业的专业课程提供了参考意见,作为高校设置专业课程的原则性指导。专业课程所占学分比例,如何构建课程关系,需要专业人员仔细考虑。目前在我国,一方面存在着"因人设课"的问题,有师资就开设,没有师资就不开设;另一方面,专业课程的总量不足,给学生提供的课程数目有限。考虑到专业课程的面比较宽,而且相对于研究生教育,本科专业课程具有基础性质,因此专业课往往又分为专业必修课与专业选修课程。专业选修课程可以是限定性选修也可以是自由选修。目前,一些学校往往按职业需求或专业内在逻辑,设置一组专业选修课程,以方便学生在某个岗位就业。

(三) 专业实习的安排

关于专业实习或毕业实习,世界各国都有不同方式的安排。我国大学是沿袭苏联的教育体制,根据学生的不同年级和专业课程要求,设置了相应的实习。但是,这与美国、日本等国家大学的实习内涵不同。美国大学的实习定义为全部时间或部分时间的、有监督的、有学分的、短期的就业体验,日本大学的实习定义为学生在学习期间与所学专业和将来职业有关的就业体验。显然,这与我国现行的仅按课程要求的实习方式有着很大的区别。实习的形式主要有三种:一是正规教育课程。这种课程是在现场进行与专业有关的实习,有教师监督,由企业的指导员给予评价才能取得学分。二是学校组织活动。这种活动是利用假期的时间,有目的地组织学生到企业参加与专业学习有关或无关的活动。三是学生个体活动。这种活动是学生根据个人兴趣和爱好到企业参加与专业学习有关的活动等。

关于实习,安排第七学期还是第八学期、实习环节与毕业论文如何协调,实习的总周数及总学分等问题值得研究。有人主张实习与毕业论文均安排在第八学期;有人主张第七学期实习、第八学期毕业论文;有人认为实习如果安排为三个月,按每周一学分共计12学分,实习学分过多,等等。因此,不同专业在制订人才培养方案时,要根据实际情况加以综合考虑。从目前来看,实习也存在着走过场现象,实习质量有待提高。

(四) 毕业论文或毕业设计的安排

毕业论文或毕业设计是提高学生科研能力、训练及检查学生综合运用知识能力、理论联系实际的重要环节。作为高等学校人才培养的重要一环,毕业论文质量是学生接受四年本科教育成效的总体反映,能全面反映学生掌握知识、运用知识、解决问题的能力,能培养学生初步的科学研究能力,使学生初步掌握科学研究方法,是科学研究的一次演习。

毕业论文或毕业设计在大学中也处于较为尴尬的地位,其原因是面临激烈的就业竞争,许多学生都无法做到心无旁骛地投身于论文写作之中,也有人认为让本科生做毕业论文或毕业设计是勉为其难。因此,论文的形式主义、走过场比较普遍。尽管目前都在课程体系中安排了近一个学期时间、总学分高达10—16学分的毕业论文,但效果有待提高。目前,有人主张弱化毕业论文或毕业设计,认为学生写毕业论文或毕业设计的效果并不理想,一些学生抄袭现象严重,要让学生独立完成,学生又达不到相关要求,而且国外一些大学的大学生毕业并不需要毕业论文或毕业设计。

二、不同类型人才的专业课程设置

同样是培养本科层次人才,但在不同类型的院校,其培养规格与特色会有不同。我国一千多所本科院校中,有"985"研究型大学、"211"高水平大学、地方本科院校、新建本科院校等多种类型。研究型大学的人才培养方案未必适合地方本科院校,否则全国统一制订人才培养方案就可以了。因此,要根据学生实际与区域经济社会发展实际,制订合适的人才培养方案,设置相应的专业课程体系。

按照学科专业、行业领域、教育层次、岗位职位等不同的分类标准,可以将人才划分为不同的类型。一般来说，理论界通常把从事揭示事物发展客观规律的科学研究人员称为学术型人才，而把科学原理应用到社会实践并转化为产品的工作人员称为应用型人才。具体分析，学术型人才往往用来指称从事研究客观规律、发现科学原理的人才，他们的主要任务是致力于将自然科学和社会科学领域中的客观规律转化为科学原理。从学术型人才的知识构成来看，其知识结构主要由基础科学的知识体系组成，如数学、物理学、化学、生物学、语言学等；从学术型人才的工作职能来看，其研究活动的主要目的是为了探求事物的本质和规律，与具体的社会实践关系不是很直接。应用型人才则是指从事利用科学原理为社会谋取直接利益而工作的人才，他们的主要任务是将科学原理或新发现的知识直接用于与社会生产生活密切相关的社会实践领域。从应用型人才的知识构成来看，其知识结构主要由应用科学的知识体系组成；从工作职能来看，其活动的主要目的不是探求事物的本质和规律，而是利用已发现的科学原理服务于社会实践，从事与具体的社会生产劳动和生活息息相关的工作，能为社会创造直接的经济利益和物质财富。

从这一分类来看，社会上大量的人才均为应用型人才，学术型人才只占人才中的少数。在现实中，人们常将应用型人才概念的外延狭窄化，只是将那些处于实践一线从事具体生产建设活动或直接服务于生活实践领域的人称为应用型人才，这种理解是错误的。这种概念窄化的结果是将应用型人才等同于技能型、操作型人才，从而造成对学术型人才、应用型人才属性和功能认识的混乱。从理论上看，区分人才的标准应该是工作职能的性质，而不是工作的具体内容，像工程院院士、工程硕士、教育硕士等应用型人才，他们通常从事的也是运用自己所掌握的理论知识来解决现实问题，他们往往也被称为应用型人才，应用型人才与理论型人才只是类型的不同，而不是层次的差异。

社会上大量的应用型人才也有作进一步区分的必要，因为应用型人才也具有不同的层次与类型。如何区分不同的应用型人才呢？从应用型人才培养的层次上分，可分为研究生层次的应用型人才、本科层次的应用型人才、专科层次的应用型人才。从类型上看，可以按照在生产活动过程中所运用的知识和能力所包含的创新程度、所解决问题的复杂程度，将应用型人才进一步细分为工程型人才、技术型人才和技能型人才。工程型人才主要依靠所学专业基本理论、专门知识和基本技能，将科学原理及学科知识转化为设计方案或设计图纸；技术型人才主要从事产品开发、生产现场管理、经营决策等活动,将设计方案与图纸转化为产品;技能型人才则主要依靠熟练的操作技能来具体完成产品的制作,把决策、设计、方案等变成现实,转化为不同形态的产品。也有人把应用型人才区分为创造应用型人才、知识应用型人才和技术应用型人才。创造应用型人才主要任务是把学术型人才所发现的科学原理转化成可以直接运用于社会实践的工程设计、工作规划、运行决策等,如根据热力学原理研究并设计出蒸汽机的工作;知识应用型人才是从事组织管理生产、建设、服务等实践活动以及技术工作的人才,诸如工艺水平的设计,工艺流程的监控,生产工具、机器、设备的运行与维护,以及产品、服务的改进和更新等;技术应用型人才是在生产第一线或工作现场通过实际操作,将工程型人才设计出来的图纸、计划、方案等转变成具体产品的人才,主要从事具体的社会生产实践活动,例如工程建设、加工制造、提供服务等具体的操作工作。这些区分尽管有其合理性,但也存在着逻辑上的混乱,因为无论是哪一类应用型人才,都需要运用知识,也都可以具有创新。为此,笔者按把科学原理转化为具体产品的过程,把应用型人才分为工程开发型人才、技术运用型人才、技能操作型人才。工程开发是从科学原理向社会应用的第一个转化过程,往往产生新的产业;技术运用是把设计方案转化为具体产品,是科学原理的第二个转化过程;技能操作是指具体生产某一产品的生产过程,是需要具有专门技能的人才来加以完成。每一种应用型人才都是社会生产链条上不可或缺的一环,对社会经济发展具有独特的、不可取代的作用。

不同的学校在培养目标的定位上是不同的。而不同的培养目标定位会有不同的课程设置体系。例如,北京大学提出按"加强基础、淡化专业、因材施教、分流培养"的原则改革人才培养模式,在低年级实施通识教育,高年级实施宽口径的专业教育,逐步实现导师指导下的自由选课学分制。清华大学提出培养具有社会责任感的综合素质人才,改革单一的工程专业化的教学体系为兼容工程专业、人文、经济、管理和环境等内容的综合教学体系。复旦大学则提出"通才教育、按类教学"的原则,按照"厚基础、宽口径、重能力、求创新"的教学理念,将"普通教育、基础教学、专业教学"相结合,按文理大类实施全校性基础教育,培养文理兼备的通才型、复合型的高素质人才。广州大学则以全面培养学生的综合能力、创新精神和就业竞争力为重点,贯穿素质教育、终身教育、创业教育的理念,实行"学科基础平台+专业特色模块"的人才培养方案,推行和完善以学生自主选择专业、课程、教师为核心,以弹性学制、主辅修、双专业、双学位为标志的学分制,完善导师制。试图通过以上人才培养模式改革举措,培养宽口径、厚基础的具有创新精神与实践能力的复合型人才。

当前,在专业课程设置中,要突出实践教学体系,培养学生创新意识与实践能力。目前许多学校在制订本科人才培养方案时,也都提出"厚基础、宽口径、重实践"的思想。从一般意义上讲,把"厚基础、宽口径"确定为高等教育的教学指导思想和培养目标,是无可厚非的,它强调的是对学生综合素质和适应能力的培养,培养学生的适应性,从专业对口向社会适应转变。然而,地方本科院校过分强调"厚基础、宽口径"存在不少弊端,"厚基础"与"宽口径"难以两全,在一定的教学课时下,厚基础,口径就必须窄;宽口径,基础就必然薄。两者是有矛盾的。因此,对地方本科院校而言,"淡化专业、拓宽口径、宽厚基础"等理念需要慎重考虑,还是要坚持满足学生需要与社会需要为基本,坚持就业导向,不能盲目照搬照抄研究型大学的做法。对于地方本科院校的本科教育而言,基础理论知识应该以"必需、够用"为原则,主要强调实践,加强基本技能和基本方法的培养,做到学以致用,理论联系实际,不注重知识自身的系统性和理论发展的规律,引导学生多动手,培养学生在实践中发现问题、分析问题、解决问题的能力,使学生拥有一技之长,而这正是专业教育发挥作用的强项所在。

为了培养出能适应并引导世界潮流的新型人才,发达国家在大学人才培养方案出现了一些新趋势,主要有:(1)重视通识课程,注重基础。美国的通识教育大家都已耳熟能详,美国本科教育精华的文理学院更让人艳羡,哈佛的核心通识课程被国内高校仿效,不只是美国,英法等国家的高等教育也是如此,英国基尔大学规定其第一年是以一般教育为中心的"基础学年",在这一学年里,开设全校各系共同必修的综合性课程——"西洋文明的发展",由79位教授讲授230多个专题。每个专题讲完之后,由学生9人、教师3人(人文、社会、自然3个系各1人)组成讨论组进行讨论。对其考核,则需每个学生在所学过的人文、社会、自然科学3个领域中选题,各写出3篇小论文。① 法国综合性大学第一阶段的课程基础化非常明显,以至于有法国人认为他们国家实施的是"衣架式教育",要求学生首先具有像

---

① 贺国庆,华筑信.国外高等学校课程改革的动向和趋势[M].保定:河北大学出版社,2000:67.

衣架那样宽厚的知识基础,然后才让他们选修一个专业方向,这一专业方向就可谓之衣架的顶端了。(2)强调综合课程,整合相关内容。整合课程因其克服了分科课程的缺陷,符合人的整体认知特点和科学发展的综合化走势,而被众多国家视为大学课程结构改革的焦点所在。布鲁贝克(John S.Brubacher)认为,将各门课程有机地整合在一起,可以"不从学科着手,而是从那种多面性问题——各门学科复杂的结合在这一问题里——开始,这里焦点集中在问题上,各门学科则通过在解决问题中发挥它们各自的作用而相互联系"。[①] 国外一些大学采取以问题(课题)为切入点来实施课程整合,横向组织上由课题工作来贯通各门课程的学习,从而真正做到按课题组织教学;纵向组织上以课题工作贯穿于大学教学全过程,设计人才培养方案。(3)扩大选修课程,提倡自主学习。增大选修课程在课程体系中的比重已成为发达国家大学课程结构改革的普遍做法。美国高校选修课程很多,因此学生选课被称为"逛课程超市"。目前,即使在传统上课程设置向来统得很严的法国,大学本科的选修课量所占比例已高达40%—60%。(4)注重人文课程,实施"全人教育"。发达国家许多大学将人文教育思想贯穿于大学的课程设置之中,并根据时代发展需要开设了新的人文课程。这一趋势不仅体现在综合性大学,在工科院校同样如此。如,麻省理工学院的本科课程体系中,人文、艺术、社会科学的课程地位很显著,开设了"STS"(科学、技术、社会)课程;柏林工业大学在近年的课程改革中,也加强了文科课程的设置,其目的就在于将学生培养成为有教养、符合伦理道德观念的高质量的工程师。(5)强调课程相嵌,形成课程"楔形组织"。关于课程的组织,国内外许多大学大都采取"二·二分段"模式,即在本科教育的前两年实施通识教育,后两年实施专业教育,该模式存在着种种弊端,为此,改"二·二分段"模式为"四年一贯"模式成为一种新的选择。(6)强调国际课程、信息课程。世界经济一体化进程的加快和信息化社会的到来,使得高等教育的国际化、信息化趋势日益明显,体现在大学的课程设置上也日渐明显。

他山之石,可以攻玉。以上发达国家高校人才培养方案改革与发展趋势在

[①] 约翰·S.布鲁贝克.高等教育哲学[M].王承绪,等,译.杭州:浙江教育出版社,1987:104.

一定程度上可供借鉴。笔者认为,我国高等教育的显著特征是专业性,这一特征在精英高等教育阶段如果有其合理的成分的话,在高等教育大众化阶段就显得不合时宜,因为大众化高等教育阶段的专业教育明显后移至研究生教育阶段进行,本科阶段更多是训练学生的思维能力、培养学生的学习习惯与社会适应性。大学淡化专业其实就是拓展课程的延伸性,不是让课程受制于专业,而是课程决定专业。"大学因为拥有课程而拥有设置专业的能力",①大学最初提供的并不是专业,而是课程。因此,在课程设置上,不要被专业牵制,要从教育本身出发考虑课程设置的问题。比如,在美国的四年制普通高校中,通识课程要占33%—40%的学分,其他课程为主修课程、选修课程或学校统一要求的课程,淡化专业、强调课程,并以主修领域来代替,是美国普通高校的特点之一。当然,拓宽口径、加强基础、培养通才主要是针对研究型大学而言,对于地方本科院校或高职院校来说,还是要着眼于市场就业导向,使学生通过大学教育,拥有一技之长,能胜任职业岗位工作。

案例四　博耶报告:美国研究型大学改进本科教育的努力

1891年,美国钢铁大王卡内基(Andrew Carnegie)出任康奈尔大学董事,他亲眼目睹了美国大学教师的窘迫境遇,震惊之余他希望能为改善大学教师的境况做些什么。1906年,他斥资1000万美元成立卡内基教学促进基金会。自成立以来,卡内基教学促进基金会在提高院校的办学水准、促进高等教育的标准化入学考试等各个领域展开了努力,并取得了一定的成效。

1983年,美国教育部优质教育委员会发布了报告《国家处在危险中:教育改革势在必行》,随后美国优质高等教育研究小组又发布了《投身学习:发挥美国高等教育潜力》的报告,均是希望关注和提高美国高等教育的质量。在这样的背景下,1979年出任第七任卡内基教学促进基金会会长的博耶(Ernest L. Boyer)将基金会关注的视野从原来的宏观高等教育,转向了高等院校的内部,对包括教学状况、学校改革、教师和校园生活等在内的微观高等教育事务展开

---

① 张楚廷.高等教育哲学[M].北京:人民教育出版社,2004:297.

了研究。在博耶任会长的 1979—1995 年间,卡内基教学促进基金会出版了两份非常重要的报告,一是 1987 年的《大学:美国本科生就读经验》,它在调查研究的基础上指出美国本科教育当中存在的问题,并提出很多改进的建议;一是 1990 年的《学术水平的反思:教授工作的重点领域》,提出教学学术这一概念,并使美国高等教育界围绕大学教师学术工作的内涵对美国高等教育质量问题进行了广泛的探讨。

1995 年,博耶因病去世。舒尔曼(Lee S.Shulman)担任卡内基教学促进基金会的第八任会长。同年,在基金会的领导下成立了美国研究型大学本科教育博耶委员会(the Boyer Commission on Educating Undergraduates in the Research University)。该委员会在调查研究的基础上,于 1998 年发表了《重建本科教育:美国研究型大学发展蓝图》(Reinventing Undergraduate Education: A Blueprint for America's Research Universities)和 2001 年发表了《重建本科教育:博耶报告三年回顾》(Reinventing Undergraduate Education: Three years after the Boyer report)。这两份报告被统称为"博耶报告",并对美国本科教育的改革与发展产生了积极而深远的影响。

一、《重建本科教育:美国研究型大学发展蓝图》[①]

《重建本科教育:美国研究型大学发展蓝图》(以下简称《发展蓝图》)在简单概述美国高等教育的基础上,提出过去本科教育常常辜负大众的期望,好像很多学生所接受的高等教育只是提供一份帮助毕业生找到第一份工作的文凭而已,而这份文凭实际上是没有多少信誉可言的。这样的现状不是没有得到关注,不少大学都比以前更加重视教学了。但是,如果只是简单的修修补补,这是很难全面改进本科教学问题的。例如,美国研究型大学的本科教育现状是,"一些教师可能没有经过很好的培训,甚至根本没有培训,自己摸索着教学方法;另一些教师则使用发黄的讲稿,开设混日子的课程,根本不花精力去面对他们的大学生",等等。如果要真正发生改变,重新定义教学的价值与意义,并由此创建一个新的本科教育模式,显得格外重要;特别是研究型大学,完全可以再充分利用自己研究优势和研究资源的基础上改进本科生质量。这就是要进行根本

[①] 朱清时.重新制定本科教育政策:美国研究型大学的蓝图[M].北京:高等教育出版社,2002:72-120.

性的变革,根本性变革的前提则是让每个学生都有一个完整的教育体验。

1. 提供探究式的学习机会,而不是简单的知识灌输;

2. 培养学生必需的口头和文字表达能力,以使学生适合大学、研究生和个人生活的需要;

3. 培养艺术、人文学科、自然科学和社会科学欣赏能力,并提供机会,让学生在合适的深度和范围中体验这些学科;

4. 为学生毕业后作细致而广泛的准备,不管他们将来是进入研究生院还是专业学院或是寻找第一份工作。

除此之外,研究型大学的学生还应有额外的权利:

1. 有机会与有能力的高级研究人员一起工作,以便得到帮助和指导,从而努力学习;

2. 有参观访问从事科研工作所用的一流设备的机会,有进入科研实验室、图书馆、研究室、计算机系统和音乐厅的机会;

3. 有选择或改变所学专业方向的机会,有些专业方向是研究型大学特有的;

4. 有与各种不同背景、文化、经历的人相互接触的机会,同追求各种知识层次的学者接触的机会,不论是新生还是高级研究人员。

基于此,《发展蓝图》提出改革本科教育的十种方法,这也是该报告的关键与核心所在。

（一）基于研究的学习模式

几乎一个世纪以前,美国教育家杜威就强调研究型大学本科教育的重点在于:学习应基于教师指导下的探索研究,而不是信息的简单传授。基于探究式的学习是师生互惠的要素;教师向学生学习就像学生从教师那儿获得知识一样。具体的方法可以是让大学生参与研究过程、导师辅导、实习等,实施建议是:(1)从一年级开始,学生就应该在尽可能多的课程中参加研究工作;(2)从一年级开始,学生必须学会怎么以口头或文字的方式有效地表达他们的学习和工作成果;(3)大学生必须学习和探索多个领域的知识作为他们主修学科的补充,一二年级需要开拓激发原始思想和独立工作的思路,展示科学、社会科学和人文科学之间的关系;(4)基于探究式的课程应该涉及联合项目和协作工作;(5)专业学院同样需要提供基于探究式的学习,特别是在头几年;

(6)认真设计实习环境,使基于探究式学习向实际动手能力培养转化,需要让更多人有实习的机会。

报告还特别列叙了一些大学的实施案例:

1. 特拉华大学的基于问题的学习。在特拉华大学,所有自然科学基础课堂都采纳基于问题的学习,在促进主动学习,从而使基本的概念联系到实际应用中。不提供任何信息,解决"真实世界"中无穷尽的问题,让学生负责查找和利用合适的资料。他们以小组的形式访问教师,训练有素的研究生或高年级大学生帮助指导这些小组。

2. 哈佛大学的平等教学。哈佛大学教授马祖尔(Eric Mazur)开发了一个平等教学方法,首先使用基于微积分的物理基础课程,三分之一的课堂时间用于提问概念性的问题,学生的回答被记录在教室的计算机中,然后学生们相互讨论他们的答案,如果必要的话可以修改他们的答案,提高他们的自信心,最后,根据他们最初的回答以及后来的进一步思考,由教师澄清概念。

3. 芝加哥大学的学院研究机会计划。在芝加哥大学,学生可以参与许多学科广泛的科研项目,学生获得学分和工资,学生可获得校园内研究中心工作的位置,包括在 Yerkes 天文台、Ben May Institute 中心研究所,DNA 序列设备遗传中心、影片研究中心、ARTEL 项目(17 世纪至 20 世纪法国原文数据库)、和平和国际合作高级研究会、国家舆论研究中心和有关研究中心、像费米国家加速器实验室等。

4. 麻省理工学院的大学生研究机会计划(简称 UROP)。在麻省理工学院,一半以上的本科生参加大学研究机会计划,在这个计划中,学生可以与教师一起工作或独立进行项目研究。感兴趣的学生可以提交书面建议,教授与他们讨论,指导他们的选择。该计划帮助那些提出项目的学生寻找教师的支持和帮助。学生可以接受按小时计算的工资或学分。UROP 将新学生从一开始就与有经验的学生联系在一起。加州大学伯克利分校正在进行自然科学和工程类大学生研究指导计划,其他一些大学也有类似的为大学生提供研究机会的计划。

5. 伦斯勒理工学院的介绍科学的工作室模式。伦斯勒理工学院已经重新设计了大部分基础课程,以便使学生更有效地获得这些知识。传统的讲课、叙述和实验形式是完全分离的,而以"工作室"形式取而代之,它将这三个方面有机地集合在一起,并专门设计项目及设备进行教学,学生被分为每12—15人一组进入一个"工作室",每个工作室由一位教师承担,并由一个研究生和几个大学生辅助,强调重视解决问题、团队工作和合作学习。

(二) 构建探究式的一年级教学

大学一年级是至关重要的,大一新生在社会和学业上处于转折时期,需要完成两项至关重要的任务:一是必须跨越中学和家庭某些方面的障碍,努力适应研究型大学学习和生活环境;二是必须激励学生积极、主动地接受和面对主动学习的现实。如果不能成功地完成这两项任务,整个大学教育是不成功的。基于此,大学一年级的教学需要提供智力成长的新刺激,需要给予探究式的学习以及信息与思想交流的坚实基础。方法有研讨班式的学习、有计划的学习团体、入学前的补习等,建议是:(1)在研究型大学攻读学位的学生,应该做好充分的准备以面对学习过程中的智力挑战。如果有必要补习,也应该在攻读学位前完成。(2)所有一年级的学生都应该有一个新生讨论小班,具有一定的规模,由有经验的教师指导,需要大量的写作,这也作为大学一年级教育的一个组成部分。(3)一年级学生的教育应该包括进行合作学习、参与项目、彼此间口头辩论以及进行写作训练等方面的内容。(4)一年级的教学计划应该认真仔细地构建,使其设计成为一个完整的、跨学科的和基于探究式的教学过程。例如,大学生小组和教师、研究生助教结合在一起,利用一个学期或一个学年研究一个复杂的课题或问题;以单元学习时间安排二、三门第一学期的课程,并使这些课程成为一个整体,以便教授一起参加计划和安排;如果可能,使这些课程与新生讨论班结合,以便有一个完整和新奇的第一年;利用课余时间探索中学没有学过的认识领域,以便在选择主修专业前,鼓励学生尽可能多地接触一些领域。

具体的案例有:

1. 犹他大学的通识教育加速项目(Liberal Education Accelerated Program)。犹他大学新生能参加一个为期一年的由某一个教师指导的讨论小组。在每季度的项目中,课程与讨论小组的主题相结合,其中一些是将来攻读研究生相关的,一些是核心课程和毕业就业相关的。LEAP 项目的学生也可以选择参加一个季度的,从 LEAP 毕业的学生(即二、三、四年级的学生)也可以参加 LEAP 俱乐部,而该俱乐部则提供有组织的社会和学术活动,包括如研究小组和客座演讲等。

2. 斯坦福大学的二年级对话与研究会。在斯坦福大学,他们选择二年级学生与新生居住在学生公寓,组成大约十人的班级,由一个教授和两个高年级的学生指导。参加者能获得1—2个学生,课题如"立宪""美国城市文化比较""心理学的发现过程"等,讨论工作组利用图书馆的资料,定期召开学术讨论会。

（三）构建新生基础

新生通过一年级获得的学习体验应在后续几年中得到巩固。基于探究式的学习、合作经历、写作和表达能力的要求使整个研究型大学教育形成特色。一年级以后才进入研究型大学的那些学生,需要平稳地进入整个特殊的教学和学术气氛中,成为整体的一部分。方法是建立长期的导师制、建构完整的学习等,具体的建议为:(1)基于探究式的学习、协作工作和写作与表达能力的培养是一年级学生应具有的素质,在教学计划中应有所体现;(2)有思想的、专门指导应该使专业领域与辅助课程完整地结合,以便使教学计划更加完整而不是分散课程的简单积累;(3)师生间的导师制关系应该尽早地建立和保持,当可能的时候一直保持到学生整个学习生涯;(4)通过与新生计划相同的专门讨论班和类似的课程使新转学来的学生融入研究工作中,成为整体的一部分。

普林斯顿大学的低年级独立工作和高年级论文。在普林斯顿大学,所有大学生在低年级的时候即新生阶段都必须参加独立研究或创造工作,并提交一份初级论文,而这篇论文将成为今后做高级论文的基础。

（四）拆除各学科间教育的壁垒

在20世纪初的几十年里,研究为传统的学科界限所划分,这些学科由早期的基础科学家确定。研究型大学要改革本科教育模式,提升教育质量,必须要拆除各学科间教育的壁垒,创造多学科的本科教育机制。具体的建议是:(1)低年级开设的课程应向学生介绍跨学科的知识;(2)主修课程必须反映学生的需要,而不是基于教师兴趣或管理方便;(3)制定跨学科的主修课程,不应该只是可能,还应该容易实现。

马里兰大学的世界课程。马里兰大学的世界课程是以教学组织形式的系列讲座课程,具有核心学分,包含有许多自然科学同人文学科或社会科学相结合的观点。课题内容包括"阻止泛滥:尼罗河、技术、政策、环境"等,由从事土木工程、微生物和政府与政策研究的教师任教;"创造的动力:音乐、建筑和科学创造"由从事数学、音乐和建筑研究的教师任教,重点在爵士音乐、现代建筑和科学混沌理论中的创造性过程。

（五）使交流技能与课程学习相结合

研究型大学授予学位给不善于表达的学生似乎是一种最严重的失败。全面正确的思想表达、文字组织与口头表达的训练是大学教育的一个组成部分。大学教育必须能够使学生获得很强的交流技能,从而使毕业生能精通文字和口头交流。具体的建议:(1)所有各年级的学生都应该既掌握知识又要具有传授和表达知识的能力,这两个要求应该清楚地告诉学生;(2)新生的写作课程应该与其他同时进行的课程相关联,提供一些重要的智力内容,或者在所有课程中以一个完整的写作计划来废除原来的写作课程,课程应该强调解释、分析和说服能力,应该培养简述和清楚表达的能力;(3)写作课程需要"向下"为需要信息的读者而写,为学生的就业做好直接的准备;(4)整个教学计划的课程都应该始终要求写作和口头表达联系,以加强交流能力;(5)在研究生课程中也要强调写作和口头表达能力,为将来的教学和求职做好准备。

芝加哥大学的"小红校舍"计划。该计划是一个季度的写作课程,每年大约有200名大学生参加。它由教师进行组织教学,并有博士生作为写作实习教师提供协作。这些实习教师通过竞争上岗,并有一个季度时间的培训计划来培训他们自己,使他们掌握教这个"校舍"写作的分析和技巧,使这种分析能满足每个学生的需要。在这个"校舍"中,学生要学会怎样使他们的写作能适应引起他们想要的反应,怎样在修订过程中与其他写作者合作,一起进行有效的工作。

（六）创造性地利用信息技术

技术的不断发展,尤其是在信息储存、获取和传输领域,预期在每个教育层次和想象到的各个方面都将改变教学手段和教学方法。由于研究型大学从事技术创新,他们的学生应该有更多的机会学习最新技术发展的实践知识,学习探究有关技术应用所延伸的问题。可以采用电子教室、利用新技术丰富教学等方法,具体的建议为:(1)教师应该注意帮助学生怎样精心设计有意义的问题,而不是仅仅寻找答案,因为计算机能提供这些答案;认识问题的思考过程应该从一年级就开始强调,同时做好充分利用技术优势的准备。(2)学生应该具有面对通过技术评估材料内容价值的能力。(3)教师应该面对不断创新和改革教学方法与教学内容的挑战,他们应该为利用技术丰富他们的课程而受到奖励。

(4)制定学习计划单元,如一年级的单元时间课程或一些个人专业的必修课程,包括认真准备一些可以培养学生使用计算机能力的练习。(5)通过校园内各单位间交流和专业会议,鼓励和激发教师创造新的计算机应用于教学的能力,共享有效地利用计算机辅助教学的思想。

威斯康星大学的"优秀的学习经历"。威斯康星大学农学院要求一个"解决问题"的训练,在训练中学生在教师的管理和指导下必须解决一个"真实的"问题,在解决问题的过程中,需要社会的、经济的、伦理的和专业知识与素质。在一个系里,这种优秀的学习经历必须涉及多个系或一个系的几个领域。最终的工作要以文字的、口头的和可视的报告来描述。

(七) 顶峰体验

所谓的由顶点教学(也叫"顶峰教学")达到顶点,实际是为了确保整个教育过程有机地结合在一起,所以在教学计划的最后阶段,学生需要一门课程,其性质类似一个"建筑的顶石"。这就要保证大学高年级的学习能将前几个学期掌握的知识连接起来,并形成完整的研究与交流能力。具体的建议为:(1)高年级研讨班或适应某一学科的其他顶点课程(也叫"顶峰课程")应成为每个本科教学计划的一部分。理想情况下,顶点课程应该讲教师、研究生和高年级大学生结合在一起,加强项目研究,彼此共享资源。(2)顶点课程应该为毕业生的工作去向和职业选择做必要的准备。(3)这门课程应该是基于探究式早期课程学习的总结,它拓展、深化主修课程教学,并使其系统化。(4)这项重要的计划可以从先前的研究经历或实习中很好地得到发展。(5)只要可能,顶点课程应该让大学生进行合作。

密苏里和哥伦比亚大学的顶点计划。在密苏里和哥伦比亚大学,所有的学生都必须参加一个通识教育计划,该计划包括一个顶点学习计划、一个高级讨论会、论文、项目、表演、实习或野外工作,课题适合于学生的主修专业。顶点教学由学生的研究结构和表达方法的质量来评价。

(八) 研究生成为实习教师

尽管研究生教育不是《发展蓝图》研究的焦点,但是发挥研究生在本科教学和其他专业上应有的作用,不仅可以提升本科教育质量,也可以改进研究生教育。可以通过改进研究生的专业培训、促进他们之间以及与教师等之间的交流、帮助解决教学危机等方法来实施,具体的建议为:(1)研究生作为教师进入课堂前,他们应该花时间适应自己的研究生学习。(2)研究生成为实习教师应该通过一个或更多下列方法得到帮助:教学研讨会、从指派某一课程的教授那里获得谨慎的管理、要由有经验的教师指导,经常与其他新教师进行课堂问题的讨论。(3)研究生应该认识到课堂教学对促进探究式学习的作用。他们不应该被局限在只传授知识的旧模式中,应该明白学生和教师是共同的研究者。(4)研究生课程需要特别强调写作和语言表达能力,以帮助准备从事教学和研究。(5)应该鼓励研究生以创造性的方式利用技术,因为在他们自己的生涯中将需要这样做。(6)对所有助教的报酬应该更充分地反映他们所付出的时间和努力。(7)通过特殊的奖赏鼓励教学优秀的研究生,为杰出的助教建立奖励基金。专职教师应该清楚地明白,好的教学是研究生教育的重要目标。

雪城大学的未来教授计划。由 Pew Charitable Trusts 资助,帮助发展研究生的教学能力。负责教学指导的教师组织开展研讨,讨论如何有效地进行教学。教学联合会为高级助教提供机会,以便他们自己教一些班级,接受大学教学合格证书,这证书是研究生院颁发给助理教员的,他们编写教案,阅读大纲、批改作业及考题。

弗吉尼亚大学的大学生教学主动性计划。1990年弗吉尼亚大学建立了一个教学资源中心。它提供教学评价,包括教学录像带和教学改革评价,尤其是对助教和新教师的评价。它也为某些专业提供有关教学方法的研究生课程。自1990—1991学年开始,每年评出五个杰出教学奖,奖金为 2 000 美元。

(九)改革教师酬金制度

如果说研究型大学不对教学与科研提出最高标准的要求的话,研究型大学很难保证它在教学与科研上的优势。既然是高标准的要求,自然也应该对其进行相应的奖励。在教学上,应该建立对承担义务并有显著教学效果的教师实行酬金制度。具体的建议是:(1)系领导们应该成为教学人员,并证明自己许诺在不仅做好传统意义上的研究工作,还要做好本科生教学工作。(2)在聘任和提职时,优秀教学与优秀科研之间的相关性必须充分地被认识。(3)应该注意培养各系内的教学文化,以提高教学的声望,并强调教学与科研的结合。(4)声望很高的专业研究会议,像国家学科会议和 Gordon 会议,应该包含有一个或更多关注大学教育新思想和新课程教学模式的会议。(5)外部科研资助的发起人能够并且应该促进大学生参加项目,像国家科学基金已经开始这样做了,这样能推动大学生的研究经验。(6)对教学优秀者、交叉学科课程教学计划制定参与者和杰出的指导教师的酬金需要以永久性工资增加的形式制度化,而不是一次性的。(7)有能力上大课,并表现优秀的教师应该及时被发现,并给予适当的酬劳。(8)大学各层次的委员会工作应该大大减少,以便有更多的时间和精力用于与学生相关的工作中。

雪城大学重新定义学术成就。已经着手进行一项计划以纠正先前过于强调科研而忽视教学的现象,该计划包括一些会议,以谋取行政支持改革,并且重新定义了"研究与学术成就"的每一部分,包括"学术成就和教学",并设立一项校长基金以支持必要的教学改革,同时建立了教师津贴制度,以奖励教学优秀者和提供教学改革资金。

卡耐基-梅隆大学的 Eberly 中心。该中心于 1982 年建立,目的是让教师和助教理解和掌握学习的过程及提供各种教学方法,并提供反馈课程设计和执行的机会。该计划强调理论、示范和实践,以及认知科学研究的反馈及规划。

(十) 培养团队合作精神

在博耶委员会看来,研究型大学有责任,也有义务造就一个学习者的社会,大的学校必须寻找一些方式和方法去建立优良的学习环境,帮助学生在大的整体环境中发展一些小的学习环境。具体的建议为:

1. 研究型大学需要通过适当的共同活动和庆典,培养优雅环境,以吸引尽可能多的学生参加。

2. 与不同背景、不同种族、不同文化和信仰的人相联系的丰富经历,应该是大学生活中常规的组成部分。

3. 在宿舍中,应该培养团体精神。

4. 使走读生更容易、更具吸引力地参与校园各种活动,走读生应该完整地融入大学生活之中。

5. 合作学习小组和项目组应该成为住校生和走读生创造个性化社会的重要形式。

6. 创造小组应该建立共同的利益,比如保持校园的优美环境或支持慈善或公共服务,在成员为共同的目标努力工作的同时建设校园社会。

7. 通过问题讨论会、多种文化艺术节目、其他课外的思想和观点讨论等活动,将学生联系在一起,特别是当小组、俱乐部发起来主办这些活动时。

8. 校园文化设计,像讲课和表演艺术节目,作为一个整体,应该尽可能多地符合众人兴趣。

南卡罗来纳州大学的大学生教师综合性发展计划。南卡罗来纳州大学的大学生教师综合性发展计划,包括资助教授参加教学方法的研讨会和支持教学改革;另一个项目是有某基金项目资助的指导计划,即通过有经验的高级教师一对一地帮助没有正式聘任的年轻教师。

二、《重建本科教育——博耶报告三年回顾》[①]

《蓝图报告》的内容特别是十大教学方法引发了美国研究型大学本科教学改革的热潮,为了检验各个大学的改革落实与成效,博耶委员会下属的大学重建中心对此展开了一次全面的调查。此次调查分三个部分构成,第一步是对全美 123 所研究型大学进行了问卷调查,91 所大学(比例为 74%)进行了反馈;第二步是选择了 40 所研究型大学的管理人员,特别是负责本科教育工作的管理人员进行了访谈调查;第三步是组织多场来自 100 多所大学的教师和管理人员的研讨会。最后从探究式学习、新生体验、建立新生基础、交流技巧、顶点体验、研究生作为实习老师、改革教师酬金制度等方面形成了《重建本科教育——博耶报告三年回顾》(以下简称《回顾报告》)。这份报告对进一步促进美国研究型大学本科教育产生了深远的影响。

(一) 探究式学习

调查显示,15 所(16%)的研究型大学给 75% 以上的本科生提供了参与研究的机会,24 所(26%)的大学给一半左右的学生提供了研究机会,另有 44 所(48%)大学给一部分学生提供了研究机会,只有 8 所大学(9%)没有确切的信息。而在容易提供探究式学习的学科分布中,工程学和实验室科学等学科因为具备实验条件等,在探究式学习上更具优势;人文和社会学科则相对较弱。59 所(65%)研究型大学的老师得到了有关探究式学习的鼓励,27 所(30%)的老师则明确没有得到鼓励,另外 5% 的则是不太明确。在促进改变方面,17% 的大学认为是课程方面的改变,56% 的则是实例

---

① 伍红林.从《博耶报告三年回顾》看美国研究型大学本科生研究型教学[J].高等工程教育研究,2005(1):79-82. 伍红林.美国研究型大学本科教育改革新进展:《博耶报告三年回顾》解读[J].比较教育研究,2005(3):71-75.

方面的改变,19%的大学认为几乎没有什么改变。但是,以探究为基础的教学能使用的范围整体还是有限的,20%的院校将探究式教学与学习引入了众多介绍性的课程,21%的用在了一些关键的介绍性或基础性的课程,38%的则用在了较少一部分的课程中。

在促进探究性学习中,55所大学选择的是本科生的自我呈现,43所院校是为高成绩的学生提供奖学金、提供研究方法课程、强调学生的参与等,41所院校采用的是为高成绩学生提供特别的课程,31所大学采取的是本科生研究成果出版,28所院校是刺激教师采用探究式教学等。在本科生的探究式学习中,19所大学建立了核心指导中心,35所大学采用的松散式的组织指导中心,30所院校则是依旧采用系所的管理模式,6所院校是给有需要的学生提供帮助等。

(二) 新生体验

76所大学(83.5%)为新生提供了以学术为基础的新生探讨班,14所大学没有提供,1所大学不明确。76所大学中32所大学(42%)的新生大都参加了学校组织的新生探讨班。在新生学习探讨班的教师来源中,36所大学是用正式全日制教师,5所大学是用正式教师和研究生,15所大学是正式教师和负责本科生管理的员工,4所院校是部分时间制的教师。

为了让新生迅速适应大学生活,有60所大学为新生制定并建立了"有计划的学习团体"的活动,以使新生在2—3门课程的学习中有几个固定的学习伙伴。在这些大学中,参加这种学习的团体的本科生比例达到了一半以上的大学有12所,有28所大学给少数新生提供了机会。在实施这一计划的过程中,一些大学利用这种学习团体为新生提供复合型的跨学科课程,有19所大学的教师在主持这种团体时相互之间开展广泛而持续的合作,有17所大学的教师开展某种程度的合作。而且,指导跨学科研究的都是正式的全职教师。

(三) 建立新生基础

合作学习是构建新生基础的重要途径。调查显示,有43%的被调查者认同了合作学习的重要意义;有65所大学将合作学习主要应用于专业课程的教学;有相当数量的大学将这种教学方式应用于新生教学中,约有49所大学将其应用于新生导论性课程教学中。

(四) 交流技巧

所有研究型大学都给新生开设了写作课程,其中47所大学提供两学期的写作课程，39 所提供一学期的写作课程，此外，还有 35 所大学开设了针对较低水平学生的写作课程，46 所大学提供了针对较高水平的写作课程，29 所大学开设针对较高水平学生的其他方面的写作训练，20 所大学以其他方式将写作训练渗透到其他课程的教学中。10% 的被调查者认为，写作教学计划的有效开展是学校近年来取得的主要成就之一，将来还会加强这一趋势。

虽然几乎所有教师、管理者及雇主都认为本科生缺乏良好的口头表达与交际能力，但没有几所大学对学生这方面的能力发展有特别的要求。只有 17 所大学在其导论性的课程中有口头训练，27 所大学没有学生提供任何发展口头表达能力的课程或训练。当然，一些特别专业如工程、商业、教育和农业等，46% 的被调查者认为他们为学生提供了口头训练的机会，37% 的人认为专业课程教学中有口头训练的要求等。

（五）顶峰体验

在《发展蓝图》中博耶委员会提出研究型大学要给学生以顶峰体验，作为本科教育的终结，通过以项目为载体来提升能力与知识等。在被调查大学中，有 5 所大学对所有学生、65 所大学将部分专业或学院的学生参加高级学生研讨课或顶峰体验课程作为完整的本科教育的一部分提出来了。

（六）研究生成为助教

博耶委员会强调研究型大学应该在研究生教育阶段，帮助学生做好从事本科教育教学的准备。不少研究型大学采取多种形式帮助研究生提高教学技巧与技能：70% 的大学采用了强制性实习教师培训计划，66% 的大学为母语为非英语的学生提供了特别的训练项目。没有采用强制性要求的大学，则通过向学生提供选择性的项目培训研究生作为实习教师。为了使这种助教训练贯彻于整个大学生活，近 60% 的研究型大学常常为研究生提供持续性的可选择的培训计划和短期训练课程，11% 的大学提供长达一学期的研讨班来开展助教培养计划。

（七）教师酬金制度的改革

《发展蓝图》提出建立一套促进优质本科教育的教师奖励机制，这种机制包括教师职称提升、聘用终身教授时考虑教学因素等各个方面来激励教师努力开展优质本科教学。调查发现，几乎所有大学都声称实施了上述主张。41 所大学对教师教学工作的重视程度明显提高并已发生巨大变化，32 所大学表示教师职称提升和聘用终身教职时,教学是一项主要考虑因素,27所大学在这方面有所考虑,21所大学则因系而异。

同时,几乎所有大学都为教师课堂教学提供教学津贴,以激励教师投身教学。有43所大学为教师在课堂之外的本科生指导支付奖励,而且为教师支付课程开发补助也非常普遍,有一些大学还为教授核心课程的教师支付额外津贴。

表4-4给出美国研究型大学为促进本科教育采取的最重要行动。

表4-4　美国研究型大学在1998—2001年间采取的促进本科教育的最重要行动

行　动	院校数量	占被调查院校比例
修改通识教育课程,包括强调写作、交流和数学技巧的重要性	25	27%
拓展本科生的研究机会或项目	19	21%
创造或扩展新生探讨班	14	15%
改进学术支持服务	13	13%
建立或拓展学习共同体	11	12%
创建或加强一个教学和学习中心	10	11%
拓展写作项目	9	10%
创新计划项目和讨论	8	9%
创建或拓展教师发展项目	8	9%
创建新的职位或管理机构以支持本科教育	8	9%
拓展信息技术的使用	7	8%
提供教师奖金和刺激	6	7%
拓展经验学习	5	5%
给予本科教育更多的关注	5	5%
改进新生经验,包括一个共同的阅读要求	4	4%
拓展荣誉项目	4	4%
发展学习拓展项目	4	4%
加强住宿生活	4	4%
在职称提升和终身教职上,强调教学的作用	3	3%

（续表）

行　动	院校数量	占被调查院校比例
发展跨学科学习	3	3%
实施招收与保留措施	3	3%
实施合作学习	2	2%
建立或拓展有计划的学习团体	2	2%
其他	5	5%

针对上述调查研究的结果,《三年回顾》报告得出如下结论：

1. 每一所研究型大学都十分重视本科教育,改革的步伐明显加快,一些宣传也发生了变化,如"本科生研究"已成为大部分研究型大学课程手册的核心词汇。

2. 虽然许多大学为其尖子生提供了参与研究的机会和新生研讨班,但这些计划还没有得到完全彻底的贯彻实施。

3. 在自然科学和工程学科本科教学中采用研究型教学方式远远强于社会、人文及艺术学科。而且,在写作与口头能力训练方面,商业与工程等学科安排的专业计划远胜于艺术和自然学科。

4. 口头交际训练还没有受到研究型大学的重视。几乎在所有大学中,口头交际训练还是个软肋,学生修习各门课程的成绩并不受到口头能力的影响。除少数课程中教师对学生口头表达有特殊要求外,在其他课程的学习中学生口头表达并未受到应有的重视。

5. 写作训练已受到重视,这方面的课程正在增加。但是,写作教学的方式正在降低学生对这一能力重要性的认识。这一课程往往由助教而非教授主讲。而且,如果教授在其课程教学中对写作没有特定要求,学生就会认为写作技巧对他们今后的专业生活并不重要。学生往往将"及格"作为写作课程的目标,并不理解良好的写作能力是一种重要的生存能力。

6. 许多管理者将学校财政上的拮据当作没有迅速推进本科教育改革的理由。经费预算是一个重要的事情,但如果大学当局和教师并没有将本科教育当作最重要的事情,它的许多问题就难以解决。如果要提高本科教育质量,来自各院系和相关部门的支持就一定要进一步加强。

三、结语

《蓝图报告》在结合美国研究型大学本科教学现实情况的基础上提出十条改革建议，《三年回顾》则是在三年之后，检验各个大学实施十条建议的情况与成效。总体来讲，研究型大学在推行探究性学习、丰富新生体验、提升沟通技巧、改进教师酬金制度、研究生成为助教等各个方面都得到推行，并取得一定的效果。当然，也存在着一些不足，所以《三年回顾》也提出进一步发展的建议。

总体来讲，博耶报告是希望通过发挥研究型大学在研究上的优势，以探究为载体，进而带动本科教育的改革与发展。在高校把科研业绩作为主要评价标准的情况下，博耶报告通过研究改进教学，并认为研究与教学无法进行单一而粗暴的割裂，而是两者紧密联系并相互促进，进而使得教学与研究齐头并进。这或许是在研究居高不下的时代背景下的一种无奈表现，但的确是一种创新路径，因此也得到众多研究型大学的积极响应。科研至上的大学办学理念，使得教学与科研两者的地位极度不平衡，如何在这不平衡的背景下寻求教学的改革与突破，是一个难题。博耶提出教学科研这一术语，的确是极具价值与意义且值得借鉴的新思想。事实上，教学与科研两者很难分割，"教而不研则浅，研而不教则空"，关键在于如何将两者有机地结合起来。博耶报告，不仅进行了教学与科研相结合的尝试，也为我们重新思考教学，以及如何促进高校教学的发展提供了新的思考与方法。从这个意义上说，博耶报告是成功的。

对于博耶报告的评价，普遍认同了它在推进本科教育改革上的意义，以及它在提升本科教育质量上的价值。但是关于它提出的十条改革建议，是只适应于研究型大学，还是可以推广到更广泛的范围，是个值得思考的问题。关键还是要结合自己本校的实际情况，有的放矢地进行改革与发展。所以，不论博耶报告提出的建议与改革方法本身是否一定有效，但它所做的尝试和积极努力的精神与态度，值得学习与褒扬。本科教学是个复杂的话题，值得更多的人员与组织不计时间、不计成本地积极改革与尝试，进而探索出有价值与意义的方法，促进本科教学的进步与发展。

博耶报告提出的十条改革建议，不仅在美国研究型大学得到了实施与推广,我国也有不少研究型院校在学习与推行,据学者研究统计如表4-5。[①]

表4-5 博耶报告提出的10条建议在中美研究型大学中的实施比例

建 议	在美国研究型大学中的开展比例(%)	在中国研究型大学中的开展比例(%)
将研究性学习定为标准	91	100
构建探究式的一年级教学	80	14
在大一的基础上继续	80	100
拆除跨学科教育的壁垒	100	100
交流技能与课程学习相结合	95	0
创造性地利用信息技术	100	100
以顶峰体验课程结束本科学习	71	100
培养研究生为实习教师	70	29
改革教师酬金制度	100	100
培养学习共同体意识	100	100

从表4-5不难发现的是,我们中国的不少研究型大学也在推行博耶报告的十条改革建议,其中将研究型学习定为标准、在大一的基础上继续、拆除学科教育的壁垒、创造性地利用信息技术、顶峰体验、改革教师酬金制度、培养学习共同体意识等七条建议都得到了较好的推行与实施。相较而言,交流技能与课程学习相结合的事实比例为零,说明本科生交流技巧的培养在我国本科教育中没有得到应有重视,需要进一步加强改进。新生的探究式学习、研究生作为实习教师等措施在我国研究型大学的实施范围与推广力度也比不上美国的研究型大学,这些都应该得到重视。

本章推荐阅读书目

1. 黄光雄,蔡清田.课程设计——理论与实际[M].南京:南京师范大学出版社,2005.

2. 黄显华,霍秉坤.寻找课程论和教科书设计的理论基础[M].北京:人民

[①] 庄丽君,刘少雪.中美两国研究型大学本科教育改革之比较[J].高等教育研究,2008(6).

教育出版社,2002.

3. 黄政杰.课程设计[M].台北:东华书局,1991.

4. 王伟廉.中国大学教学运行机制研究[M].广州:广东高等教育出版社,2005.

5. 王义遒.文理基础学科的人才培养[M].北京:北京大学出版社,2005.

6. 杨志坚.中国本科教育培养目标研究[M].北京:高等教育出版社,2005.

7. 张佳琳.课程管理——理论与实务[M].台北:五南图书出版股份有限公司,2004.

8. 张圻福.大学课程论[M].南京:江苏教育出版社,1992.

9. 钟启泉.课程设计基础[M].济南:山东教育出版社,1998.

10. 钟启泉.现代课程论[M].上海:上海教育出版社,1989.

11. 《重建本科教育:美国研究型大学发展蓝图》中文全文,见:朱清时.重新制定本科教育政策:美国研究型大学的蓝图[M].北京:高等教育出版社,2002.

12. 《重建本科教育:美国研究型大学发展蓝图》英文全文,见:The Boyer Commission on Educating Undergraduates in Research University. *Reinventing Undergraduate Educate: A Blueprint for America's Research Universities.* The Boyer Commission on Educating Undergraduates in Research University,1995.

13. 《重建本科教育——博耶报告三年回顾》英文全文,见:The Boyer Commission on Educating Undergraduates in Research University. *Reinventing Undergraduate Educate:Three years after the Boyer Report.* The Boyer Commission on Educating Undergraduates in Research University, http://dspace.sunyconnect.suny.edu/bitstream/handle/1951/26013/Reinventing%20Undergraduate%20Education%20%28Boyer%20Report%20II%29.pdf?sequence=1,2013-05-01.

第五章

大学课程与教学设计

在我国,课程设计(curriculum design)可按课程的定义分为广义与狭义两种,广义的课程设计是指对学校总的课程计划和教学安排制定的活动,狭义的课程设计是指对一门课程的设计及教材编写。大学课程设计也可以作这样的理解,广义的大学课程设计是指对学校人才培养或教学计划的制定活动,狭义的大学课程设计是指对一门具体课程的设计及教材编写。教学设计与狭义的课程设计基本同义,只是角度不同,不作区分。宏观的课程设计已经在上一章人才培养方案编制中加以讨论,本章主要从狭义的角度探讨一个教师如何进行课程与教学设计。

第一节 大学课程设计的理论取向

大学课程是高等学校有目的、有计划地向学生传播知识、经验的总体,这种知识、经验的范围十分宽广,人类的知识成果、精神产品浩如烟海,但大学教育的时间和人们接受知识的能力都是有限的,如何选择和区分这些知识便成为大学课程设计的一个重要问题。因此,人们必须根据一定的需要并在一定的理论指导下进行选择。

一、课程设计价值取向分析

我国教育理论界一般把课程设计的价值取向或理论基础分为三类:学科中心主义、学生中心主义、社会中心主义。我国台湾学者黄光雄等人对这三种课程设计理论作过较为深入的分析,在此作些概括与提炼,加以介绍。[1]

1. 精粹主义的学科取向

1937年,巴格莱(William C. Bagley)等人提出教育应该重视基本学科学习

---

[1] 黄光雄,蔡清田.课程设计——理论与实际[M].南京:南京师范大学出版社,2005:35-50.

的呼吁,主张从过去的文化遗产中选择文化精粹作为基本的学习材料,这些学者被称为"精粹学派"。"精粹主义"认为,教育是以社会传统的精粹文化为媒介,对下一代实施严格的心智训练,偏重传统的学术精华传授,将学科知识的学术文化遗产传递给下一代。因此,在课程观上,认为课程便是学科专家通过教科书传递给学生的学术知识精华,重视"课程即科目"的课程含义,强调学科知识的重要性,认为课程不只是代表一种特定的学科知识内容及概念,而且也代表一种人类理性的认知思考模式。在课程设计上,学科取向的"精粹主义"以科目为本位,主张以教科用书为中心或以课程为依据的课程设计,强调依照学术研究领域分类来区别课程内容,课程设计以学科知识为中心,重视学科知识的逻辑与结构。那么,选择什么内容作为课程内容呢? 精粹主义认为,由于学科知识是人类活动的精华,具有永恒性,因此,学科知识比社会需求和学生需要更为重要,而这些具有永恒性的知识往往体现在世界名著与经典著作之中。在课程的实施上,坚持"教材中心""教师中心"和"课堂中心"的模式,主张从易到难,打好学科基础,把握学科结构。由于该价值取向强调知识的系统性、渐进性,因而易于组织教学,也易于进行评价,受到了教师的欢迎。在课程评价上,要求课程内容材料应该反映学科知识本质,以协助学生获得学科知识,培养成为学术研究人员。美国高等教育中,芝加哥大学校长赫钦斯、哈佛大学校长科南特都曾倡导过"名著导读",与"精粹主义"思想相一致。

"精粹主义"的传统学科学术取向课程设计的优越性在于:由于学科专家编写课本,理论组织严谨,内容较为真实可靠,不致违反学科知识真理,可以使教师、学生较为信赖。但这一课程设计的问题是:把课程窄化为教学科目,甚至等同于教科书或教材,造成师生对教科书的严重依赖,将教科书内容当成是真实的生活世界,缺乏教学的生动性、活泼性。

2. 经验主义的学生取向

1918 年,美国进步主义教育学会成立,一些教育学者强调学生学习经验的重要性。他们认为,教育的目标是教育工作者本着自由、平等与博爱的教育原则,协助每个学生成为独特的个体。因此,在教育内容上,强调教育即生活,教育是生活本身,不只是未来生活的准备,因此,学生的第一手亲身经验是学习的主要资源。"经验主义"肯定学生主动参与学习的重要性,重视学生的需求、能力与兴趣。在课程观上,经验主义主张采取学生个人取向的课程立场,重视"课程即经验"的课程含义,主张无预设、无结构、非事先决定的课程目标与内容,课程不是存在于教科用书当中,也不是存在于科目名称或教学计划上,课程只存在学生的学习经验当中。学习科目与学习者两者的关系,就如同地图与旅游者的实际经验一样。学生的学习经验如同旅游者的实际旅游经验,旅游者的实际旅游经验,可能不同于旅行社在出游计划的地图所事前安排规划的旅程,也不同于旅游指南的说明内容。因此,学生的个人学习经验将不同于班级教师的教学计划,有异于学校的整体课程规划,而与课程设计人员编辑的教科书内容不尽一致,甚至可能不同于官方课程标准的正式规范与预期理想。在课程设计上,强调选择课程的第一个依据不是学科知识,也不是社会需求,而是学生兴趣。强调依据学生兴趣与心理发展顺序,决定课程内容和结构,组织学生的学习经验。课程设计的重点在于:强调学校教师的责任是去发现学生的兴趣与经验,在此基础上,建立教育活动,而不是预先硬性规定的活动,这一活动是由教师与学生共同合作计划的。在课程实施上,重视学生的活动,强调"做中学"与"问题解决法",教师应该有创意地设计学校课程,以引导学生进行主动学习。在课程评价方面,观察是主要的评价技术,用以找出学生个人成长及改变的证据,兼重学习结果的历程与结果,不只是评价学生达成目标的程度,而且重视预定目标之外的隐性课程的学习。在课程目的上,认为课程是促进学生发展,培养学生适应现时社会生活的能力;在课程内容上,把学生直接参与其中的生活活动作为确定课程内容的依据,注重学生的兴趣、爱好、需要;在课程组织上,打破学科界限,采取作业的形式,分单元进行活动,反对预先规定教材范围和进度,强调把教材引入学生的生活,让学生直接去体验,直接去活动;在课程实施上,强调师生合作,反对教师权威,充分发挥学生的自主性、能动性。

这种经验主义的学生取向课程设计理念,其优点在于容易引发学生的学习动机,满足学生需求、诱导其积极参与学习活动。然而,其缺点在于可能流于放任,有反智主义嫌疑,对学生未来生活不利。而且这种观点有着浓厚的个人主义色彩,不能符合社会需求。

3. 改造主义的社会取向

经验主义因为过分强调个人价值忽略了社会需求而受到非议。在美国经济危机之时,美国社会普遍弥漫着"社会危机"与"社会改革"的气息,因此,一批教育家提出了社会改造主义的教育价值观与课程观,受到人们的重视。社会改造主义认为,学校课程应该以学生的活动为核心,协助学生研究自己的生活社区,以增进学生对当代社会生活的了解。因此,在课程观上,强调"课程即计划"的课程含义,强调社会学习计划的重要性,主张从社会分析中获得学校课程目标与内容,以服务社会。所以,选择课程内容的依据是社会价值、社会活动和社会问题,而不是学科知识与学生兴趣。社会改造主义又可分为社会适应观与社会重建观,前者强调选择知识的出发点是适应社会,在社会活动中的适应能力;后者重视社会问题的解决,在社会活动中的批判精神。在课程设计上,主张课程设计必须使学生容易实现其社会生活,帮助学生了解现实社会问题,以培养学生解决问题的社会实际能力。为此,他们将个人活动、各种社会计划及社会问题等综合成几个主要社会核心问题,把一切科目的学习加以整合,建立核心课程。其具体的编制包括四个步骤:第一步:调查社会生活的种类、功能及活动,加以整理,并选择几个重要功能,作为决定课程范围及选择教材的依据。第二步:是从社会发展的过程当中,发现影响社会功能的主要势力,使学生了解历史演进的关键因素。第三步:分析学生兴趣、能力与需求,以此为依据,排列学习材料,作为各学科的学习范围。第四步:将前面几个步骤进行综合分析,选定各学年必须学习的社会生活经验。

社会改造主义课程设计重视课程设计的社会需求与社会适应性,为建立理想社会而服务。其优点是:与社会生活联系密切,帮助学生获得必要的社会认知能力。无论是社会适应观还是社会重建观,都引导学生面对社会问题,前者旨在强调遵守社会秩序,例如药物滥用、性教育、环境生态研究、性别意识形态研究、少数民族研究,引发学生对这些现象的关注与理解;后者旨在唤起师生的社会批判意识,激发学生改变社会病态的意愿,讨论有关社会矛盾的争议问题,如宗教、性别、贪污、种族歧视等等,处理棘手问题以重建健康、公平、正义的社会。当然,这一课程设计理论取向偏重社会取向与成人本位,学生者的个人需求与兴趣容易遭到忽略,而且学生个人沦为社会的工具,学校沦为政治改革的工具,忽略个人心智的发展;同时,这种课程设计强调社会的统整与一致性,容易忽略地方特色与课程内容的差异性与多样性。自然,这种社会改造主义课程设计的理论与方法,是否能有效导致社会变革,受到人们的怀疑。

以上三种课程设计取向主要是针对基础教育而言的,但对大学课程设计同样产生了深远的影响。大学课程设计同样也离不开这些价值取向。

二、不同课程设计取向在大学中的运用

大学课程设计深受以上三种理论取向的影响,在此,笔者从学科中心、学生中心、问题中心三种理念来分析大学课程设计模式。

1. 学科中心设计

学科设计的教育哲学基础是强调科学知识的内容逻辑性,所以在课程设计上,把学科内容作为课程的水平及垂直结构的基础,课程的选择以不打破学科的内在联系为前提。这种设计是指把人类文化遗产进行划分和分类,确定为大学课程的众多科目。这些科目课程依据其内在联系和性质组合,每门科目都有意识地阐述专门的同质的知识内容,从而形成课程体系。这种科目设计,往往以专业培养目标为基础,把各专业共同的科目作为公共课程,要求全体学生修读。除公共课程之外,还按专业或职业技能的需要,构成专业基础课程和专业课程。另外,为了满足学生的兴趣爱好,扩大学生的知识面,发展学生的个性,又安排了任意选修课,可以加深对某一专业方向的学习,也可以拓展学生在其他学科领域的知识。这一科目设计的优点在于:它是使学生掌握某一专业系统知识的最有效的组织形式,能使学生便捷、快速地构建某专业的知识结构框架;能最大限度地反映科技的进展,便于把需要的知识组织到教材中去。缺点在于:以知识本身组织科目课程,较少考虑学生的需要、兴趣与经验,容易造成学生被动学习的状况,所学知识不知如何与实际结合,如何运用这些知识解决实际问题;科目也容易固定化,跟不上快速变迁的时代与迅猛发展的科学技术。

2. 学生中心设计

这种课程设计强调个体发展,以学生的兴趣、需要和目的来进行课程的组织。它有两个特征:一是以学生而不是以内容为其组织的线索;二是不预先计划,而是随教师和学生的教学过程中逐渐演化形成。课程的组织形式取决于学生关心的事务、主题或问题,往往通过活动开展。这种课程设计在大学中并不常见,比较多地适合社会实践、实践教学环节。当然,有的教师在上课伊始,让学生提出"想要了解的知识内容",教师根据学生需求确定教学内容与方式,在教学中进行课程设计。

3. 社会中心设计

社会中心设计指的是针对社会中的问题,选择内容,组织教学的一种课程

设计模式。这种设计是根据社会问题领域的范围和分类来确定。由于内容是以问题的相关性为基础加以选择的,因而课程基本上是跨越科目界限,具有交叉性与综合性。顺序也由问题的分类来确定,在很大程度上是以学生能力与水平为基础的。

在精英高等教育阶段,我国大学课程设计比较强调学科取向,强调知识中心的课程体系,大学课程就是一个"知识体系",大学教育追求"合理的知识结构",遵循"知识逻辑"的主导力量,使大学课程设计"知识化"。而到了大众化高等教育阶段,我国大学课程设计比较强调社会取向,强调市场需求的课程体系,主张按照职业要求设计课程,使学生更好地就业,适应社会需要,提出"以就业为导向"的课程体系。其实,这两种课程设计取向都存在着片面之处,在不同类型的高校具有不同的适应性。未来的课程设计必须是强调学科知识逻辑、市场需求逻辑、人自身发展逻辑的融合,而且要以人的发展作为课程设计的根本追求,当然,不同类型高校的侧重点有所不同。课程的价值是多方面的,学习文化知识、强调适应社会的根本目的应该是为了促进人的发展,因此,必须使三种课程价值取向和谐地统一于人的发展之中。

第二节 大学课程设计模式

课程设计理论最初是针对中小学课程的。自19世纪末这一领域诞生以来,主要围绕中小学教育的课程问题进行研究,大学课程设计也借鉴了中小学课程设计的研究成果。各种各样的课程模式在种类和数量上都十分可观,其中一些课程设计模式较有影响。①

一、课程设计模式的类型

1. 目标模式

目标模式(objective model)是最经典的课程设计模式,它诞生于上世纪四十年代的美国。这是一种以实用主义哲学和行为主义心理学为指导思想的课程设计模式,其代表人物有泰勒(Ralph.W.Tyler)和布卢姆(Benjamin.S.Bloom)

---

① 黄光雄,蔡清田.课程设计——理论与实际[M].南京:南京师范大学出版社,2005:48-80.

等人。激励泰勒等人去建构一个"目标模式"的起因是他领导的"八年研究"。泰勒作为这一课程方案的课程评价主持人,对过去高中的传统课程进行研究,以使升不了大学而参加工作的人在高中阶段的学习中更有针对性与适切性。泰勒发现,各个学校的课程开设及课程哲学均不相同,因此,泰勒提出一套基本原理,引导学校设计新课程。

泰勒在其《课程与教学的基本原理》一书中提出,编制任何一种课程都必须回答四个基本问题:第一,学校应该追求哪些教育目标?第二,提供哪些教育经验才能实现这些目标?第三,怎样才能有效地组织这些教育经验?第四,怎样才能确定这些目标正在得到实现?[①] 对这四个问题的回答,便构成了课程设计活动的四个基本环节:确定目标、选择经验、组织内容和评价结果。泰勒认为这基本原理是用来协助学校发展他们自己的特定课程方案的指导性观念,可以用来检视、分析及解释学校的课程方案。泰勒在其《课程与教学的基本原理》一书中用一半的篇幅讨论课程目标问题,认为目标具有引导课程选择和组织等设计活动和评价工作的主要功能,因此,被称为"目标模式"。

泰勒的目标拟订包括三个来源、两道选择目标的过滤网、两个目标叙写的层面。三个来源是:第一个来源是从研究"学习者本身"当中去寻找教育目标,并同时考虑到学生的当前兴趣与未来兴趣,兼顾特殊兴趣与共同的普遍兴趣。第二个来源是从研究"当代校外社会生活"当中寻找教育目标,必须进行社区生活需求的工作分析,以了解社区人力资源的发展。第三个来源是从"学科专家的建议"中寻找教育目标,课程设计人员必须有效地辨识哪些科目的知识是最新的研究成果,利用新的学科知识内容替代陈旧的学科知识。两道过滤网是:一是利用"哲学"选择目标,希望在选择课程目标时,能同时重视职业教育与通识教育,注意到民主主义与极权主义的缺失,以追求永恒进步。二是利用"学习心理学"选择目标,例如,目标的选择应该合乎相关学习心理学理论与学生年龄发展阶段的组成程序,并和学生学习经验相关。经过这两个理论筛选后的目标,就可以转化为预期的具体学习结果,建立精确的具体目标,再以具体的学习内容与具体行为作为拟订课程目标的具体指针。具体目标的两个层面是:包括行为层面与内容层面两个内容,利用双向分析表可以清楚精确地表达教育目

---

① 拉尔夫·泰勒.课程与教学的基本原理[M].北京:人民教育出版社 1994:36.

标。如，行为目标往往用说出、演示、比较等词汇来陈述，内容目标则标明具有的英文单词、数学题目等；可以进一步指出内容与行为的关系。如何将教育目标分解为一系列明确具体的课堂学习目标，如何根据具体的学习目标评价学生通过课程学习取得哪些进展。后来，布卢姆则把教育中应当达到的目标分成三个领域，即认知领域、情感领域和技能活动领域，并进一步对每类目标细化与分解。

目标确定之后，面临的问题就是提供哪些教育经验，来保证目标的实现。为此，泰勒提出了选择学习经验的原则：(1)必须使学生有机会练习目标中所包含的行为；(2)必须使学生在实践上述行为时有满足感；(3)所选择的学习经验应在学生能力所及的范围以内；(4)多种经验可用来达到同一个目标；(5)同一经验也可产生数种结果。泰勒强调学生经验有助于发展学生的智力，有助于获得组成各种知识的原理、原则以及支持这些原理、原则的各种实验、证据、观念、事实等，同时还有助于发展学生的社会态度。

如何有效地组织学习经验呢？泰勒提出了三个标准：连续性、顺序性和整合性。连续性是指主要学习经验的纵向重复，即在课程设计上应使学生对于所学能力中技能有不断重复练习和继续发展的机会；顺序性强调后一经验必须在前一种经验基础上加以扩大和深化；整合性是指学习经验的横向联系。

课程设计的最后环节是课程评价。评价的目的在于测定教育目标在课程与教学计划中所引起的学生行为变化究竟发生到什么程度。由于目标的表述包括行为结果和行为内容两方面，因此，目标评价对象也同时包括上述两方面的内容。评价手段可以是多种多样的，但必须以客观性、可靠性和有效性为原则。

目标模式其实是一种综合模式，继承了过去课程学者的观点，形成了一个较为完整的课程设计模式。由于该模式强调编制活动的效率，讲究活动的科学程序，重视评价学生的学习进展，很快成为美国最有影响力的理论模式。但该模式还是被人贴上工具理性、技术取向的标签。认为该模式只强调课程设计的效率，是一种强调"预测""效率""控制"的工学模式。把课程设计看作系统化与理性化的过程，利用"科学原理""工作分析"等方法来选择学习经验，使具体明确的学习目标与活动相联系，这纯粹是一种"技术性"或"功能性"的考虑。因此，该模式在实践运用中也存在着一些缺陷。一，并非所有的课程目标都能充分转化为可测性的行为目标,如理解力、鉴赏力、想象力等课程目标就很难行为化。而且有些人文学科、艺术学科等强调创造性的课程,如果确定行为目标,则不利于学生创造性发挥。二,这些行为目标也给教学实践带来了困难。教学如果只关注行为目标,可能会使复杂的学习过程看作简单的刺激—反应过程,束缚了师生的自主性。因此,该模式在应用上比较适应预定结果比较明显、内容比较明确、学习结果评价客观的课程设计。

2. 过程模式

过程模式(process model)诞生于20世纪七十年代,与20世纪六十年代的"学科结构运动"发展密切相关。由于科学技术迅猛发展,知识总量增加,因此,教育改革的重点在于改革学校课程结构与教学改革运动,即学科结构运动。该理论对以往的课程编制理论提出了批评,反对预先确定具体的教育目标与学习的行为结果,认为这样做会忽略教育过程的重要性,贬低了教育过程的价值。

过程模式是以结构主义哲学、认知心理学作为基础的,主张课程设计应该从分析学科结构入手,按照一种能反映学科基本结构的方法去设计各门课程,反对目标模式一味分解教育目标,不研究知识本质。1975年,英国课程理论家斯滕豪斯(Lawrence.Stenhouse)发表《课程研究与编制导论》,具体应用和发展了作为学科结构代言人的布鲁纳结构课程论的思想。

如何选择课程内容呢?斯滕豪斯认为,知识形式和学科基本结构反映了人类文化和知识的内在价值,应该从这些具有内在价值的知识形式和学科结构中,选择那些能够体现知识形式和学科结构的基本概念、原则和方法的东西作为课程内容。对于这样一种课程内容的选择,不是以其所要引起的学生行为结果为依据,相反,是以它在多大程度上反映知识形式和学科结构为依据。那么,如何组织与实施这样的课程?斯滕豪斯强调"螺旋式"课程组织,认为这样的课程组织有利于反映学科基本结构,也有助于学科知识与学生认知能力的统一。在课程实施上,则主张在课堂中采用讨论法,认为课堂讨论有助于加深对内容的理解,能促进知识内化,提高学生的思考能力。在课程评价上,斯滕豪斯认为,过程模式并不是不关心课程学习的认知结果,但这种结果不是按照行为目标预先规定出来的。因此,课程评价不是以目标的实现情况为依据,而是以在多大程度上反映知识形式,实现过程原则为依据。不仅要重视课程教学的累积性结果,而且更应该重视课程教学过程的形成性结果。

过程模式最大的成功之处在于它否定了目标模式关于确立和表述课程目标的行为主义和机械主义偏向,强调教师与学生在教室情境中教与学的互动过程,强调通过合理的课程组织以加强学生对系统知识的学习,发展学生的思考力和创造力。布鲁纳和斯滕豪斯都曾经亲自按照这一模式设计过课程。这一模式也存在缺陷:一是很难确定在现实的知识里领域里存在着一种为专家学者公认的"形式"或"结构"。二是并非任何知识形式与学科结构都能转换为学生所能了解和接受的课程形式。显然,该模式对知识形式与学科结构的课程化、学生的可接受性估计过高。三是过程模式在否定目标模式通过阐述课程目标来编制课程的同时,又走向了反面,将课程设计局限于学科结构的分析,而忽视了社会需要、学生需要等。四是该课程设计依赖教师的素质,教师对学生学习结果的评价具有较强的主观性。

3. 情境模式

课程设计的情境模式(situational model)是由英国一批教育社会学家提出来的。他们主张通过分析社会公共文化来确定公共文化课程的目标、内容及其课程设计的原则;认为要借助社会学家的文化分析方法对社会文化结构进行分析,从而将课程编制活动牢牢地置于某一社会文化结构之中。情境模式是以文化分析主义社会学为其方法论基础,强调传播人类文化精华,发展具有内在价值的公共文化知识,主张针对单个学校及其教师,以学校为单位通过对情境的全面分析和估计来进行课程设计。创立这一理论模式的主要代表人是斯基尔贝克(Malcolm.Skilbeck)。

斯基尔贝克的情境分析模式将课程设计与发展置于社会文化架构中,他认为课程是由经验构成的,而经验包含内在价值,反映特定的文化结构。因此,课程设计应针对每一所学校的特点,从分析学校各方面条件入手,针对每一所学校的特点,以学校具体情况与条件为基础进行课程设计。他将课程设计活动分为五个组成部分。(1)情境分析。即对构成情境变化的各种内外因素进行分析,以求得对课程目标来源的全面认识。其中外部因素是指学校周围那些主要的社会情况,如意识形态、家长和社会的愿望、学科训练性质等;内部因素则包括学生特点、教师情况、学校风气、设备等。斯基尔贝克认为,课程设计从分析目标入手是正常的,但目标模式没有分析课程目标的来源及学校的具体情况。为此,要对构成课程目标来源的现存学校进行内外情况的分析,从而将课程设计建立在某种文化结构分析的基础上。(2)拟订目标。目标模式的课程设计常以孤立的、可观察的和可测量的行为,预先设立所有目标。斯基尔贝克认为这种做法不切实际。他认为,目标是来自于对情境的分析,表示决定要改变情境的某些方面,因此,是对师生各项活动的目标进行表述,但不一定按照行为来表述,还包含教育活动方向的喜好、价值和判断。例如,做好一张椅子是一个特定目标,但这并非唯一的目标,其他的目标还包含学生的成就感、审美感及满足感等。(3)设计教与学的课程方案。教与学的课程方案设计构成的要素包括:设计教学活动:内容、结构和方法、范围与顺序;教学工具与材料:诸如课本材料、工具清单、资源单位等;教学环境的设计:如实验室、实习工厂;功课表:时间表和资源的供应。(4)阐明和实施课程方案。课程方案在实施过程中可能会遇到种种问题,因此,要通过经验、反思和研究分析,对这些问题加以预计和确认,并加以阐述。(5)检查与评价。这里的评价涵义要比"确定在多大程度上实现了目标"这一内涵要丰富、广泛得多,它包括了对课堂活动进展情况作出的经常性评定、对所产生的各种的评定、对所有参与者的表现做详细记录等。

　　情境分析模式的基本假定是指课程设计的焦点必须是个别学校及其教师,即学校本位课程发展是促进学校真正改变的最有效方法。这一课程设计模式把课程与更广泛的文化因素和社会因素联系起来,强调价值的设计过程,较适合于设计以社会问题为中心的核心课程。也有学者认为这一模式是个"大杂烩",未能明确地指出如何在知识、社会与学生个人兴趣中进行取舍,未能为课程设计提供详尽的蓝图。

　　不同的课程设计模式具有不同的理论假设,也与如何看待教学过程这一问题有关。比较而言,目标模式更倾向于把教学看作是一门科学、一门技术,因而相信课程设计可以通过详细、精确地规定目标、评价目标而变得科学。但过程模式和情境则更倾向于把教学看作是一门艺术,因此反对预先规定课程行为结果,主张在过程与情境中产生学习的结果。就课程传统而言,目标模式在美国这块实用主义土壤里占据统治地位,而英国则由于其根深蒂固的传统人文教育,更偏爱过程模式和情境模式。就课程适用性而言,目标模式较适合于设计那些强调信息和技能的经验课程;过程模式更适合于设计那些强调知识和理解的学科课程;情境模式更适合于设计以问题为中心的核心课程。

二、单门大学课程设计模式

单门课程设计就是对一门具体的课程或教程进行设计,往往是针对大学教师而言的。尽管不同的课程特点不同,但在设计上也有很多共同之处。当前,大学教师进行课程设计往往是比较简单的,教师通常根据课程内容确定讲授内容,然后针对每章内容准备教案,明确讲授的重点与难点,再加上考试,这门课程就算备好了。而这些讲授内容往往是根据教材目录加以确定的,不用几分钟就完成了课程设计。也有的教师采取比较极端的方式来备课,就是采用"双教材"方法:选择一本比较容易的教科书发给学生,选择另一本比较复杂的教材作为自己讲课的内容来源。这样的课程设计简单、快捷,但这并不是真正意义上的课程设计,因为它只关注内容的组织,很少或者是没有关注学生是如何学习这些信息的,换句话说,对学生学习的关注不够。这也是我国目前大学教师课程设计的通病。

在此,介绍美国学者波斯纳(Gerrge Posner)和鲁德尼茨基(Alan N. Rudnitsky)于1994年提出了课程设计模式。这一课程设计模式分为十六个步骤,其贯穿始终的一个中心思想是:让教师有目的地进行教学。而"目的"中最关键的组成部分是"基本原理"和"预期的学习结果"(intended learning outcomes,ILOs)。① 其十六个步骤如下:(1)记录下你关于所教课程内容的那些想法或打算;(2)给该课程拟一个标题或名称;(3)拟订一个你所要讲授的内容的纲要;(4)制订一个清单,列出想要达到的各种"预期的学习";(5)将上述清单上的条目进行分类,如分为知识、技能、理解等;(6)从这些"预期的学习"中提炼出中心问题;(7)根据学生的现有技能、知识基础和背景,扩充上述"预期的学习";(8)确定所需要的新的有关概念和术语;(9)为包含在"预期的学习"中的各种概念建立起"概念树";(10)对拟发展的各种技能建立起流程图;(11)陈述并阐明该课程的基本原理;(12)将"预期的学习"分解成大小适当的单元;(13)确定"预期的学习"中的重点;(14)确定内容的程序排列;(15)确定所要使用的教学方式;(16)对如何评价该课程作出计划。

波斯纳和鲁德尼茨基在这一编制模式的第一步中鼓励教师先以"想法"或

---

① 王伟廉.高等学校本科课程编制模式探讨[J].高等教育研究,2003(3):78-81.

"打算"的形式来表述"预期的学习"结果,主要是基于三点考虑:一是可以有助于用来引导教学方案的制订过程;二是可以有助于把学习目标传递给学生或社会;三是为以后评价课程是否取得成功而制订出评价指标打下一个基础。波斯纳和鲁德尼茨基还把这一编制模式分成三个决策领域:(1)对要学习什么内容作出决策(what);(2)对为什么要学习这些内容作出决策(why);(3)对如何促进该项学习作出决策(how)。波斯纳和鲁德尼茨基也承认,这十六个步骤的顺序不一定是直线式的,在实际的课程设计过程中,这些步骤常常是螺旋式的,例如教师们常常在确定学习目标之前就选择了内容。为此,课程设计者在编制过程后面的步骤中对基本原理进行思考时,还可以返回来对他们的预期的学习结果进行重新思考和修订。总之,无论是这个模式还是其他什么模式,其步骤都是相对的,也是可以根据不同情况添加或减少,以至相互调换的。

美国俄克拉何马大学芬克提出单门课程设计的五个关键问题:在某一课程和学习中,哪些是重要的情景因素;我的一整套学习目标应该是什么;应该提供什么样的反馈与评估;什么样的教学活动才能达到所设计的学习目标,所有的这些因素是否互相联系,是否相互支持。为此,他提出了"以学生学习为中心"的综合性课程设计模式。① 共分为三个阶段十二个步骤:

初始阶段:设定合理的基础因素。有5个步骤:(1)确定重要的情景因素;(2)确定有意义的学习目标;(3)形成合理的反馈和评估体系;(4)挑选有效的教学活动;(5)确认这些基础因素互相综合。

中期阶段:将这些基础因素整合成一个整体。有3个步骤:(6)构建课程的内容结构;(7)选择或创造教学策略;(8)将课程结构和教学策略相整合,建立起总体的学习活动计划。

最后阶段:完成其他重要任务。有4个步骤:(9)建立起评分体系;(10)预期可能出现的问题;(11)制订出课程大纲;(12)制订课程及教学评估计划。

这一课程设计模式显然没有局限于目标模式,而是强调综合性原则,即学习目标、教学活动反馈和评估都必须互相体现、互相支持。

美国锡拉丘兹大学戴尔蒙德(Robert M.Diamond)还特意提出设计和开发一门新课程时必须先期进行项目评估,以明确课程设计与开发的必要性、课程设

---

① L.迪·芬克.创造有意义的学习经历——综合性大学课程设计原则[M].杭州:浙江大学出版社,2006:51.

计与开发项目成功的可能性。① 他同样提出"以学习为中心"的课程设计思想，主张课程编制的基本程序为：(1)搜集和分析基本数据；(2)明确教学目标和要求；(3)设计评价工具和程序；(4)设计学习过程；(5)选择和使用教学技术；(6)制订以学习者为中心的课程大纲；(7)实施、评价和调整课程方案。

第三节　大学教学方法

随着科学技术发展和社会的进步，人们的知识观、人才观发生了巨大的变革，社会对培养具有创新精神和实践能力的创造型人才的要求愈发迫切。由此，大学教学方法的改革成为世人关注的焦点。本节主要介绍大学教学方法的概念、几种基本的教学方法以及大学教学方法的发展趋势。

一、大学教学方法特点

大学教学方法是教学主体在教学过程中为实现一定的教学目标，完成教学任务采用的教与学的技术、技巧、程序、策略或方法的总和。教学方法纷呈多样，千姿百态，有的学者用教学模式这一概念加以整合。教学模式是较为概括、抽象层次上的教学方法。事实上，教学模式确实要运用多种教学方法；教学方法又可以抽绎出不同的教学模式。由此可以看出教学方法本身是可以从不同抽象水平上加以考虑的系统，"教学模式"也好，"教法""学法"也好，只是从不同层次、不同视角加以概括而已。即使是概括层次最低，最具体、最简单的教学方法，它也不是不可分的，它是由教师的教法和学生的学法所构成的有机整体。

大学教学活动与中小学的教学存在很大的差别。大学的教学方法应该适应和体现大学教学活动的特点。大学教学方法有什么样的特点呢？

第一，强调学生自学能力的培养。这是由大学的培养目标所决定的。大学是培养高级专门人才的机构。高级专门人才区别于中小学生的主要标志不在于后者具有更广博的知识，而在于后者注重培养独立思考的能力和解决问题能力。因此，以擅长于传授知识的教学方法，如讲授法，在中小学大行其道，在大

---

① 罗伯特·M. 戴尔蒙德.课程与课程体系的设计和评价实用指南[M].杭州:浙江大学出版社,2006:30－33.

学里并不占压倒多数的优势,尽管它依然是大学教学的重要方法之一。而以自学能力培养为目标的独立学习方法和以培养专门技能为主的实验教学法等在大学教学中的重要作用得以凸显出来,为大学所常用。因此,培养学生自学能力是大学教学方法的最主要的特点之一。

第二,重视学生研究能力的培养。这是由大学教学内容的前沿性和不确定性所决定的。大学教学内容既包括确定的、已有定论的学科知识,也包括未有定论、不确定的学科知识。这类知识的教学既需要大学教师以研究者的态度,研究者的精神客观地介绍给学生,也需要学生以研究者的身份去考察、质疑、分析和研究它们属于真理还是谬误。因此,无论是教师的教学方法还是学生的学习方法都渗透着研究的特点。

第三,注重学生实践能力的培养。大学是培养专业人才,要求学生在学习过程中或毕业后要对外部真实世界作出贡献,能为未来的职业生涯奠定良好的基础。因此,在教学方法中特别强调学生实践能力的培养。在美国有"服务学习"课程,强调学校和社区的合作;学术课程与社区服务的综合;应用技术和知识的机会与养成关心他人美德的结合。这些实践能力主要是指解决实际问题的能力与社会适应能力。

第四,倡导学生合作精神的培养。竞争和合作是社会生活中每个人都必须面对的问题。尽管在中小学教育中也一直十分强调培养学生的竞争意识和合作态度,但是大学的教学更需要强调合作,因为现代知识的发现和生产越来越需要各方面的专业人才协手合作,越来越多的世界性难题需要各种各样的专家共同解决。大学作为创造新知识的主要场所,尤其需要在教学过程中强调合作,以培养学生的合作精神。

第五,强调创新精神的培养。在现代信息社会与知识经济时代,创新在国家发展与经济建设中发挥着巨大作用。创新是民族进步的灵魂,是经济发展的不竭动力。大学教学要关注学生创新精神的养成,大学本身也是一个知识创新的机构。

二、大学教学方法介绍

古代的大学教学方法比较简单,讲授和讨论是最主要的方法,其历史渊源为古希腊时期"智者派"的教学方法及著名哲学家苏格拉底的"产婆术"。现代大学无论在学校规模、学术成就,还是在科研水平上都较古代大学取得了更为长足的发展,现代大学的教学方法也更为丰富多彩。除了传统的讲授法、讨论法等方法之外,还有具有现代意义的实验法、自学指导法、案例教学法、多媒体教学法等。下面就这几种基本的教学方法做一简单介绍。

(一) 讲授法

又叫讲课法,这种方法可以追溯到古希腊柏拉图的学园,具有两千多年的历史。它至今仍是大学教学中最基本的方法之一。美国的杜宾和塔弗加曾经对把讲授法和讲论法作比较的三十六项实验研究的数据做了统计,发现有51%的人喜欢讲授法,49%的人喜欢讨论法。在与诸如印刷出版和电视之类许多科学技术革新的竞争中,为什么讲授法能继续存在下来,这里有几个主要的原因。一方面,讲授法是比较经济的教学方法。比起录制一个相等的电视节目,连同它的技术人员和设备的附加费用在内,它的成本要少得多。另一方面讲授法也是一种效率较高的方法,教师利用讲授法能在较短的时间内把较多的知识传授给众多的学生,有助于学生获得系统、精确和牢固的科学知识。因为讲授法是以确保学生获得系统完整的知识体系为目标的。在中世纪欧洲的大学里,由于手抄本稀少难得,价格又昂贵,讲课者仅有一份可用的手抄本,讲授是能够把保存在书本中的知识传授给许多学生的唯一方式。正因为如此,讲授法在中世纪欧洲大学里演变成一种教学制度。

讲授法作为一种古老的教学方法,并不意味着就是一种陈腐的"注入式"的教学方法。任何教学方法都存在两面性。运用得好,便能发挥它的优点,运用不当,则会暴露它的缺陷。讲授法也是如此,如果运用得当,照样可以启发学生积极思维,培养学生能力,不应把讲授法与启发式对立起来,怀疑讲授法的价值与作用。有人指责言语讲授教学是"填鸭式"的注入教学,在这样的教学条件下,学生的学习只是"鹦鹉学舌",学生的学习是机械而被动的,这种责难是不全面、不科学的。但是,如果讲授法运用不当,确实存在着这种危险。

讲授法最主要的缺点在它思想交流方式的单向性。大多数情况下,留神倾听的学生很少有机会去影响所传递的知识的性质、速率和供给量。学生唯一能做的控制是不理它或者避开它。单向的思想交流很少有相互作用和反馈回授,而这对学习者来说却至关重要。如果过度地、不正确地使用讲授法,讲授就会助长学生学习的被动性,走向学习的反面。其次,就是讲授作为一种言语媒介往往不能使学生直接体验这些知识。虽然教师把教材传授给学生,但是学生难以与学科知识本身相互作用。结果,讲授不能鼓励创造性,促进问题的解决。第三,讲授法的记忆效果较差,学生常常是忘记或永远不会学到所讲的许多内容,这对时间较长的讲授课更加明显。因此,尽管讲授是向学生传递知识的一种省时又易行的方式,但它的效果却存在着不确定因素。讲授以其基本形式而言,是最适宜于教与事实有关的知识的。

(二) 讨论法

小规模的集体讨论(presentation)是大学教学中最广泛使用的方法之一。国外流行的"seminar"就是一种课堂讨论。在我国,大学研究生教学中采用讨论法的比例相对较高,而在本专科教学中的比例则相对较低。讨论在课堂教学中起着重要的作用,因为讲授只是单向地向学生传递信息材料,而讨论则让学生积极地从事学习。讲授要求学生静听,而讨论则允许学生提问、探求并作出反应。

讨论一般有两种类型:以教师为中心的讨论和以学生为中心的讨论。以教师为中心的讨论,学生的注意力集中于教师,虽然学生可以控制讨论的议程和进度,但是教师是信息的主要来源。这种以教师为中心的讨论形式为学生提供了提出问题、澄清误解的机会。以学生为中心的讨论,增加了学生交谈的时间,减少了教师的作用。问题和议论更多是向着其他学生,而不是向着教师的。讨论转而由学生负责,使学生在他们自己的学习中变得更加积极主动、更加有方向性。以学生为中心的讨论有两种方式,一种是问题解决方式,即给学生一个问题或难题,必须要他们依靠自己的智谋和独创性来作出一种或几种回答。教师的任务限于提出任务,学生集体决定如何得出解决问题的方法。另一种方式是启发性的讨论,其目的在于让学生彼此交流和吸收某一课题或论题上的经验、感情和意见,但并不关心问题的解决方法。可以先用启发问题的方式弄清楚某一问题上的不同见解,再用问题解决方式来解决这种分歧。当然,这两种方式可以互为补充、灵活运用。

讨论法之所以在大学教学中占据重要的位置,并为大多数学生所喜欢,原因有很多。其中最重要的一点是讨论法能对学生的需要作出敏感反应。如果一个学生有误解需要澄清,要求说明某一要点,或者想把一种见解与另一种见解作比较,那么他所要做的事就是提出问题。学生因而变得积极地投入学习,寻找出资料与观点。他也有机会作出反应;他也可以分享他人的见解。他可以点头表示赞同,提出反对意见,或者对这场讨论提供各种新思想、新看法。因而,讨论法可以形成多通道的知识信息传递与交换的"立体式"教学局面。从学生个体的心理机制来看,不论是准备输出知识信息,或者输入知识信息,都是属于探究性的,都要通过思维活动,对知识信息进行分析、综合、抽象、概括等一系列的"加工整理",从而提高了学生分析问题解决问题的能力。

讨论的局限在于它是不可靠的,比较难以操纵和控制。除了时间的问题外,讨论还可能变得漫无目的或令人厌烦,甚至在进行得很好的时候,它常常也是没有计划、杂乱无章的。这就是说,因为讨论是结构较差的活动,不是所有的要点都可能提出来的,不是所有的信息都是精确的,也不是适合学生的所有需求的。即使教师是一位有能力、有经验的集体领导人,一堂讨论课也很难如讲授课那样顺利完成预定的任务。另外,讨论要求教师或学生用一定的时间去维持集体纪律,尤其是当这个集体处于早期阶段时更是如此。这种讨论往往成果较少,与目标实现关系不大。但是,如果这门课程的目标是获得人与人关系的技能,讨论不失为一个重要和有效的方法。

教师要提高组织讨论的教学技巧与水平。一堂高质量的讨论课不是随随便便就可以做到的。教师要做好课堂讨论的准备工作,确定课堂讨论的主题与形式;要引导学生提高讨论质量,启发学生思考,鼓励学生发言,把握好讨论时机;要做好讨论的总结工作,发表自己的观点。

(三) 实验教学法

实验教学法一般在自然科学和工程类学科运用较多。它是在教师的指导下,学生借助于仪器设备,进行独立操作,以获得直接经验,培养技能、技巧的一种教学方法。高校的实验教学一般分为三种类型:演示实验、基础课程的实验和设计性实验。在现代大学教学中,由于愈来愈重视直接经验的学习及对动手能力、实践能力和创新精神的培养,实验教学法在大学教学中的地位和作用也越来越得到人们的认同。

从中世纪欧洲大学的产生到欧洲近代社会的肇始——文艺复兴的到来之前,大学的教学掌握在宗教教派和僧侣手中,大学教学除了重视思辨外,也并不忽视个体的感觉和经验,尤其是大学医学教学中普遍存在重视实验教学的传统。随着资本主义生产方式的发展,欧洲迎来了最重要的思想启蒙时期——文艺复兴运动。思想启蒙运动打破世人对上帝无限信仰的同时,也为人类带来了新的崇拜,即人的理性。理性主义随着资本主义在全球的扩张而走向极致。人们对理性顶礼膜拜的同时,是对经验和个人直觉的鄙视。在大学教学中,重视理性知识的传授,轻视个体感受逐渐成为传统。随着对理性主义的反思与批判,以杜威为代表的进步主义教育家们认为在个体的成长中最重要的是个体的经验,强调教学中要以儿童为中心,在"做"中学。二十世纪三十年代的盛极一时的法兰克福学派认为知识可以分为体验性知识和认知性知识两类。体验性知识是无法用言语传递和表达的;认知性知识是可以用概念、言语传递和表达的。从知识分类的角度进一步肯定了人的经验的重要意义。马克思主义认识论认为,人类的认识可以分为两个阶段——感性认识和理性认识阶段。感性认识阶段认识的主要活动形式有感觉、知觉、表象,理性认识阶段主要的认识活动形式有概念、判断、推理等。在历史的进程中,人们逐渐对个体经验在个体成长中的作用有了更为深刻和正确的认识,因而愈来愈重视直接经验的学习形式,实验教学法正可以为学生提供直接的经验。另外,实验教学为学生提供了一种独立操作的机会,实验教学往往以学生为中心,学生亲身动手,这一过程对学生理解掌握巩固理论知识起到了促进作用。

　　但是实验教学法也有它的局限。尽管在学习各种技能、在探究和鉴别等更高级的教学目标时,通常没有什么可代替实验教学的,但是实验教学有的有利条件不是没有代价的。无论是对教师,还是学生,实验教学都是费时间的。一般来说,它需要专门的房间和设备;实验场所用于专门目的,所以它对各种别的教学常常是没有用处的。设备器材的维修和补给都是很费钱的,消耗品也是这样。如果要体现有反馈的、有结构的实习所具有的特殊优点,那么通常学生和教师的比率在实验教学中必然要比其他教学形式更低一些。实验教学如果不能很好地加以组织,就可能浪费有关人员的时间和精力。

　　教师在教学中要加强对实验的指导。教师要着眼于学生基本技能的训练和分析问题、解决问题能力的提高,培养学生实事求是的科学态度,鼓励学生求异创新,提高学生的研究能力。在教学安排上,要增加实验学时,更新实验内容,提倡实验教学改革。

(四) 多媒体教学法

　　多媒体教学系统可分为硬件与软件两部分,硬件系统主要由计算机、投影仪、展示台、音响设备、遥控器等组成,软件系统主要由电子课件、音像材料、教材、管理软件等组成。多媒体教学是用文字、图像、动画和音乐等表现形式把教学内容用独特的联接方式组成有序的、开放的信息集合体。因此,多媒体教学具有以下特点:(1)呈现方式的多样性。利用文字、图像、动画、声音等媒介的有机结合,不仅可以直接展示具体的事物、场面和过程,还可以把抽象的逻辑推理和空间转换等问题形象、直观、生动地表现出来。(2)教和学的交互性。多媒体教学体系可以利用目前校园网络的强大功能,设计成便于学生自学的,具有多层开启和网络交互性功能的辅导课件。使学生在调阅过程中不仅能够掌握基本的教学要求,而且可以方便地查阅各种资料,促进学生主动思考问题,提高其自学能力,使学生在不知不觉中提高词汇量和理解能力,进而改变教学过程中总是教师主动、学生被动的传统教学形式。(3)教学内容的开放性。易于交流和修改是多媒体教学的又一特点。这种开放性可以不断丰富与充实教学内容,并且有利于教师充分表现自己的教学特色,为任课教师因材施教提供了便利条件。

要真正发挥多媒体教学的功能与作用,而不只是为了使用多媒体而使用多媒体,或者简单地把黑板上的内容搬到屏幕上,在教学实践中必须要做到课件开发与教学方法改革相结合。否则,教师坐在讲台上点鼠标,而屏幕上只是一些板书,这样的多媒体教学效果不尽人意。

(五)案例教学法

案例教学法是教师根据教学目标和课程内容的需要,给出案例,组织学生研究、讨论,提出解决问题的方案,使学生掌握有关的专业知识、理论和技能,锻炼提高独立工作能力的教学方法。

案例教学法作为一种大学的教学方法,是美国哈佛大学工商管理研究生院于1918年首创的。目前,哈佛大学每年编制大量的案例,不仅用于教学,还用于出售。案例教学,大多是结合理论讲授、课堂讨论、实习等教学方法进行的。教师根据课程进度或实习的需要,选择典型案例,编成案例资料,提出要解决的问题,让学生运用所学理论知识,进行分析研究,提出解决问题的方案。教师在这个过程中,做适当的指导与引导,并对案例的分析研究过程、讨论情况和方案进行点评。案例教学作为高等院校的一种教学方法,加强了理论与实际的结合,扩大学生的实际知识,增强学校与社会的联系,培养学生分析和解决实际问题的能力,在相关学科中产生了较好效果。

(六) 指导自学法

简单地说,指导自学法是教师有意识地培养学生的自学能力、主动探究精神与终身学习习惯的一种方法。学生在教师指导下进行自学。一般认为学生自学有以下三个共同的要素。第一,学生(有时是一组学生)选择一个问题、论题、方面或争论问题进行调查研究。连同这种选择一起,寻找各种有关的教材和参考资料。在这个寻找过程中更加严密地确定这个课题。第二,选择一个问题后,学生根据进一步的调查、研究或实验着手解决这个问题。第三,最后组织并提出有关结果的适当的报告书。教师所起的是间接的辅导作用。

学生由于自己学习与探究,对他们自己的学习明显地负有主要的责任。这种方法迫使学生们深刻地研究某一学科,而且通常也把不同学科的知识结合起来,学生们很可能从执行其工作任务中得到满足。他们通过选择、搜集和提炼资料,从而取得了研究的方法和经验。在由一个小组进行独立学习时,学生们可以学会协作、领导和决策。最重要的是,应用独立学习可推动实现教育的终极目的:教会学生如何学习,使学生能够成为他自己的教师。

在指导自学中,教师的指导是非常重要的一环。学生的自主学习有两个阶段的表现形式:一是在大学低年级,学生配合教师讲授下的自学;二是在大学中高年级逐渐转向学生自学为主、讲授为辅的自学。对低年级学生,教师一方面要指导学生熟悉大学的教学情况、指导学生合理安排学习时间、帮助学生了解专业、课程情况,另一方面,教师要指导学生课前预习、指导学生提高课堂听课的质量与效率,指导学生做好笔记,抓好课后的复习等。对高年级学生,教师则要指导学生课外阅读、指导学生科研活动等。

三、大学教学方法的发展趋势

影响教学方法变迁与发展的原因有很多,具体来讲主要有以下方面:(1)社会对教学系统的重视程度和对系统效能期待的高低会影响人们对教学方法的研究与实践,尤其是人才观、知识观的发展,会导致人才培养目标的变化,要求教学方法作出相应的变革;(2)知识的无限增长与教学时间的极其有限之间的矛盾,要求淘汰陈旧落后、效率低下的教学方法;(3)科学方法的发展和进步、教育理论的发展和突破也对教学方法产生巨大的影响,推动教学方法的发展;

(4)科学技术的发展和物质条件的丰富对教学方法的改革提出了新的要求,也为教学方法的发展提供了广大的空间。

如从知识观的角度来看,近些年来,随着思想界对主导于工业社会的科学理性主义的反思,西方一些学者对承袭科学主义和实证主义传统的知识观提出了尖锐的批评,有人把它称为后现代主义知识观。美国路易斯安那大学的多尔(William E.Doll)认为,我们正在由牛顿式的现代主义走向后现代主义。前者以简单、稳定、永恒为特征,后者以复杂、混沌、有限为特征。相应地,牛顿式的知识观视知识为现实的客观反映,是封闭的、稳定的,可以从外部加以研究的意义系统,而后现代主义知识观视知识为动态的、开放的自我调节系统。当代法国著名思想家利奥塔尔(Jean-Francois Lyotard)认为,后现代化知识是与两个方面相联系的:第一,知识的计算机化。知识的本性就是它能透过某种通道转变成可接受与可操作的讯息,只有当知识转变成一种讯息量时,知识才是可操作的。如果构成知识体系的东西不能被转译成讯息,那么它就会被抛弃。第二,知识的商品化。知识成了价值的一种形式,人们可以为出售知识而生产知识,为维持新的生产而消费这些作为商品的知识。① 因此,后现代主义哲学家认为后现代知识状况有五个特点:②第一,由普遍化的知识到境域化的知识。"普遍化的知识"观认为知识是普遍有效的,是对事物的客观反映,知识是确定的、不变的;而"境域化的知识"观认为不存在任何普遍有效和纯粹客观的知识,所有的知识只具有局部的、存在的或境域的特性,知识具有不确定性。知识是人们理解事物与自身关系的一种策略。第二,由等级化的知识到类型化的知识。等级化是指不同的知识被赋予不同的价值,知识被排列成一个明显的知识价值的谱系,一些知识以真理自居,处于知识体系的核心位置。类型化是指不再按照价值的等级来评价知识,而是按知识的类型来评价知识,不同类型的知识具有同等的价值。这样,一些没有证实或无法证实的人文知识、个体知识也具有与普遍接受的科学知识同等重要的意义。第三,由中立化的知识到价值化的知识。中立化的知识观认为知识作为对外部世界的客观反映,是客观的,不代表任何个人和集体的利益,因而在价值上是中立的。价值化的知识观认为,所有的知识都

---

① Jean-Francois Lyotard. The Postmodern Condition: A Report on Knowledge. *Theory and History of Literature*, 1984, 10.

② 石中英,尚志远.后现代知识状况与基础教育课程改革[J].教育探索,1999(2):15-18.

是反映价值和追求价值的,因为知识的生产与传播离不开社会的制约,社会的权力关系控制着生产知识的知识分子和传播知识的学校教师。第四,由分科化的知识到综合化的知识。分科化是指知识在生产、传播及运用过程中是分门别类地进行的,彼此之间没有经常的、必然的联系。综合化是指知识与知识之间的学科界限被打破,知识具有更多跨学科的性质。在今天,跨学科综合化的研究和应用成为基本的研究和应用方式。第五,由累积性的知识到批判性的知识。累积性与批判性是描述知识增长的方式和机制,"累积性"是指知识的增长主要依靠学科知识的积累,知识积累到一定程度,会产生知识的突破与发展。"批判性"是指知识的产生主要依靠对知识的怀疑、猜测、争鸣和反驳,因而,问题的寻找和理论的猜测成为科学工作的核心,知识发展的方向是多维度的,知识增长具有非线性的特征。长期以来,高校教学的目的就是帮助学生掌握书本知识,至于学生个人的经验与知识被视为不可靠的、不完善的、不系统的,因而是没有价值的,最多只被看成是掌握理性知识的条件与基础。这种对学生个体知识和生活知识的排斥,扼杀了学生个体认识的具体性、丰富性和特殊性,最终使得学习者丧失了学习的天性和兴趣,成为一个知识的容器,一个"自动化的"知识容器。高校教学中,要重视学生的直接经验在知识获得中的重要作用,学生学习知识是个人与外部环境之间的建构,个体总是通过原有的认知结构以达到对新知识的理解与获得。教学中要改变传统的重视间接经验,轻视直接经验的态度和做法,不能仅仅把直接经验看作是间接经验的基础及为间接经验服务,相反,要认识到间接经验与理性知识的学习不是为了阉割直接经验和遗弃感性知识,而是为了丰富直接经验和提升感性知识,最终实现间接知识、直接知识、个体知识、综合知识的富于个性的整合。

为此,大学教学方法的改革与发展越来越呈现出新的发展趋势。

第一,以教师学生的多边活动作为出发点来设计教学方法。

传统的教学方法,主要关心的是教师如何教,忽视了对学生如何学的研究,是一种教师是传授体、学生是接受器的单向交流模式。传统教学方法在目标上重知识教学,轻能力培养,在师生关系上将教师权威绝对化,认为教师是知识的占有者,学生则是被动接受灌输的知识仓库和存储器,因而在教学方法的运用上采有单向的"填鸭式"的灌输,忽视学生积极性的调动及对独立学习和活动能力的培养。这种思想与方法只能教会学生模仿和记忆,而压抑了学生学习主动性、创造性的发展。

现代教学方法是在批判传统教学方法的缺陷和不足的基础上发展起来的。现代教学方法强调，教学活动应当是教师和学生之间的双向交流活动。在这样的认识基础上，有的学者，如美国科兹罗、贝尔等就把大学教学方法分成三类：一类是单向的教学方法，如讲授法；一类是双向的教学方法，如讨论法；还有一类是自学的教学方法，如程序教学法。现代心理学认为，多向交流较之单向交流和双向交流有着更加显著的效果，能最大程度地发挥相互作用的潜能。以多边活动论作为出发点设计教学方法成为现代教学方法改革的一个新趋势。

第二，由重视传授知识转向重视教学生学会学习、培养学生终身学习的习惯。

教学方法是达成教学目标的工具或手段，任何一种教学方法总是与特定的教学目标相对应的，而教学目标又是教育目的在教学中的体现，教学目标又与知识观的演变密切相关。由狭义的静态的科学知识，到智慧技能、动作技能，再到包括认知、情感、技能的知识，人类的知识观正经历从静态到动态，由狭义到广义的转变。人们对知识的价值、性质等问题的认识也在逐步加深。

具体讲，传统教学方法在达成的教学目标上比较单一，大多只关注对系统知识的掌握，而对学生的智力发展等目标涉及不多。后来，人们在检讨传统教育时发现了这一弊端，提出教学不仅要使学生掌握知识，更要发展智力。再后来，强调重视教学的情意性，注重培养学生良好的非智力品质。再后来，重视学生技能的培养，提倡培养学生良好的技能素质，使学生具有较强的学习、运动和操作技能。正是在这一背景之下，联合国教科文组织在1972年出版的《学会生存》的报告中提出"教会学生学习"。即学生通过教学不仅掌握系统的知识，更要获得独立地学习与更新知识的方法与能力。教学要充分发挥学生的主动精神，使学生成为积极的学习者。要教会学生学习，正如联合国教科文组织干事埃德加·富尔所说，未来的文盲不是那些不识字的人，而是那些不会学习的人。大学生如果不学习，当然不能说是文盲，但却有可能成为"功能性文盲"。因而，要重视培养学生的自学能力及信息选择、分析、综合能力，使学生具备终身学习的能力。

第三，在教学方法的选择与使用上强调多样性和综合化。

现代教学内容越来越丰富，教学过程越来越复杂，所要完成的任务又是多方面的，而且不同教学方法本身有自己的长处和局限，因此教学方法的使用应该是有多种多样的教学方法相互配合，综合使用。尤其是在大学，由于课程门类众多，学生个体差异大，教学目的与任务的层次较为复杂，教学手段设备较先进，因而教学方法的多样性与综合化更为突出。

现代科学技术的发展为教学方法多样化与综合化提供了可能性。在中世纪，科学技术非常落后，图书资料非常缺乏，手抄本都是非常珍重的稀有之物。因此在中世纪的大学教学之中只能以"一支粉笔，一张嘴"的讲授教学为主，教学方法的种类非常少。随着印刷技术的发展，图书成为寻常家庭的消费品，越来越多的人通过书本来学习知识，大学教学中学生通过书本进行独立学习不仅成为可能，还成为了一种重要的学习形式。19世纪末，照相、幻灯、无声电影等新媒体在教育、教学中的应用，向学生提供了生动的视觉形象，使教学获得了不同以往的巨大效果，有人称之为"视觉教育"时期。20世纪30年代，有声电影技术被引入教育领域，在美国掀起了一场视听教育运动，视听教育与行为主义学习理论相结合，产生了著名的程序教学法。从这一时期一直延续到20世纪50年代。至20世纪60年代，卫星技术逐渐成熟，并被广泛地应用于远程教育和个别化教学。进入20世纪70年代，微型计算机技术开始应用于教育，并在计算机辅助教学方面取得了巨大的进展。20世纪80年代以后，计算机多媒体技术、网络技术的发展对传统的教学形式、教学方法产生了巨大的冲击。多媒体教学、网络教学正蓬勃兴起、方兴未艾，甚至出现了虚拟大学、网上课程等形式。在日新月异飞速发展的科学技术面前，大学教学方法有了飞速的变化，为教学方法的改革提供了无限的可能和更多的选择。

最后，需要强调指出：教学方法是一个集教学思想、教学方式、教学策略、教学组织于一体的综合系统，而不仅仅表现为教师在课堂中使用的教学行为。为了更好地说明这一点，在此举某一高校教学方法改革的案例。某高校是一所十分重视教学方法改革的学校，在教学中提出了构建"读、写、议"教学模式。其具体做法是教师必须给学生列出课后阅读资料，安排课堂讨论，至少要撰写1篇论文。教师为学生提供三类阅读资料：一是经典著作，二是学科前沿论文，三是典型案例；学校要求图书馆积极配合教师提供的阅读文献进行图书采购，保证供给，并统一由图书馆陈列借阅；教务处则以"读、写、议"的实施情况对教师教学工作进行检查与评估，实行专项考核。"读、写、议"教学模式使教师讲授与学生钻研相结合、课内学习与课外学习相结合、理论学习与实际训练相结合，取得了较好效果。在对中、日、美三国大学教师教学方法的调查中发现,与美、日相比,国内大学教师更多依赖课程讲授,对其他各种教学活动开展并不十分显著,而美国教师在"小组教学""远程教学""个别辅导""面对面交流"等方面均要优于中日两国;日本教师则在"实验教学""多媒体教学"要优于中美两国。这反映了不同国家在教学方法上的特点。[①]

第四节 大学课程大纲及教材编制

课程大纲与教材都是教师教学的重要依据,也是教师进行教学建设的重要内容。编制课程大纲是每个教师都必须面对的任务,教师承担课程教学工作,首先就要制订出一份课程大纲,并在教学中贯彻实施。

一、大学课程大纲制订

(一) 大学课程大纲定义及其蕴含理念

课程大纲原称"教学大纲",我国教育学词条一般对"教学大纲"的解释是:根据教学计划以纲要的形式编写的有关学科教学内容的指导性文件。它根据学生的特点、水平以及需要,具体规定教学内容的范围、目的、任务、深度、体系和结构、教学时间以及教学法上的具体要求。随着课程理论的兴起,课程大纲这一概念逐步取代了教学大纲,因此,学者们倾向于从课程的角度给课程大纲进行界定:课程大纲是包含各种课程元素的大纲或计划书,教师依据培养目标、课程标准或相关教材撰写的某门课程的纲要。课程大纲与教案、教学进度表的差异:大纲完整地体现了课程目标、课程内容、课程实施与课程评价等课程元素;教案往往着重关注内容与方法;教学进度表主要包括教学时间与内容安排。从彰显课程这一概念来说,笔者主张用课程大纲或课程纲要而不用教学大纲的概念。

从上述的定义可知,在我国,课程大纲往往被视为用于指导教师教学的教学文件。而在美国,课程大纲被定义为"学生与教师就课程预期及政策达成的

[①] 黄福涛.中日美三国大学课程开发与教学的比较研究[J].苏州大学学报(教育科学版),2013(1):113-114.

合同"(a contract between the student and professor regarding course expectations and policies)。① 上课伊始,任课教师都会发给每个学生一份课程大纲,这个大纲既像是一个课程的概要(outline),又像一个课程的计划表(schedule),更像一个课程的指导书(guidebook),内容全面丰富,远比我们国内的课程大纲要详细具体。因为在他们看来,课程大纲不只是教师自身对教学内容与进程安排这么简单,课程大纲至少应当扮演三种角色:一是作为教师和学生之间的契约,提出了在一学期中师生的期望内容与要求,规范双方的教学行为;二是作为一种永久性的记录,能够评价教师的教学,证实教师教学的有效或无效;三是作为一种学习工具,为学生自主学习、课外学习等提供便利。赋予大学课程大纲如此多的功能的背后是其蕴含的教学理念。

1. 强调教学的服务性

教学就是为学生成才服务,课程大纲也应该充分体现为学生成才服务的思想。课程大纲几乎包括了所有有关的课程信息,使学生尽早、尽快地了解课程的内容、安排、要求、进度和时间,这既是落实学生作为"消费者"的知情权,又为学生行使课程教学的监督权提供了保证。教师还会在大纲中公布自己办公地点、邮箱等信息,方便学生与教师联系,教师在课外有指导、答疑的责任与义务,这也是教师对学生的一种承诺,以更好地体现为学生服务的意愿。

2. 强调教学的平等性

把课程大纲视为师生之间的合同,是因为"教"是为了"学","教"的质量最终体现在"学"的质量上。大学生作为成年人,师生是平等的,教师不仅是知识传授者,更是学生的合作者、引导者。因此,教师不再充当居高临下的知识权威角色,教学也不是单向道的知识传输,而是教师引导学生主动学习,养成学习能力与终身学习习惯。所以,教师通过课程大纲引导学生提高对课程的认识和兴趣,提高学习效率与学习质量。课程大纲本身就是教师放下身段、放低姿态与学生平等交流而产生的一个文本。

3. 强调教学的民主性

教学及其管理的公开透明程度是体现教学民主化的一个重要标志。课程大纲涉及课程目标、课程内容、课程设计、课程考核等所有的环节与元素,这一

---

① 祝吉芳.高校课程教学大纲的编写与执行[J].社会科学战线,2010(1):276.

切教学活动都是公开的,不仅仅教师知道,也不仅仅是教学管理人员知道,而是让每一个上课的学生都知道;不仅仅是口头宣布,还要落成文字印发下去,这就使得课程大纲带有某种严肃性与庄重感。教师的这种承诺是公开的、书面的,让学生感受到尊重的同时,也意识到自己学习的责任与义务。比如学生课程成绩的判定是根据什么标准、如何评判,有哪些要求,大纲中都非常明确具体,学生在明白如何得到高分的同时,也可以促进教师按照大纲行事,培养学生的负责精神和民主意识。

4. 强调教学的计划性

教师在制订课程大纲时,就需要对一个学期的教学进程作出合理的安排。哪一周、哪一天、哪一课的安排都是明确的,教师如何讲课、如何组织教学、如何准备和安排通过大纲起着"安民告示"的作用,让学生了然于胸,也使学生感受到每个教师的承诺以及教师是如何通过自己的努力实现承诺。

5. 强调教学的有效性

教师预先编制好课程大纲,把所有的信息提前告知学生,可以方便学生针对性的选课。学生选课如同在超市中选购物品或在菜单中点菜,有着种种的考虑,有了这样一个信息丰富全面的课程大纲,学生可以借助它正确地选择课程,合理安排好自己的课程学习,这对学生提高自主选择判断能力、安排学业生活起到了积极影响。

(二) **大学课程大纲的内容及特征**

在我国,课程大纲往往分为说明与本文两部分。由于缺乏课程大纲是"师生契约"的观念,因而编制大纲往往是自说自话,没有站在学生的立场考虑应该为学生提供哪些信息、提出什么要求,尤其是说明部分内容单薄,不够全面。而美国,课程大纲的内容详细周到,体现了关怀学生、服务学生的平等民主的教学理念,同时又具有现代法治精神,强调公平的契约思想。尽管不同的教师课程大纲的内容会有所差异,但总的说来包括以下几个方面的内容:

1. 关于课程的一般信息

课程的一般信息有课程的代号编码与名称;课程开设的院系或部门;课程开设的学期和周数;任课教师及其通信地址和办公电话;答疑时间以及电子邮件信箱;上课的具体时间地点;教师办公的具体时间和地点;课程学分;课程所用的主教材、辅助教材、阅读教材和参考文献;指定的、需要复印的资料、网页等。

2. 对本课程的介绍

这一部分回答"这是什么样的一门课,通过这门课的学习学生应当学到什么"这一核心问题。包括开设这门课程的目的;课程的主要内容和与前面所学课程的联系或前期课程的要求;课程的地位和作用;各章节的主要内容、目的、要求;学生需达到的水准;课程的组织安排;教学的方式和方法等。由于涉及老师怎样教、教什么,学生怎样学、学什么的问题,这部分内容介绍得非常详细具体。当然,课程介绍可以有详略不同的要求,但这些内容是课程的核心信息,通常是国内课程大纲的本文部分。

3. 教学政策

包括教师与学生两个方面的教学要求。从教师这一角度来说,是规定教师在备课、讲课、组织教学、讨论、课程安排和考试等方面的具体要求和责任;从学生这一角度来说,是规定学生在听课、作业、讨论、学术诚实和论文考试等方面的权利、义务和要求的详细要求。教学政策被视为师生共同遵守的教学行为约定。

4. 教学考核

一方面是教师对学生的学习评价和成绩评定,如评定标准、原则、方法、要求,各种成绩的比例等;另一方面是请学生对教师和本门课程进行评估评价。作业的要求包括做什么样的作业,做几次,每一次作业在平时成绩中的分值,交作业的具体时间等;课程考核的评分标准包括分值的标准、平时成绩和课程总成绩之间的关系、百分制和五分制之间的转换、课程考核中的重要警示和提示等。

5. 其他事项

如本门课程所有的上课时间和活动安排,包括起止时间、节假日的处理,考试时间安排,作业、论文或课程设计的最后期限等;包括与本课程相关的教学辅助中心以及对残障学生的特别关照。

阅读国外课程大纲,你会强烈感受到内容的事无巨细,不厌其烦,甚至有些多余,但细细思忖却又觉得很有必要。正因为有了详细的课程大纲,美国大学教学有着良好的规范性,其教学规范程度远远胜过国内大学,从而使课程教学质量有了明确保障,教师教学精力与时间投入有了基本保证。这样一份内容全

面、信息丰富的课程大纲往往具有如下特征:

首先,明确课程大纲不只是教师使用,更是为学生编制的。美国将课程大纲界定为师生之间的契约,明确规定课程大纲涉及该课程任课教师和修这门课程的学生。相较于中国大学将课程大纲理解为依据专业培养计划制定的指导教师课堂教学的法规性文件,美国大学课程大纲当事人更明确,对象更明了,利益更直接,作用也更为显著。如,美国课程大纲有详细的课程考核与学业成绩评定的说明,就是为了用来规范学生日常的学习行为。

其次,课程大纲不仅具有规范性,而且具有很强的针对性。考虑到学生学习过程中会经常使用课程大纲,一些大学教师在编写大纲时巨细无遗,除了常规内容之外,还有一些特别提醒。例如:为了避免出现学生控告教师性骚扰的意外情况,有的教师会特意在大纲中提醒学生不要和教师有身体接触,告诫学生不要单独拜访单身教师的住所;为了体现对学生一视同仁原则,有的教师表示不会索取学生私人电话,不与学生建立超出一般师生关系的友谊,要求学生最好在课前课后或者教师的办公时间解决问题;为了避免不必要的法律纠纷,有些教师会在大纲中提出安全注意事项,并不断更新有关安全信息;为了知识产权保护,有的任课教师还在大纲中指出教案的知识产权归己所有,声明未经教师许可不得复制课堂笔记;为帮助学生在本门课程中取得良好成绩,有些教师还在大纲中提供一些指导学生如何学习,如何记笔记,如何上课等信息;为了学有余力及学习吃力的学生,教师会分别列出两套补充阅读材料;为了使学生更有效地学习,一些大纲还会附上往年的考卷,提醒学生如何寻找本门课程以往的录像等。

再次,课程大纲不是随意编制,而是具有强制约束力。一旦课程大纲发到学生手中,且学生无疑义,该大纲就对师生具有了法律意义上的约束力,须严格遵守所规定的内容。比如,规定学生无故三次缺课即撤销考试资格,大纲上如有注明,就必然会严格遵守。在严格的课程学习要求下,美国大学生从入学起就不敢有任何懈怠,都会严格按照每门课程的大纲要求去执行。当然,课程大纲并非一成不变,教师会根据本人的研究和学术界的最新进展对教学内容进行增删或调整,教师每一轮授课都会对课程大纲进行适当的补充完善。

最后,课程大纲编制不只是教师个人的行为,而是体现统一的要求。大纲的内容要求要体现相关学会、协会、联盟对这一专业学生所需达到基本规范的要求,课程必须服务于学生培养规格的实现,否则在评估中很难通过。这与我们想象的学术自由、教师自主相差甚远。在国内,教师往往个人确定教学内容与要求,自主确定,自由选择,具有很大的自由度与空间。这样就带来了一个问题:同样的课程名称,但其教学内容与要求却很不相同,差异很大,导致课程质量与课程标准很不统一,致使出现"课程注水""质量滑坡"的问题。因此,这种在"浪漫主义教学观"外衣下坚称课程大纲编制是个人行为的观点是必须摒弃的。

(三) 从美国大学课程大纲角度检视我国存在的问题

从美国大学课程大纲编制所蕴含的理念、课程大纲具体的内容及特点这一视角出发,来看我国大学课程大纲,感觉确实存在着不少差距。从编制、实施与管理三个角度来看,我国课程大纲存在着以下不足。

1. 从课程大纲编制的角度来看

从课程大纲编制角度来看,我国课程大纲存在着两个方面的问题:一方面,教师对编制课程大纲不重视。在不少教师看来,课程大纲仅仅是学校教学管理工作中的一个存档文件而已,为了应付教学管理部门勉强交差,因此,不愿意花太多的时间与精力去制定课程大纲,有些课程元素只用简单的几句原则性的话进行描述,存在轻视和形式主义倾向。据学者对某大学146门专业必修课的课程大纲进行调查,结果表明仅有69门课提供了具有课程大纲性质的文本,占调查样本的47%,而其中符合国际标准的课程大纲仅5件。[①] 另一方面,课程大纲的规范性不足,内容不够全面详尽。尽管课程大纲的格式未必要绝对统一,但从课程教学的实施角度考虑,课程大纲中必须包括课程的基本元素,尤其是重要的课程元素是必须体现的,不能遗漏,如课程目标和任务、学科衔接、适用年级和专业、课程内容和重点、课时分配等,否则课程大纲就不完整,对学生所起的作用就会打上折扣。尤其是课程大纲中对课程考核、学业评价等核心内容较为忽视,对学生成绩评定往往语焉不详,对平时学习要求疏于管理,对学生学习过程不加约束,只是以最后考试作为成绩评定的依据。据上述调查,对于提供了课程大纲的69门课程的调查结果表明,1/3没有写明便于学生联系的教师的电子信箱,2/3没有写明答疑安排,近1/2没有告知如何安排教学进度,2/3没

---

① 张光.高校课程大纲的功能和要件:兼论我国大学课程大纲制度之现状[J].清华大学教育研究,2011(4):40.

有交代将采用哪些教学方法,1/3 没有说明使用哪些教材和参考书,1/3 没有写明成绩评定方法和标准。①

2. 从课程大纲的实施角度来看

从课程大纲的实施角度来看,我国的课程大纲存在着以下问题:首先,课程大纲编制后往往就算完成任务了,一般只是作为一个教学文件存放在教学管理部门,导致大纲流于形式,应用性不足,没有起到积极的指导教学的作用。而美国的课程大纲是为学生准备的,就像企业在出售产品时必须为客户提供产品说明书一样,不是为应对学校上级管理部门检查之用。在我国一些大学,学生在学习期间没有看到过所修学科课程大纲的现象并不少见。其次,课程大纲与教师教学脱节,教师在课程大纲编制好之后,就以为一劳永逸,万事大吉了,导致课程大纲编写的动态性较差,很难根据教学中反映的实际问题进行改进。最后,课程大纲执行的力度差,相当数量的教师并未按照大纲要求授完或授好教学内容,要么随意改变教学内容,要么改变教学进度。一些教师对课堂教学较为随意,遇到学术会议或其他事项就随意停课、换课,这是对学生的不尊重,也是对教学的漠视。

3. 从课程大纲的管理角度来看

从课程大纲的管理角度来看,我国课程大纲存在的问题主要是对课程大纲的管理不够严格规范。许多教师在课程大纲中出现的种种问题,一定程度上都可以归咎于管理部门指导不力,要求不严格,听任教师在课程大纲编制与实施过程随意而为。教学管理部门对课程大纲审核不到位,只是简单要求教师上交文本就算完成任务了。

针对以上问题,根据美国课程大纲的经验,一是要更新观念,提高对课程大纲的认识。课程大纲是师生契约,是一份全面指导学生学习、规范教师教学行为的约定书。二是要严格管理,建立新颖的课程大纲管理机制。比如规定教师在每学期第一次上课时必须把课程大纲向学生做详细介绍,并印发学生;规定学生有权向老师索取,或在校园网络中公开所有所修课程的大纲。三是要加大投入,加强课程大纲的建设。比如设立课程大纲建设项目,由专家组成评审组进行评定认可后方能使用。由于教师自身教学水平限制导致的教学内容不完

---

① 张光.高校课程大纲的功能和要件:兼论我国大学课程大纲制度之现状[J].清华大学教育研究,2011(4):43.

整,教学指导委员会等机构有必要出台相关课程教学内容的总体要求,供教师在课程大纲编制中参考,同时也作为衡量课程质量的重要依据。只有建立符合国际规范的课程大纲制度,才能促进大学教师专业化、职业化程度的提升,从而提高高等教育质量。

二、大学教材编写

不论在中国还是国外,教材均是重要的教学媒体。虽然总体上看我国大学教育对教材的依赖性比国外学生要强,但教材无疑是学生学习的重要辅助手段。虽然现代教育发展了网络等多媒体技术,但书面媒体的作用还是不可取代的。教材在传播知识方面发挥非常重要的作用,是学生获取知识的主要来源和教师教学的主要依据。当然,在大学教学中,教师并不完全依赖教材,往往是综合各种参考资料来组织教学内容,但一本好的教材,确实能成为学生的学习帮手。

(一) 知识观与大学教材编写

大学教材编写就是要从浩瀚的知识海洋中选取有价值、有需要的知识,将其编入教材。因此,如何处理知识材料成为教材编写的一个重要内容。而知识材料的选择与知识观相关。知识观是指关于知识的本质、起源、种类、范围、标准、获得等问题的观点的总和。在今天,人们对知识的看法已经有了很大的改变。比如,在知识的性质上,认为知识具有不确定性、易变性、开放性等特征;在知识的获得上,认为知识是个人经验的统合,是个体主动的心理建构的产物;在知识的价值上,认为所有的知识都是与价值有涉的,人类所有经验、知识形态都有其相对的真理性和价值。这些知识观对高校教材编写带来了重大影响,高等学校作为进行高深知识的传递与研究的场所,必须适应当代知识观的变化,在高校教材的编写中吸取现代知识观中的合理成分。

1. 理论知识与应用知识的关系

任何教材必然会涉及到基本原理,但如果只有原理知识,而没有应用知识,这种教材是不全面的。传统的高校教材的内容结构基本上是按学科逻辑顺序编排的知识系统结构,缺乏科学的系统设计的知识应用结构,高校教材在例题、习题的多样性、工程性、灵活性等方面有比较大的欠缺,因而传统教材的主要功能是知识的传授,能力的训练比较薄弱。

从知识的结构层次理论来看,一个完整的知识结构理论应该由两部分组成,一部分是知识系统结构理论,另一部分是知识应用结构理论。与此相应,一本具有传授知识和培养能力双重功能的教材,其完整的知识结构应包括两部分:知识系统结构,其功能侧重于知识传授;知识应用结构,其功能侧重知识应用和对学生能力培养。重视知识应用结构也就是要设计大量科学有效的练习,提供一套相应的综合技能训练的手册,对传统教材的练习题进行科学系统的设计,上升为知识应用结构,以此培养学生综合应用学科基本理论来分析解决实际问题的能力,把培养学生分析问题、解决问题的基本思想、基本方法放在一个相当重要的位置,做到归类齐全,分类科学、例题典型。

2. 感性知识与理性知识的关系

根据马克思主义认识论原理,知识可以分为感性知识与理性知识,感性知识是人们对客观事物的现象、局部以及事物的外部关系的认识,理性知识是人们对客观事物的本质、全体以及内部联系的认识。知识要依赖于感觉经验,但又必须超出感觉经验的范围,从感性认识上升到理性认识。当代知识观还认为,感性知识本身具有重要的意义,其重要性不仅体现在为实现理性认识服务之中,而是因为感性认识具有主观性、体验性、个别性的特点,在解决问题时具有不可替代的作用。

因此,教材的编写必须处理好基本原理与具体材料两个方面。由于以往受到苏联教材的影响,对基本原理的逻辑推理十分强调。但一本教材只对定义、定理、概念、原理的逻辑体系写得很完备,而没有具体的翔实的材料,会给人面目刻板、索然无味之感。如果一本教材只有材料,唯恐学生这也不知,那也不晓,而不突出基本原理与概念,则又沦为一本资料书。各科教材的基本原理是各科知识结构中的核心成分,是各科知识体系中的精髓,但教材应该由感性知识、理性知识及应用知识三种因素组成,可以根据不同教材特点,有所偏重,但不可有所偏废。

3. 事实性知识与方法性知识的关系

在编写教材时,是注重知识的内容,还是注重产生知识的方法,人们对此存在着不同意见。当然,不同学科具有其特殊性的一面,需根据学科特点加以针对性的处理,但在编写高校教材时,要对方法论——即如何产生知识、如何研究知识给予足够重视。按知识分类的观点来看,知识本身就有事实性知识、方法论知识、规范性知识和价值性知识,各种知识都是相互关联、相互渗透的。传统的教材编写只注重事实性知识而忽略其他层次的知识,尤其是方法论知识。

为什么在高校教材编写中,要特别注意方法论的知识呢?从知识观的角度来分析,是因为知识具有不确定性、易变性。人类历史中一度认为是真理,之后却被后人证明是谬误的例子不胜枚举。任何真理都是相对的,人类不可能穷尽对真理的认识。把人类一个阶段的认识成果作为终结的成果,是一种固步自封的行为。从这样的意义上说,方法论的知识是非常重要的,不是局限于学生掌握多少知识,而是培养学生的科学思维习惯与研究能力。

4. 知识的稳定性与开放性的关系

人类的知识越来越丰富,人类的知识总库永远在扩充。因而,反映到教材编写上,现在的教材越编越厚,学生难以承受,这是当今高校教材编写中一个十分突出的问题。如何既使教材内容跟上时代步伐,全面反映当代科技新成果,又不使其份量无限加重,这是教材编写必须考虑的问题。因而,教材编写必须对知识进行选择,哪些是可以删去的,哪些是可以精简的,哪些是要补充的,这是知识爆炸向教材编写提出的挑战。

面对这一挑战,高校教材编写时要注意区分信息、知识与智慧之间的差别。信息是对现象的单维认识,是线性的或平面的、支离破碎的;知识是结构化的信息,表明各种信息间的关系,体现为关于自然现象和社会现象的各种理论,往往局限于特定的领域;智慧是将信息与知识有机地用来解决人类面临的种种疑难,表明智力活动的水平。传统高校教材的编写往往重视信息的罗列、堆积,把信息误以为知识或智慧,教师也只是信息提供者的身份,把学生作为灌输的对象。因此,高校教材编写要强调知识比信息更重要,智慧比知识更重要,要把信息加以收集、遴选、组织并赋予信息以知识意义,使之成为知识与智慧发展的基石。

高校教材编写要注意知识的开放性。一方面,要注意学科知识之间的知识联系,现代科学问题越来越依赖学科间的融合才能加以解决,学科之间要在相互推动中发展;另一方面,知识与环境、个体之间是开放的,社会对知识的要求是不断变化的,知识处在不断的丰富发展之中,知识也在个体的交流、争鸣中得到发展。

5. 知识的逻辑组织与心理组织的关系

所谓知识的逻辑组织指按科学知识本身的内在逻辑发展组织学科知识,而知识的心理组织是指按学生学习科学知识的认识规律和特点来安排知识。教材内容的编排有逻辑组织法、心理组织法以及逻辑、心理交融组织法,一般要遵循逻辑、心理组织法来编排内容。教材之所以区分于科学著作,就在于它必须按照学生的认识特点和规律来组织学科材料。教材编写要考虑学生接受知识的程度、要善于激发学生阅读的兴趣、要调动学生学习的积极性、主动性;教材要善于设疑、培养学生的探索精神。

从知识观来看,知识本身可以从不同的角度划分出不同的顺序,如历史的序、逻辑的序、认识的序。科学知识存在的直接形式体现的是历史的序,即科学知识产生和发展的历史顺序或自然顺序;科学知识的抽象形式体现出逻辑的序,即不同学科都有其客观的因果关系和规律;学生接受知识则有认知的顺序或学习的顺序,即学生掌握知识总是遵循认识规律,经历由感性到理性、由个别到一般、由具体到抽象的过程。在教材编写中,只有把这些顺序都予以考虑,正确处理历史序、逻辑序、认识序的关系,达到逻辑组织与心理组织的统一,才能取得教材编写的较好效果。

(二) **教材编制的要求**

教材是课程的载体,是教学大纲的具体化。教材作为学校进行教学活动的基本工具,可以分为四大类:文字教材、实物教材、音像教材和电子教材。教材管理就是要严把教材质量关,对教材的编写质量与印刷质量进行控制,并根据学校的情况进行教材建设,组织专家编写、资助出版相关教材,使教材更好地为教学服务。

任何教材的编写都要遵循一定的要求。对教材编写要遵循的要求,一些学者也提出了自己的见解。王策三提出了八条原则:科学性、思想性、理论联系实际、基础性、可接受性、系统性、统一、稳定和灵活性和形式的特殊性。张楚廷则主张下列五个准则:最佳容量、最广泛效用、最持久效应、最适于发展和最适于传授。[①] 从历史上考察,对教材编写存在着多种角度或准则,如系统知识准则,强调知识的系统性、逻辑性;生活效用准则,主张对人生、生活有用的教材就是好教材;兴趣需要准则,重视学习者的本性,以学生为本位;社会发展准则,教材应帮助学习者了解社会、公民的权利、责任等。[②] 因而也就有了知识中心、社会

[①] 张楚廷.教学论纲[M].北京:高等教育出版社,1999:155-158.
[②] 钟启泉.现代课程论[M].上海:上海教育出版社,1989:222-224.

中心、学生中心等不同的教材编写流派。大学教材编写除了遵循一般教材的编写原则之外，还要按大学教学的特殊性进行教材的编写，如，思想性与科学性的统一、理论与实际的统一、系统性与启发性的统一、教与学的统一、形式与内容的统一等。

黄显华强调，教材编写中，要依据学生的认知历程和状态来进行内容的组织。一般来讲，学生的认知历程包括四个因素：第一，拥有先备知识。学习者来到学习情境之前，已在长期记忆中贮有大量的知识和策略。第二，注意外来讯息。学习经由改变注意量的大小能影响外来讯息到达工作记忆的总量；学习者经由改变注意的选择性能影响到达工作记忆的讯息的形式。第三，建立内在联结。学习者能将工作记忆中的讯息重新组织，使讯息具有一致性。第四，建立外在联结。学习者能将贮存在记忆的有关先备知识转移至工作记忆，然后学习者能将新旧知识加以整合，用自己的语言文字把讯息表示出来。针对这一认知历程，在教材编写中，要注意三个教材组织的要素：先行组织者、标示和附加问题。先行组织者能增进外在联结的建立以及先备知识之拥有，可以使学习者更好地理解知识内容，强化记忆。标示用来强调内容的结构与组织，其作用在于能促进内在联结的建立，使学习者建立一个观念架构，有利于讯息的组织。附加问题能促进学习者思考，并对学习进行评估。除了考虑以上三个因素之外，教材的图表设计与装订印刷亦对学习者的学习产生影响。大学教材编写不仅在内容上要有所突破，在形式上也要有所改进，在教材编写体例上，要生动活泼、灵活多样，章节前面最好要有导读，每章结尾要有总结或评论，用简短的文字开放式地解释本章节的内容；每一个单元或章节要安排形成性练习或总结性练习，方便教师与学生检测教学效果。

在教材问题上，还有两个问题需要引起教师重视。一是教材的选择使用。教师在编写或选择教材时，必须注意适应学生的学习需要。同样的"高等数学""大学物理"教材，研究型大学与应用型大学的学生需求就完全不同。因此，教材也存在着分层分类问题，不同的高校使用不同的教材。二是教师自编教材。关于教师自编教材应该是鼓励，还是反对，不能一概而论。笔者认为，有经典的、权威的合适教材，最好是选择使用，不宜组织编写；如果在无法找到合适教材的前提下，可考虑自行编写。总体上而言，在某一领域的学术权威编写的教材会具有较强的可信度，而一些专业力量薄弱的高校自行组织编写的教材质量往往不能得到保证。

案例五 习明纳：大学独特的教学形态

习明纳,是 seminar 的音译,有时也被翻译成习明纳尔。它的基本意思是研讨班、研讨会、研究所等。是指在教授的指导下,由高年级学生或优秀学生组成研究小组,定期集中,共同探讨新的知识领域,研究高深的科研课题,培养学生的创新能力与科研能力的教学形式。习明纳既是一种教学方式,又是一种教学形式,它不仅有知识传播的功能,还承载着科学研究的任务。①

一、习明纳的起源与发展

习明纳的英语原文为"seminar",来自拉丁文的"seminarium",原来的意思为"苗圃""发祥地"。它可以追溯到古代的讨论式教学,古代西方以及中国的先哲们几乎都是采用对话、讨论、辩论等的方法传道授业解惑。在西方,巴门尼德的弟子芝诺,曾用辩论法来对待苏格拉底。苏格拉底发展了这种方法,即"精神助产术"。"精神助产术"采用与学生对话与辩论,揭示对方认识上的矛盾,把存在于每个人头脑中的真理引导出来,从而使人成为具有深刻见解的人。苏格拉底在与别人讨论问题的过程中,并不是直接把真理教给别人,而是启发别人去思索,去发现真理。其教育也没有固定场所,几乎在任何地方都可以施教。这一点正是习明纳的核心所在。所以,有一些学者认为苏格拉底的"精神助产术"是习明纳最初的起源。

早期的中世纪大学享有充分的学术自由,是不少文人志士向往的学术中心,这也为以后的大学奠定了学术自由的基础。中世纪大学的教学方法主要有讲授和辩论,讲授法的程序是读课文,对课文进行详细说明,然后再评论特别有兴趣的段落,最后提出问题进行讨论。辩论是讲授必要的补充,由两名学生或两组学生对辩,其目的是为教师和学生提供帮助其解决在学习过程中所遇到的困难的机会,也给学生提供运用辩证法(即问答法)的实践。中世纪大学和宗教改革时期所采用的论辩会和演说会主要是对以师生对话补充教师讲课独白的

---

① 本案例主要在参考河北大学崔丽丽硕士学位论文基础上整理而成:崔丽丽.近代德国大学习明纳的产生、发展及其影响[D].河北大学硕士学位论文,2007.

教学方法,是课堂教学的补充。这种方法主要是为了让学生明晰与巩固知识,而不是鼓励学生创造新思想,产生新发现。但是,这种以论辩会和演说会等为主的教学方法,也被视为习明纳方法最早在大学的运用。

而最早可见的习明纳则是在18世纪虔敬派教育家弗兰克创办的师范学校中,也是迄今为止有资料可查的最早的习明纳。这所师范学校最初是为了对那些想成为教师的人们提供集中的教育方面的训练而建立起来的。17世纪后半期,弗兰克成立了第一种教育机构,即为贫困儿童开办的学校。随后又设立了一所"贫民学校"(poor school)和为贵族子弟服务的学院(padagogium)。1697年成了一所面向中上层阶级子弟的拉丁文法学校,为他们更高级的学习打基础。对那些愿意在他的各级学校中帮忙教课的大学生们,为了使他们工作更有成效,弗兰克常在他们初来的时候教给学生们一些教学方法,这种习惯以后发展成为他的教师研究班(teacher's seminar)——一个承担教师教育的学校,一个训练拉丁文法教师的特别高级学校。而这就是习明纳的最初萌芽。

18世纪,随着启蒙运动和新人文主义运动的影响,德国大学开始摆脱宗教束缚,恢复大学的学术和科学地位。走在时代前列的哈勒大学和哥廷根大学首先将近代科学和哲学引入大学哲学院,采取研究自由和教学自由的原则,尤其在教学方法上运用了学术报告和课堂讨论。为了帮助各种教学计划的实施,哥廷根大学提供了大量优良的物质条件,包括装备优良的实验室、天文台、解剖示范室、植物园、古物博物馆、大学医院等。图书馆在20年中收藏了6万册书和10万本小册子。正是由于具备了这些优越的条件,哥廷根的学生可以进行更充分的独立阅读,教授们可以进行更多的独创性研究。教授们有教学自由和不受检查的权利,可以自己选择教学内容和自行开设课程,上课大多采用讨论、实验观察等新方法,即使对古典文化的研究也抛弃了背诵和模仿等做法。自由的学术氛围及优越的条件催生了具有独创性研究特征的研究机构——习明纳(seminar)的正式诞生。由于当时德国大学以通过用新人文主义思想探索古典文学来促进人类文化发展为目标,因此习明纳首先出现在语言学领域。第一个习明纳是格斯纳于1737年创办的哲学习明纳。

格斯纳哲学习明纳创办之后,古典语教授海涅(Chr.G.Heyne)于1763年在哥廷根大学创办了语言学习明纳。在海涅的主持下,严格的书写和评价方法使用到教学中,对话和理解取代了中世纪大学引经据典和仪式性辩论的陈旧方法。海涅要求学生不仅听讲和阅读,而且要对听到的内容进行反省,并且"写下个人所想"。在习明纳中,导师千方百计地要求学生以"勤奋耐劳的态度""组织严谨"地完成作业。在哥廷根大学,洪堡曾选听海涅的课,并参加海涅组织的习明纳,深受其新人文主义的影响,成了一名年轻的新人文主义者。格斯纳和海涅的习明纳创造了那个世纪最好的古典研究。海涅所主持的这个语言习明纳,更有力地引进了学术研究,产生了世界上第一个真正的语言学习明纳,并成为了当时其他习明纳的典范。之后,不少学者开始创办语言学习明纳,如哈勒大学的沃尔夫(Friedrich August Wolf)、柏林大学的奥古斯特(August Boeckh)和舒尔茨(Johannes Schulze)等。

值得一提的是著名的教育学家赫尔巴特也于1809年在柯尼斯堡大学创办了习明纳。早在接受柯尼斯堡大学聘请时,赫尔巴特就提出希望能有接触学校教育实际的机会。他始终不满足于仅仅讲授教育学,仅仅从理论上探讨教育问题,希望能获得机会研究活生生的教育实际,让学生不仅仅学习教育理论,还进行教育实习,掌握实践经验。赫尔巴特于1809年向普鲁士教育厅提出建立师范习明纳及其实验学校的计划,得到教育厅厅长洪堡的批准。在当时财政困难的情况下,教育厅同意给他每年200塔勒聘请一位助手,协助他办师范习明纳,师范习明纳为培养优秀教师作出了重要贡献。由于后来赫尔巴特的教学科研活动取得了突出成就,柯尼斯堡大学以他为中心的教育学教学科研取得了长足的进步,对19世纪西方教育学的发展产生了很大的影响。赫尔巴特去世后,在耶拿大学,他的师范习明纳又被他的学生斯托伊(K. von Stoy)和赖因(Wilhelm Rein)先后接替,并成立了赫尔巴特学派,耶拿大学成了赫尔巴特研究的国际性中心,使赫尔巴特教育思想在全世界得到了迅速传播。

但是,虽然早期的习明纳也进行一些语言文学方面的研究,但主要还只是一种教学的形式和方法,即通过讨论和答辩来培养学生独立思考的能力和良好的学术品质,以使他们成为合格的语言学教师或其他教师。其主要做法往往是:事先指定某个学生在讨论前一周写好论文,并送给参加习明纳的每位成员阅读,然后大家围绕这篇论文进行讨论,其中一部分成员指定轮流为答辩者,而另一部分成员则对他们进行反驳,指导教师仅在讨论前后作简短的评述。由于早期的习明纳在讨论形式上类似于中世纪大学的循环辩论课(Disputation),又不重视通过讨论来进行科学研究,因而,严格地讲,它还不是一种真正意义上的习明纳。

随着19世纪初期科研功能在德国大学的确立与发展,习明纳的功能与范畴也不断拓展,逐渐从单纯的教学形式与方法发展到集教学与科研为一体的组织或机构,这也直接导致了习明纳在德国各大学的数量迅速增长。例如,柏林大学1820年只有12个正式的习明纳和研究所,其中医学7个,神学和哲学5个。1820—1849年又创办了6个习明纳,其中一半在哲学和神学部,一半在医学部。随后20年又增加9个,其中医学占6个,哲学3个。如海德堡大学(Heidelberg)1820年有8个习明纳和诊所,到19世纪50年代数量一直保持稳定,50年代后开始缓慢发展,到1870年有13个习明纳和5个诊所。图宾根大学(Tubingen)1820年有7个习明纳、研究所及诊所,1849年增加到13个,19世纪70年代增至18个。到了19世纪末期,随着德国政府对研究机构和大学的重视以及投入的大量增加,德国大学的习明纳得到了极大的发展。特别是1882年到1907年,阿尔特霍夫(Friedrich Althoff)在普鲁士文化部高等教育处任负责人期间,普鲁士的9所大学(柏林大学、波恩大学、布雷斯劳大学、哥廷根大学、格赖夫斯瓦尔德大学、哈勒大学、基尔大学、柯尼斯堡大学和马尔堡大学),建立了9个法学习明纳,4个神学习明纳,86个医学研究所、实验室和诊所,在哲学部建立了77个习明纳和研究所。除了数量上的发展,习明纳也从语言学、哲学等学科逐步扩展到了众多的学科,不仅是人文社科,也适用于自然科学等领域。

二、习明纳的形式与特征

(一) 教学模式

习明纳教学组织模式经过不断发展,在19世纪上半期基本成型,并在大学中确立下来。由于资料的缺乏,很遗憾不能搜集和整理出当时习明纳教学组织的全貌,只能根据现有材料对它的教材、结构、人数、内容等作概要介绍。

习明纳中的教材并不是固定的,而是由教师自由选择一些有价值的原始资料,指出哪些是主要材料及辅助材料。通过课堂上不断的提出疑难问题、解决问题的激烈讨论,学到利用材料的方法,培养学生的洞察力和想象力。教师给予学生适时、严厉、有效和真诚的指导。兰克的高足之一,基则布勒喜(Wihelmvon Giesebrecht)曾开办过一个专门培养历史家和语言学家的研究班

（即习明纳），他的学生和同事 K.T.海格尔对它进行过如下描述：

"用作教材的常常是一件著名的或声名狼藉的原始资料。爱恩哈德的《查里曼传》或白鲁诺记述撒克逊战争的小册子，弗赖辛的鄂图的世界编年史或本佐的亨利四世颂，有时甚至马基雅维利的《君主论》都曾被选用。研究班各成员不但必须负责翻译工作，而且还必须准备好回答老师提出的一些批判性问题，因而不断出现活跃的争论。基则布勒喜偶尔也把自己在写作中遇到的困难问题提出，把自己的疑点和结论说清；这样就给学生们一个极好的机会使他们得以一窥这位有经验的老师最深入的研讨，并从这个范例学到批判地利用史料的方法。但对那些把自己想成为历史家的志愿告诉他的人，他向他们讲得一清二楚：主要的事情并不是能够学到多少东西，只有洞察力和想象力才是历史家固有的天赋，但他还有必要以多方面的学习为补充。基则布勒喜一再重复兰克为历史家写的主要格言：批判、准确、透辟。

和这样研究资料的训练同时并进的是给每个学生一个微妙的历史问题要他解决。教师出题目（对那些开始学习的人），还列举主要资料和辅助材料，然后私下或当着全体研究班成员讲评已完成的作业什么地方写坏了，这份或那份资料为什么应当或不应当使用，以及为什么本来可以用其他资料代替。艺术的表现，即形式，也从未忽视；拖泥带水、邋里邋遢的文章受到无情的批评，即使作业在专门问题上让人满意也不行。基则布勒喜对学生成绩的评判一概都极为严格；很难得到他的认可，即使认可了，也很少赞扬。所有学生受到的严厉批评都是公正无偏、一视同仁的，而且因为经常鼓励学生，要他们进行新的尝试，为解决他们的问题时也十分热情，所以，学生们不得不承认教师的帮助是真诚的。"

（研究者）摩诺对（兰克的另一高足）惠芝的研究班也作过明确描述，可以让我们进一步了解习明纳的实施。他说：

"晚间，在哥廷根大学前边他住的那所漂亮的房子的书房里，他每周两次邀集八至十个最好的学生，详细讨论原文，汇报他事先指定他们写的批判文章，并和他们一起讨论。为参加这些讨论，他自己做了非常仔细的准备，在小纸片上以极小的字体记着他的评语，讨论时就从马甲口袋里一张一张地掏出来，他以友善的态度注意倾听每个学生讲的内容，然后，详细而严格地查问每一点。在这样做时，对别人的思想和工作也表现了高度尊重。他从来都不以无目的的任意批评取乐,而是指出每个问题的全部难点,每个意见可能提出的赞同的和反对的各种论点,以及作出结论时应有的谨慎态度等,他在这些事情上都做得很出色。经过这些讨论,学生不但获得更多教益,有了更明确、更有条理的思想,而且更加热爱并尊重真理和科学,他们体会到为真理和科学需付出的代价,也下定了为真理和科学而工作的决心。"

为了对19世纪初德国大学研讨班的结构、内容、人数等有更深入和具体的了解,下面以1812年5月28日柏林大学对语言学研讨班制定的有关规则作为基本资料进行介绍和分析。该规则指出:

"语言学研讨班是与大学密切相联的公共研究设施,其目的在于为有志于进行古典学研究的师生提供能够求得学问真谛的多方面的训练(第一条)。其中学生人数为8名(最多不超过10名)(第二条)。学生选拔应通过严格的考试。研讨班的教学主要由练习(ubung)和讨论(verhandlung)组成。练习和讨论必须使用拉丁语。参加人员每周用两小时解释和评述古希腊和罗马的经典作品。(第三条)。"

发展到今天,习明纳的具体实施模式为:习明纳实施之前,学生有1—2周的准备时间,查找和阅读相关文献资料,对某一问题的研究有一定概要式的了解,同时将自己的理解融入发言当中,报告人的发言要求言之有物,内容详实;之后的程序是回应人发言,一般在15分钟左右,回应人针对报告人的发言,通过补充、批评和商榷等多种形式,进行述评。接着是习明纳最关键,也是最有价值的环节—限时辩论与交流,一般20分钟左右,在这一部分,围绕交流主题,针对报告人和回应人的发言,课程参与者可以向报告人提问,对报告人提出自己的相反观点,对发言者的观点、论据提出批评意见,对相对立的命题进行辩论,报告人也可以进行解释、补充甚至反批评。这是课程中最精彩的部分,能充分展示学生们的学术积累与思维才智,这一部分即将结束之时,"讨论者常常会有一种意犹未尽的感觉。"这时候主持人应发挥作用,适时地控制与中止讨论,并用3—5分钟的时间作最后的简短总结与点评。习明纳教学模式的具体特点为:

第一,从课程结构来说,大学课程一般分为两部分,也称为两种类型:一类是教师授课型,一类是体现学生主体作用,与教师共同讨论型,后者即称习明纳。习明纳的引入,导致了课程结构和类型的分化,由过去传统单一的"讲授式"变为"讲授—讨论"的二元结构模式。在习明纳课上,主持人(一般由任课教师亲自担任)首先介绍1—2分钟,概括说明主题所涉及的基本问题,并不做任何学理的界定与评价,以免观念先行。

第二,在课程的时间分配上,习明纳的实施使教授的授课时数发生了变化。教师讲一门课的时间减少,其它时间主持习明纳,即让学生发言、讨论,以及与教师共同研究和探讨问题。习明纳持续时间的长短可事先决定,或由参与者决定,一般为一个半到两个半小时。习明纳报告人的专题发言一般不少于20分钟,在具体安排上,同一门课程的两种不同类型课可以按单元分布,交叉进行,贯穿整个学期始终。

第三,从教学方法上看,习明纳不同于传统的讲授法。讲授法要求教师在较短时间内,按本门学科的要求,讲清本门学科的基本概念、理论、思路和重点难点。而习明纳是一种指导学生学会独立学习与研究的方法。教师可以就本学科前沿性的、有研究价值的题目进行引导,指导学生拟定发言题目、提纲。

第四,在成绩评价方面,习明纳与传统考试差别较大。它主要包括学生的课堂参与程度、小组合作程度、课堂的语言表达及论文等方面,它不是一次客观性考试能够决定的终结性评价,而是基于学生能力基础之上的、真实性的、对学生的学习过程进行测评的形成性评价,主要评价标准参考学生的论文和课堂表现。设计合理的评价表格与制定科学的评价标准是非常重要的。

第五,在教学层次上,习明纳可根据学生需要分为初级、中级和高级三种。初级习明纳(proseminar)是对大学低年级学生开设的,学生要事先对课程的选题作充分准备,查阅各类有关书籍,写出报告,在课堂上宣读,然后和同学一起讨论,并回答学生提出的各种问题。这一阶段侧重于讨论和研究学科的重要文献,研究文献作者的思想和方法。中级习明纳(haupt-seminar)主要是二年级以上的学生参加。专题题目是针对学生所学专业而设定的,学生要在自己的专业领域中探索问题、进行研究、得出结果。中级习明纳以研究问题为主。高级习明纳(oberseminar)是专门为博士开设的,可用于探讨、研究高深的课题。

(二)师生关系

洪堡认为,在高等教育中,教授和学生都是探索者,师生完全是科研伙伴关系。应该共同参与科研活动,共同探求真理。习明纳在很大程度上体现了洪堡这一观点。习明纳中的师生关系不仅仅是一种平等的科研伙伴关系,更有些类似于家庭关系中的"学徒"与"师父",亲密而融洽,有时甚至终生保持着亲密的师生情谊。

下面这段话对习明纳中的师生关系作了很好的描述:

"习明纳中的教授仍起指导作用,但更注重方法而不是详细讲解,更注重新发现而不是结果。成功的习明纳参与者将会以超越教授的主权而结束,至少是超越他专长的某个有限的方面,而不仅仅是吸收教授所提供的权威信息。学生要确保对教师权威的尊重,教授(对学生的讨论)给予有价值的评论,在特殊情况下,发挥其指导作用,给予学生帮助。"

兰克的学生大多数一直忠于兰克,1884年,兰克的学生,也已70多岁的基则布勒喜有一天从莱比锡来看他89岁高龄的老师。兰克异常激动,也引发了他对自己倾尽心血的习明纳学生的深情回顾:

"我想起曾参加历史研究班的那些成员,当时还很年轻,现在已须鬓斑白。我刚才翻阅了一部德意志帝国年鉴。……当时我们静悄悄地开始撒下的那些种子,现在已长成参天大树,树下栖息着来自天上的飞鸟。……时至今日,每逢想起群集在我周围的那些青年的天才和辛苦,我仍然惊异不已。其中有今天来看我的基则布勒喜,还有科普克、尉尔曼斯;参加我那个研究班的还有惠芝,当时我曾对他说——因为当时他给我的印象确实是这样——他注定要成为德国史学界的穆拉托里。基则布勒喜喜欢诗,甚至在当时他就已经能够写作了。科普克聪慧,有学者天赋。多尼吉斯有事业心,富于务实精神。在这个集体中,工作开展起来。我们当时正赶上研究《科比修道院编年史》(Chronicon Corbeiense),我首先看出它是伪造的,但未能证实。研究班诸成员进行了调查研究,证明了它是伪造的。当时惠芝不在场,他到哥本哈根去了,他回来以后,不愿接受我们的看法,但最后还是被说服了。他还和我们当中最辛勤的成员之一希尔士一起写了一篇文章,终于把大家说服了。希尔士是这些人当中最年轻的一位,根基很好…后来我们大家一起编写《撒克逊王室年鉴》。影响我干起这项工作的是丰·劳麦的《霍亨斯陶桑家族》和斯滕策尔的《舍拉朝诸帝传》的榜样。……我们决定分批出版,我们当然并不期望从出版商那里得到酬金。……这样的开端幸而有上苍允准。上述这些人业已在世上取得成就;而且所有仍然活着的人们都还能友好相处,而且和我也都很好。这是学术上的一种亲属关系。但愿不致有不健康的气息污染这种友谊。"

兰克去世后,基则布勒喜写道:

"他把我们这些最亲近的弟子召集到自己家中,集聚在他的身旁,所以我们有机会就近观察这位不断创新的思想家的工作房。他广博的知识、多方面的教养、迅速抓住要点的本领和批判的天才引起我们对他的钦佩。当他成功地揭穿一个虚假的传说时,或者得以按照实际情况恢复事务的本来面目时,他常常会欣然大笑。正当他的名声开始传播于各个较大的学术团体时,我和他结成了亲密的相识,并觉得自己紧紧被他所吸引。当时他正处在精力充沛的壮年时期,他的一举一动充满着活力与热忱。"

基则布勒喜本身也与学生保持着十分亲密的关系。

"'白天劳作,晚间招待客人!'基则布勒喜不时邀请参加他的研究班的人们到家中便宴。在家中,不论对那些'到这里来也想学点东西'的有钱的花花公子,或者对从未尝过任何饮料的最可怜的穷学生,教授夫人总是一位无微不至的主妇;东道主积极张罗,使乐趣不致冷淡。在这种场合,他就变成一个话匣子,把他一生中想得起来的一切奇遇和愉快的故事说个没玩。"

惠芝的学生也非常敬爱与怀念兰克。而惠芝爽快地承认他感激兰克,他要学生们把兰克当作他们的"模范和榜样",他自己也希望活在学生们心中。惠芝曾对摩诺说:"我最好的作品就是我的学生,我最大的期望寄托在他们身上,我相信我最大的成功也是在他们身上。我写的这些书会消逝或被遗忘,但是我的这些学生则不然,他们将培养出其他学者,写出更好的书。"兰克、惠芝在两天之内相继去世。兰克临死时,曾问:"忠实的惠芝现在正干什么?""忠实"这个词充分体现了笃厚的师生情谊。

(三) 选拔机制

早期的习明纳是面向少数人的。经过挑选的优秀学生,每年不超过10人,这种情况直到1870年之后才得以改变。无论是正式的习明纳,还是非正式的习明纳和研究所,私人创办的,还是官办的,参加的学生在智力上都有高人一等的感觉。正式参加者通常是最优秀的申请人,一旦被选入,即能获得奖学金、创新工作奖,以及其他经济资助。在非正式的习明纳里,虽然没有这种正规的奖赏,但也不乏对从事科学有兴趣的优秀的高质量学生。即使在兰克、惠芝等私人创办的习明纳中,也多吸取优秀的学生参加。在兰克的习明纳中,只有那些想把历史作为自己专业的、有才能、有热情的人才可以参加,而他自己只是充当一位严厉,但友好的向导。

参加习明纳的学生,也对研究工作投入极大热情,甚至废寝忘食、夜以继日地进行研究,直至做出成果。与兰克同时代的化学家李比希(Justus Liebig)于1826年在吉森(Giessen)大学组建的教学—科研实验室(teaching-research laboratory),闻名遐迩,成为19世纪德国大学实验室的经典范例。它将习明纳方法融入其中,以科学研究为基本职能具有相当规模。实验室是李比希的独创之处,也是他最重要的功绩。它不仅意味着科学形态的转变,而且也意味着科研方法的突破。李比希叙述自己的教育方法时说:

"普通概念上的实验教育,在这所教室里只是由熟练的助手教给初学者的,而我负责指导学生的只是根据各自的情况来学习。具体方法是我给每个学生以研究专题,并检查他们的实践情况。那如同一个圆的半径有共通的中心一样。我没有对学生进行一般定义的那种指导,而是每天早晨听取每个学生前一天的研究进展情况,以及对自己研究工作的见解。最后我对他们表示赞成或反对。让每个学生寻找自己的路是必要的。同时各个学生在共同的研究生活和不断交往中,以及参加所有研究生的工作中相互取长补短。……就这样,我们这些师生拼命工作到傍晚。在我们这里,既无娱乐,也无消遣生活。仅有一件事是每天受到服务员奥贝尔的抗议,即他想清扫我们的实验室,但无法把这些学生赶出实验室。"

他们的工作有时由学生集体以共同研究的形式进行。李比希依靠这些年轻而精力充沛的学生的研究活动,在短时间内收集了化学方面的必要实验数据。李比希领导该实验室近30年,先后有700多名化学家在其中工作,吉森大学云集了来自世界各国的学化学的学生。这些学生回国后推广普及了李比希的教学方法,在他的门下培养出了大量著名的化学家。

(四)习明纳的特征

第一,教学与研究的统一。1810年,洪堡首先确立了柏林大学的办学理念,其中重要的一条就是教学与研究相统一。大学理念是大学教学的行动指南,而大学教学是大学理念最主要的载体和实践支撑。教学与研究相结合的大学理念在柏林大学所创办的习明纳中得到了充分、完美的体现。进行科学研究,追求真理是现代大学的重要任务。在习明纳中,教师和学生已不再是传统意义上的教师教、学生学的过程,而是共同承担起研究者的工作。习明纳讨论的前提是真理尚不存在,要通过教授与学生在讨论中畅所欲言,逐步探索。教学的过程同时也是师生共同研究的过程,二者紧密结合,不可分割。

第二,强调学生科研能力的培养。在习明纳里,教授不再是单纯的知识传授者,而是注重启发学生对学术问题的独立探索,积极培养学生的科研能力。柏林大学历史学家兰克去世后,他的弟子聚贝尔说,在习明纳里,"他允许自由选择研究课题,但随时愿意提供建议,他对于违反批判原则的过错给予严厉的批判,但措辞则婉转,老师鼓励每人按自己的才能发挥专长。"因此,在习明纳中,教师只做适时指导,由学生通过独立研究去完成学习任务,它最终能较好地培养学生的独立学习与科研能力。

第三,注重学生的互动与合作,师生关系平等融洽。习明纳的交流方式是多向互动的,它可以全方位调动所有小组成员的参与热情,有利于促进发散性思维的现实转换、激发创见。同时,这种交流方式也为参与者提供了相互激励的学习背景和相互竞争的学习机制,促使学生在激烈的讨论、辩论中将内在的认知结构充分展现、激活。从而真正激励学生主动地探求知识,而不是机械地接受知识。在讨论的过程中,习明纳成员之间平等的合作也是非常重要的。洪堡认为,习明纳很好地体现了大学非常重要的"协作"思想。所谓"协作"是指一群志同道合,情趣相投的人不时聚到一起,畅谈自己的观点,进行自由的学术争鸣。他说:"人的精神活动只有通过协作才能有所进展"。习明纳为参与者提供了合作空间,它将合作精神引入学习生涯,有利于实现和强化合作思想。在习明纳教学过程中,无论是老师,还是学生都是平等的参与讨论,教师注意尊重每一个学生,无论是思维敏捷、善于讨论的学生,还是性格内向、胆小木讷的学生,都能够有发言的机会。教师在习明纳中控制场面的能力很重要,而能否让学生实现真正平等的参与讨论,是习明纳能否达到理想效果的关键因素。而习明纳中的师生关系也不是单纯的教师对学生的学术指导关系,而是一种亲密融洽的朋友关系。

第四,实施形式的灵活多样。小组讨论是习明纳常采用的一种形式,但它又不拘泥于这一种形式。还可以是研讨班,或者气氛轻松的午后漫谈,甚至是在教授家中组织的一次临时讨论会。20个世纪以来,素以世界物理学家的圣地"麦加"著称的英国剑桥大学卡文迪什实验室,吸收德国让高年级大学生参与科学研究活动的研讨班制,并将它发展成固定的形式——卡文迪什物理学会,每两周举行一次学术报告和讨论会,介绍国内外的新发现和动态,进行讨论;每天午后五时举行茶时漫谈会,不分身份和地位自由漫谈,在这种气氛中时常迸发出智慧的火花,诱发出创造性的萌芽;每年元旦举行一年一度的聚餐会;每周有一两次在教授家中举行少数人的晚餐谈心,在轻松的气氛中进行交谈,激发思维,从而产生新的发现,有许多有成效的发明就是在这种讨论之中产生的。

三、习明纳在我国的应用

在我国,曾留学德国的蔡元培,在任北京大学校长期间,以德国大学的习明纳为蓝本,在北京大学首创文、理、法三科研究所,主张教学与科研相结合,提倡思想自由、兼容并包,从而在较短的时间内使北京大学的面貌焕然一新,成为中国一流的高等学府。20世纪30年代,我国浙江大学也建立了"习明纳"组织,随后传到了复旦大学和原杭州大学等高校。21世纪以来,我国也有不少高校在尝试着习明纳。如2003年,清华大学开设了新生研讨课,首批开出31门课程,实行师生之间零距离的交流沟通和研讨,普遍受到师生的好评。截至2005年,清华大学已成功开设近200门次新生研讨课,涉及文、理工、管、法等各个学科,百余知名教授参与。如上海交通大学自2006—2007学年开始,为改变长久以来形成的普遍的接受式学习的僵化模式,为一年级学生每学期都开设了一些研讨性质的课程,称之为新生研讨课(Freshman Seminars)。2008—2009学年第一学期开设了41门新生研讨课,可容960多人选课。如2007年秋季学期,哈尔滨工程大学为了与建设高水平研究型大学的目标相适应,开设了新生研讨课,首批开出10门。

在如火如荼的尝试习明纳的同时,也存在不少问题,如目前国内高校所开设的习明纳课程还主要是模仿,而且习明纳需要大量的人力和物力投入等,除此之外,在实施过程中所遇到的问题特别突出,主要有:第一,我们的习明纳(讨论课)只有教学的作用,而无研究的作用。它不是对未知知识的探索和对已有结论的质疑,而只是对现成结论的论证,讨论目的也仅仅是为了进一步明确并牢记已有的结论,或者培养学生的表达能力。而没有进行教学与科研的有机结合。第二,讨论题目枯燥无味,限制多,多为授课教师强行设置,学生发挥余地小。第三,讨论者小心谨慎,人云亦云,不愿大胆发表不同观点,使得讨论气氛沉闷,也令少数态度积极的学生慢慢被同化,讨论效果非但不佳,反而使得原有态度积极的学生变得沉默寡言。第四,教师依然占领课堂中的制高点,依然习惯于领导学生言论的地位,而不能放下教师的架子,与学生共同进行深入讨论,而学生也往往出于对教师的敬畏而不愿与教师进行讨论和辩论等。针对这些问题,国内不少学者提出了若干解决对策,如提高和加深对习明纳本质与内涵的认识、改进教学评价标准与体系、改革课程计划与课程设置、提升教师素质、配置丰富的教学资源等。

为什么这样的一种结合了教学与科研功能的教学形式与载体能迅速得到世界各国的认同与接纳,并得到了大规模的推广,其根本原因离不开它的作用与成效。大学的根本意义在于以知识为载体培养人,而人的发展不仅在于传承与获取已有的知识,更重要的是创造新知识,大学如果固守于传承与传播知识,也将失去其存在的根本意义,从这个角度而言,习明纳结合了传承与创造两种功能,使课程与教学的范畴得到了延展与拓展,这也是它在世界高等教育领域普遍认同的根本原因。习明纳在结合教学与科研功能方面,让研究者和人们发现,原来大学课程与教学的形式、内容等可以如此广泛与多样,原来课程设置可以如此灵活多变,原来教学可以不仅仅拘泥于教师教学生听等这样单一的形式,原来在创造中可以传承、在传承中可以创造等。课程与教学的外延与内涵因为习明纳得到了极大的扩大,正如哥伦比亚大学一位经济学家在1982年所言,"习明纳是轮中之轴,是现代大学真正的具有生气的中心,是激动人心的和富有创造性的力量。没有习明纳,大学教学就不是完整的;有了习明纳,且加以正确实施,任何大学都能够实现其主要目标。"

本章推荐阅读书目

1. 陈伯璋,薛晓华.高等教育中之潜在课程[M].台北:高等教育文化事业有限公司,2004.

2. 国际21世纪教育委员会.教育——财富蕴藏其中[M].北京:教育科学出版社,1996.

3. 黄光雄,蔡清田.课程设计——理论与实际[M].南京:南京师范大学出版社,2005.

4. 黄显华,霍秉坤.寻找课程论和教科书设计的理论基础[M].北京:人民教育出版社,2002.

5. 黄政杰.课程设计[M].台北:东华书局1991.

6. 拉尔夫·泰勒.课程与教学的基本原理[M].北京:人民教育出版社,1994.

7. 潘懋元.高等学校教学原理与方法[M].北京:人民教育出版社,1995.

8. 施良方.课程理论[M].北京:教育科学出版社,1996.

9. 王伟廉.中国大学教学运行机制研究[M].广州:广东高等教育出版社,2005.

10. 王义遒.文理基础学科的人才培养[M].北京:北京大学出版社,2005.

11. L.迪·芬克.创造有意义的学习经历——综合性大学课程设计原则[M].杭州:浙江大学出版社,2006.

12. 罗伯特·M.戴尔蒙德.课程与课程体系的设计和评价实用指南[M].杭州:浙江大学出版社,2006.

13. 张楚廷.大学教学学[M].长沙:湖南师范大学出版社,2002.

14. 钟启泉.课程设计基础[M].济南:山东教育出版社,1998.

15. 崔丽丽.近代德国大学习明纳的产生、发展及其影响[D].河北大学硕士学位论文,2007.

16. 苏玉霞.美国研究型大学本科习明纳的创新型人才培养功能研究[D].东北师范大学年硕士学位论文,2008.

17. 张利荣.大学研究性学习理念及其实现策略研究[D].华东科技大学硕士学位论文,2012.

第六章

大学课程与教学评价

当前,高等教育领域竞争激烈,生源在世界范围内流动,教育质量成为竞争的焦点和核心。提高高等教育质量已成为世界各国高等教育发展的共同主题,高等教育已进入以提高质量为中心目标的时代。提高教育质量的办法有很多,如加强师资队伍建设,加大经费投入,加强教学改革等,而开展课程与教学评价是大学提高教育质量的重要手段。大学课程设置及其实施必须进行经常性的、常规性的课程评价,以检验课程设置与实施的科学性和实效性,确保高等教育质量。为此,加强大学课程与教学评价理论的研究具有十分重要的意义。

第一节 大学课程与教学评价概述

一直以来,我国教学管理更多指向教学评价,即评价教师教学效果与水平,而对课程评价研究较少。可以说,在我国,课程评价无论在理论研究还是实践操作上都不太成熟与完善,直到20世纪80年代以后,大学课程评价研究才开始起步;进入21世纪,课程评价才日益受到重视。

一、大学课程与教学评价的产生及内涵

评价是人类社会早已存在的一种行为,自从有了教育活动,自然就有对教育活动的评价。系统的、科学的评价是从20世纪20年代开始的,早期的评价主要是教育评价,同教育测量与测验相联系,主要是对学校办学水平及各项教育工作质量进行评价等。真正推动教育评价的科学化是从课程评价开始的。泰勒于20世纪30年代提出了课程评价的概念,认为课程评价主要通过考试与测验来进行,其目的是改进教学,实现教育目标。因此,他认为有必要发展出评价不同情境的考试,以获得学生所学内容或学习结果的证据。这种课程评价主要是通过考试与测验来判断学生学习知识的效果。随后,课程评价扩展为对学生认知、情感和技能发展的评价,课程评价的内涵也从由学生行为与目标的一

致性扩充为预定课程计划与实际教育结果之间的比较,评价的对象也从学生学习结果扩大至学校的学习活动与影响学习的因素。今天,课程评价的含义与当年泰勒提出的时候已大为不同。早期的课程评价主要是指对学生学业成绩的评价,其评价对象是学生,评价内容是学生掌握课程的程度;今天的课程评价就是指对课程的评价,评价对象是课程本身。

评价是指个人或团体对某一事件、人物或历程的价值判断过程。作为价值判断,涉及好坏及对优缺点的确认与断定。这种评价既可以是定性的描述,也可以是定量的统计分析;评价既是对过去事件或人物的总结,也可以是为了未来改进工作所做的分析。课程评价是一种以课程为对象,以判断课程的价值、功能及其实现程度的活动。课程评价是这种评价在课程领域的运用。对课程评价存在着以下不同的观点:①把课程评价视为成就表现和特定目标间的符合程度;把课程评价视为教育测量与测验;把课程评价视同为专业人员的判断,针对课程的优缺点或价值,加以评估;把课程评价视为搜集和提供资料,让决策人员从事有效的决策;把课程评价视为一种政治活动,评价不仅检视课程的效率及管理课程问题,也理解评价所涉及的道德及美学含义,并探讨何人会从评价中获益。

为什么会对课程评价有不同的理解,其中一个重要原因是课程的含义复杂多样。由于课程一词所指向的内容太多,因此,课程评价的内涵也就丰富多彩,其侧重点与强调点也就不同。由于课程概念的丰富性,课程评价又可以分为对教学计划的评价、对教学大纲的评价、对教材的评价以及对课程实施效果的评价等。②

1. 如果课程指的是内容大纲、范围顺序或课程纲要等课程文件,则课程评价代表对这种文件的价值判定。例如,此文件是否完整?叙写是否妥当?深度和广度是否适当?组织是否严谨?内容是否新颖真切?内在一致性如何?

2. 如果课程是指学生的学习经验,课程评价则是针对学生所得教育经验的价值判断。例如,这些学习经验是否具有教育功能?是否具有挑战性?有无鼓励作用?是否适当?是否完整?对学生年龄而言是否适当?不同背景的学生是否获得公平对待?这些教育经验如何加以改善?

3. 如果课程的定义是学习的具体目标,则课程评价是指教育过程的实际结

---

① 黄光雄,蔡清田.课程设计——理论与实际[M].南京:南京师范大学出版社,2005:189.
② 同上:190-191.

果。例如,学生在某一教学单元中究竟学会何种概念与技能？这种课程结果和其他不同课程的比较情形如何？和先前的课程比较情形如何？学生实际学习的情形如何？有无任何副作用？学生能就所学加以利用吗？哪些学生最能或最不能从此课程中获益？如何使学生的获益发挥到极致？

众所周知,课程存在着不同的层次,课程评价也可以针对不同层次的课程进行评价。如,针对"理想课程""正式课程""知觉课程""运作课程""经验课程"分别进行价值判断,提出其优缺点,进行不同的课程评价。如果只针对某一层次而忽略其他,则会犯以偏概全的错误。只有充分了解不同层次的课程,才能对课程作出正确的评价。因此,大学课程评价根据课程的广义与狭义之分,主要有以下两层含义:一是对大学教学计划或人才方案的评价,即判断教学计划或人才培养方案的合理性、可行性、科学性。可以从以下几个方面来进行评价:培养目标是否准确,教学时数是否恰当,课程结构是否与培养目标吻合,课程设置是否符合社会需要、符合学科发展规律、学习学习规律等。二是对某一具体课程进行评价,即判断某一课程的价值与实施效果。它可以从不同维度进行。比如,课程内容评价,即判断课程内容是否符合要求;课程效果评价,即判断课程实施的效果;课程质量评价,即判断课程教学质量的优劣;课程绩效评价,判断课程教学时数与教学目标的关系;课程资源评价,即了解教材、师资、设备等硬件,以判断课程实施的前提条件或外部条件的情况等。

导致对课程评价不同理解的另一个原因是,课程是一个动态的过程,在不同阶段具有不同的评价特点与重点。比如,在对一个新课程方案的进行评价时,主要是和以前的课程方案作对比,评价其目标、基本假设是否合理,课程方案是否可行;在对一个课程方案实施情况进行评价时,则要对课程实施的效果进行判断,主要表现为教学评价。

大学教学评价亦称大学教学工作评价或大学教学评估,一般译成英文为"Instructional Evaluation of University"或"Instructional Assessment of University",有对大学教学进行"估量、估计、评定"等多种意义。虽然许多学者都使用过"大学教学评价"一词,但是他们对于这个词的理解并不一致。按照评价主体来看,主要有三种理解:第一种是宏观层面的,即指国家教育行政部门或社会民间评估机构对大学教学进行的评价;第二种是中观层面的,即指大学内部的自我教学评价或大学教学主管部门对大学所属各院系进行的教学工作评价;第三种是微观层面的,即直指大学对教师课堂教学质量的评价。课堂教学质量评价也可以纳入课程评价范围之内,与课程评价基本同义。

课程与教学评价类型可以从不同维度进行不同的分类。若从评价的角度进行分类,可分为:(1)初始评价。主要是在课程实施前,对其开设的价值进行评价,并评估其实施的可行性和合理性。(2)形成性评价。通常是在课程实施活动中进行,主要是通过诊断课程设计与实施中存在的问题,为正在进行的课程活动提供反馈信息,促进课程活动的改进与完善,缩小与目标之间的差距。这种评价着重于分析、比较、诊断、改进,而不是分等鉴定。(3)总结性评价。通常是在课程实施活动结束后,对课程实施的效果进行评价判断,给出一个结论,往往与决策相关。(4)综合评价。这是对课程与教学的多角度、多方面收集信息,以说明和解释课程与教学的优劣及长短。

二、大学课程与教学评价的特性

课程与教学评价的特性取决于课程与教学评价哲学。由谁来决定课程与教学评价的内容,如何收集和分析数据,解释和判断数据的标准是什么,谁是最后评价结论的判断者等问题都涉及课程与教学评价的特性。传统的课程与教学评价比较注重学生的学业成绩,强调由教师采用标准化测验的方式进行。而现在的课程与教学评价强调学生、教师、家长、社会共同参与,评价者使用定性和定量的探究形式来获取有关课程工作和学生学习的数据,每一位参与课程设计与实施的人员都应该参与分析和判断数据。通过评价,促进反思,以改善课程质量。正因为如此,行动研究、对话、参与式观察、循环过程等方法和思想在课程与教学评价中被重视与应用。

"没有人愿意被评估,被认为是掌握某门高深学问的大学教授、教师更是如此。"[①]因为评价通常意味着改变。被学生评价更不愿意。因此,在高校中学生评教受到不少教师的抵制。抵制的理由有很多,有的教师认为学生的认知水平不足以去评价学术性很强的大学教学过程;有的教师认为教学效果有滞后性、复杂性和难测性,教学效果在短时间内表现不明显,学生的评价不太符合客观实际;有的教师认为学生评教侵犯了自己的教学自由,与大学学术自由的理念

---

① 王一兵.高等教育质量保证机制:国外趋势和中国面临的战略选择[J].高等教育研究,2002(1):37-42.

相背等。实质上,学生评教是学生根据一定的标准对教师整个教学过程作价值判断的活动过程。学生评教既是学校当局的管理要求,也是学生的权利。在中日美三国教师回答"谁对你的教学活动进行定期评估"问卷调查中,发现学生对教师教学活动进行评估的比例最高,具体结果见表6-1①。

表6-1 教师教学活动的评估主体问题(多选)

项目＼国别	中国	日本	美国
同一个系或单位的教师(%)	54.3	21.3	54.3
系主任或单位负责人(%)	62.2	31.3	80.4
本校其他系或单位的教师(%)	21.2	5.4	18.1
校级负责人(%)	37.4	35.1	36.3
学生(%)	67.1	48	90.4
校外评估人员(%)	21.5	10.3	8.3
本人(%)	37.4	40.2	59.4
没有人进行评估(%)	6.0	8.4	1.4

第二节 大学课程与教学评价的内容

制订科学的、合理的、客观的评价标准,是课程与教学评价的核心和关键。在此,针对课程与教学评价的具体内容进行分析,每项内容具有不同的侧重点与标准,因而指标体系也不尽一致,评价的手段与过程也不尽相同。

一、教学计划(人才培养方案)评价

教学计划,又称人才培养方案,是对学校课程设置的总体安排,是对学校各专业培养目标、课程设置与结构、学分修读等方面的规定,是学校教学工作的指导性文件,也是进行教学工作的依据。对课程计划进行评价,包括对课程编制

---

① 黄福涛.中日美三国大学课程开发与教学的比较研究[J].苏州大学学报(教育科学版),2013(1):114-115.

指导思想、课程目标、课程设置等方面的评价。

1. 对课程编制指导思想的评价。对课程编制指导思想的评价就是对课程设置价值取向的评价。对课程编制指导思想的评价可以从以下两个方面入手：(1)需求的调查。课程编制的指导思想体现在是否培养为社会所接受的毕业生。因此，在课程编制指导思想的评价过程中，需要调查社会在其发展过程中对未来人才提出了哪些新要求，学生或其家长有哪些要求，这些要求在课程编制指导思想中有所体现是否。(2)问题的诊断。发现问题的症结所在，对这些问题进行研究，提出改革的措施与方案，是课程编制指导思想中的重要内容。要看课程编制指导思想中对问题的判断是否比较准确，符合事实，提出的改进措施是否可行等。

2. 对课程目标的评价。课程目标是课程及其教学活动的蓝图，是教学工作的指南，也是衡量课程最终质量的准绳。一定的课程目标是一定的教育价值观的体现，也是教育思想与观念的反映。课程目标的评价要注意以下三个方面：(1)课程目标是否与培养目标相一致。培养目标要通过课程目标才能实现，如果课程目标与培养目标相偏离，那样就无法形成合力，导致培养目标落空。因此，要看课程目标的总和能否覆盖培养目标，培养目标总是通过一定的课程来实现的，如果培养目标体系或目标体系中的一部分目标没有一定的课程来加以实现，那么，这个目标体系或其中部分目标就有可能流于形式，使培养目标游离在课程目标之外。同样，课程目标总和如果超过了培养目标，可能意味着拔高了培养目标，会导致学生无法达到目标。培养目标是建立在学生的现有发展水平和发展规律的研究基础之上，必须使课程目标适应培养目标。(2)课程目标实现的可行性。一个目标不仅要有科学性、必要性，还要有可行性、可操作性。因此，课程目标必须充分考虑学生的实际发展水平，考虑学校的现行条件与教师情况。如果脱离了这些实际情况，目标就会无法实现。(3)课程目标表述的准确性。课程目标的表述要注意以下四个要求：第一，课程目标的行为主体必须是学生，而不能是教师或教育工作者。诸如"培养学生的创造能力"这样的目标是不恰当的，因为它的行为主体不是学生，如果从教师或教育工作者的角度来说，只要开展了这个活动，就算是达成目标了，至于学生是否真的提高了创造力，按上述目标，是无法衡量，也是无关紧要的了。第二，课程目标只能用课程活动的结果，而不是用课程活动的过程或手段来表述。诸如"学生应受到外语听说读写的基本训练"这一目标的表述也是不适合的,因为它并没有表达课程活动最终要达成的结果。如果可以用过程表述目标的话,那么,学生只要参加了这一活动,这一目标就可以认为已经达到了。第三,课程目标的表述必须是确定的,而不能是模棱两可的。"应该""可以"等词不适宜用来表述课程目标,因为只是表达了一种意向,而没有表述必须完成的要求。第四,对于用于评价和检查教学效果的具体目标来说,行为化的教学目标的行为动词必须是具体的,而不能是抽象的。课程教学目标不仅是教学过程的指南,而且也是评定学业成绩的依据。抽象的目标无法观察和检查,不利于评定考核。比如,"学生要掌握计算机的应用程序"这一目标,就不够明确,最好分解为一些具体的、可观察的目标,如:"说出计算机各组成部分的名称";"列出计算机操作的基本步骤";"描述计算机操作过程的注意事项";"演示计算机操作的技能"等。

3. 对课程设置的评价。课程设置的评价包括对课程设置与课程目标一致性的评价、对课程结构合理性以及课时安排合理性的判断。大学课程设置从课程内容的角度一般可以分为通识课程、学科基础课程、专业基础课程、专业课程等,从选修的方式来讲,可以分为必修课程与选修课程。要通过课程设置判断与培养目标是否一致,各类课程之间的比例是否科学,必修与选修的课程设置是否合理,理论教学与实践教学的安排是否恰当等。当然,这一判断往往要凭借专家来进行,同时也要通过该课程体系培养的人才质量来检验。课时总量的合理性也是判断课程设置的一个重要内容。大学阶段安排总课时数、总学分数,以及每学期修读的学分数,每周的教学时数、各年级间的课程设置情况等,都是进行课程设置评价时参考的因素。

二、课程大纲(教学大纲)评价

课程大纲编制已在上一章作过分析,评价需要按照以下三个方面进行。

1. 课程大纲目标的评价。一门课程的目标要能与整个学科、专业目标相一致,进而与人才培养目标相吻合。教学大纲是由各门学科的专家分别编制或教师自己编制的,因此要与其他科目的目标既有联系又有区别。如果没有联系,那这一科目可能与其他科目相脱节;如果没有区别,那么这一科目的独特作用就无法体现,与别的科目相重叠。另外,知识内容要能为实现目标服务,目标要通过具体的内容得到反映,课程目标要与学生的需要相适应,脱离学生实际,这一目标也是不妥当的。

2. 课程大纲内容的评价。多尔(Ronald C.Doll)提出了7条指标:(1)作为知识的有效性与意义。有效性与有意义是内容选择的基本准则,剔除一些无意义与无用的知识内容。(2)广度与深度的平衡。要使内容的广度与深度达到适当的平衡。(3)满足学生需要与兴趣的适当性。要辨明学生长期的兴趣与需要有赖于教师充分的了解与对有关情况的掌握。(4)内容的时效性。学科内容变化非常快,要选择那些基本概念、基本原理作为基本内容。(5)事实与其他次要内容和主要观点及概念的关联性。要摒弃一些与主要观点不相关的内容。(6)内容的可学性。要选择可以让学生接受的知识内容。(7)由其他学科领域迁移过来的可能性。跨学科的内容往往有助于强化学生的学习。

3. 课程大纲评价指标体系。教学大纲是根据教学计划,以纲要的形式编定有关学科教学内容的教学指导文件,它规定学科的教材范围、教材体系、教学进度和教法上的基本要求。其评价指标体系包括以下五个方面内容:(1)教学大纲的编制:教学大纲编写格式、教学大纲内容选择、教学大纲结构安排等情况。(2)教学目标:教学目标内容、教学目标要求、教学目标表述等情况。(3)教学内容:教学内容的广度、教学内容的深度、教学内容的科学性、教学内容的前沿性、教学内容的适切性、教学内容结构的合理性、与相关学科教学的协调性等情况。(4)课时安排:教学内容与课时安排的匹配性、教学过程中各课程安排的合理性等情况。(5)学习评价:评价方法的合理性、评价内容与课程目标的一致性、评价结果的客观性等情况。

三、教科书的评价

教科书是根据课程标准(过去是各科的"教学大纲")由课程专家、学科专家以及优秀教师共同编写的学生的教学用书。教科书只是课程的一个要素,完整的课程在师生交往中生成。教科书是教师引领学生进行知识漫游的路线图,它能包容学生的经历所感知到的现实图景,并引导学生进行经验的概念化。教科书是教学过程中师生依据的主要材料,也是考核教学成绩的主要依据和学生课外拓展和深化知识领域的重要基础。教科书编写的质量如何,直接影响着教育的内在质量和学生的发展。

教科书的评价往往从内容、语言文字、教学设计、编印设计、课堂使用等几个方面进行。① 尽管讨论的对象是中小学教科书评价,但对大学教科书的评价也同样具有适用性。内容是指教科书中包含的观念和特定信息,语言文字是指教科书使用的词汇、符号和文体风格,教学设计是指教学要素在教科书中形成的结构,包括宏观层面和微观层面的教学设计。宏观层面的教学设计包括学科内容的序列和整合、内部各部分的关系、课程目标在内容中的反映;微观层面的教学设计包括学习活动的设计、激励学生学习的程度、充分的练习和适当的评价;编印设计是指教科书的版式设计、页面教学要素的呈现、装帧质量等;课堂使用包括使用的便利性、学生的学业成就和课程资源的匹配情况等多方面的信息(见表 6-2)。

表 6-2 教科书评价表

一级指标	二级指标	考查要点
内容	完整性	是否包括学科课程标准规定的核心内容
	新颖程度	是否反映该项学科领域的前沿知识
	准确性	概念、原理、数据科学可靠
	难易程度	是否符合学生的认知能力
	公正性	有无种族、性别、文化、宗教、残疾等歧视
语言文字	与学生的匹配性	是否有利于学生阅读,便于学生独立学习
	表达形式	是否准确简洁,深入浅出,生动有趣
	表达内容	是否联系实际,联系学生已有知识
教学设计	内容的排列与整合	是否从易到难,从具体到抽象,以利于学生建构和整合信息
	各部分的关系	是否适当分配内容,各部分是否互相联系
	课程目标与内容的一致性	内容是否反映课程标准中的所有目标,是否注意到情感、意志等目标
	学习活动的设计	是否提供多样化的学习策略,是否设计开放性问题与学生实际体验
	激励学生学习的程度	趣味性与可读性的设计情况,难易度的设计
	练习和评价	是否提供充分的练习机会

---

① 方红峰.论教材选用视野中的教科书评价[J].课程教材教法,2003(7):19-24.

(续表)

一级指标	二级指标	考查要点
编印设计	教科书的编排	目录、标题、序号、内容统一、醒目
	说明和图解	是否有利于识别，突出关键词和概念
	栏目设计	是否合理分配教学要素和引导学生有效学习
	总结与学习指南	是否能帮助与引导学生进行知识建构
	字型、纸张	字体适用，纸张耐用、结实、美观
	参考书目与文献	是否为学生自学提供更多的资料
课堂使用	便利性	是否需要设备仪器、场地、软件等
	学业成就与态度	学生的学业成就如何，学生是否喜欢教科书
	课程资源	是否具有相关的教师用书、练习册和其他材料

四、精品课程评价

目前，我国高校正在广泛开展重点课程、精品课程建设。高校往往从以下四个方面进行评价：一是建立机构，由教务处牵头成立重点课程或精品课程建设委员会；二是提出目标，根据教学计划的要求，对全校课程进行模底，提出在若干年内争取建设多少门重点课程的计划与方案；三是成立专项建设基金，专款用于课程建设；四是公布重点课程的标准，作为重点课程建设的样本供参考。表6-3为可供参考的重点课程建设评价体系，这只是一个粗略的条目，更为详细的定量指标应根据学校具体情况制定。

表6-3 可供参考的重点课程建设评价体系

一级指标	二级指标	三级指标
师资队伍建设	队伍结构	教师人数，高级职称教师比例，40岁以下教师具有博士硕士学位人数
	学术水平	课题立项，论文发表情况
	教学水平	教学、教研获奖情况，教研活动开展情况
教学基础建设	实验室、实习基础	实验设备及开出率，实习基地建设
	实践教学	理论与实践结合情况
	教学资料	教学资料管理情况
	教学文件	教案、教材及参考资料

（续表）

一级指标	二级指标	三级指标
教学改革	教改方案	有无教改方案,执行情况
	内容和体系改革	作过哪些改革,效果如何
	教学方法和手段改革	多媒体使用,课件制作及其他教学方法改革
	考试考核改革	试题库建设,考试改革
教学效果	学生成绩	学生统考成绩,平时作业情况
	教学评价	专家、学生测评

笔者认为,制约我国高校质量的一个重要方面是课程质量。因此,加强课程建设与评估是我国高校提高教育质量的重要内容。王伟廉曾指出我国高校课程总量不足的问题,他认为大学应开课程数量在 3 000 门以上,科类较多的学院课程总量不少于 2 000 门。为了达到这一数量,他提出要确立"一人多课、多人一课"的目标,①改变"一个人一辈子只上一两门课"的局面。其实课程总量只是问题的一个方面,关键还在于课程质量,要提高课程实效。因此,开展重点课程建设、精品课程建设,加强课程评价具有十分重大的意义。2005 年 7 月,教育部正式推出了《国家精品课程评估指标》,该指标体系按照教学队伍、教学内容、教学条件、教学方法与手段、教学效果和特色、政策支持等 7 个一级指标,以及 16 个二级指标评估精品课程,并于当年从 940 门课程中评出了 299 门"国家精品课程"。2010 年起,国家又进行精品资源共享课程与视频公开课程建设,其成效尚有待实践检验。

五、课程质量评价

课程质量是直接影响人才培养质量的关键环节。在此,笔者以美国作为参照,结合有关文献,论述如何进行大学课程质量评价的问题。

---

① 王伟廉.中国大学教学运行机制研究[M].广州:广东高等教育出版社,2005:20.

(一) 大学课程质量评价主体问题[①]

我国高校课程质量评价虽然起步较晚,但发展较快,主要形成了以下四种评价模式。(1)督导专家评价。从 20 世纪 80 年代末期开始,为了阻止教学质量下滑的趋势,各高校专门成立了教学督导组,由各学科教学经验丰富的专家负责第一线教学质量的检查。专家们通过查听课等形式,对课程和课堂教学的情况进行评价,评价结果直接向教务部门反映,教务部门将结果通报给各院(系)主管教学的领导,供教师职称评审和评选优秀教师时参考。(2)同行评价。由各系和教研室的教师互相听课进行评价,由于同行之间对学术水平和教学水平比较了解,因此评价结论相对比较准确,而且对促进教学法研究、集体备课以及统一课程要求等都有好处,但由于教师的课程教学和学术研究的负担较重,难以使这种评价制度化、经常化和规范化,而且教师组织结构松散的特点也决定了这种模式作为一种独立的评价模式很难有效坚持。同时,同行间的人情关系对评价也有较大的负作用。(3)领导评价。为了直接掌握课程教学的实际状况,领导深入教学第一线检查听课,并形成制度。这种评价虽然在形式上只能作为课程教学质量评价的一种补充,但由于评价者的行政权威,这种评价的影响力比较大。(4)学生评价。许多在建立课程教学质量评价监控机制的过程中,加大了学生评价的力度,学生直接评教,所有学生均参加评价,采取无记名填涂的方法,对任课教师的课堂教学情况进行评价,评价内容包括教师的职业道德、教学内容、教学方法、教学水平、教学效果等方面。教务处对回收的学生问卷进行统计。

从目前来看,对课程质量的评价有越来越倚重学生评价的趋势。随着高校竞争的加剧,高校收费制度的确定,以及为学生服务观念的确立,学生评价的权重不断加大。在笔者工作的学校,学生评价占百分之八十的权重,而另外百分之二十是学院领导。而同行评价由于种种原因,很难操作。学生评价的结论作为教师教学质量优劣的依据,用于教师教学质量评比、考核的奖惩之中,并对教师职称晋升等也具有重要参考作用。

---

① 蓝江桥.中美两国大学课程教学质量评价的比较与思考[J].高等教育研究,2003(3):96-100.

美国大学课程教学质量评价的主体是学生。根据美国的教育评价理论,对评价标准的评价主要看其适当性(propriety)、有效性(utility)、可行性(feasibility)和精确性(accuracy)。适当性的主要原则就是"学校要为学生服务",学校的目标就是如何实现和达到个体的期望。因此,对教师教学的评价必须以教师是否有效满足学生的教学需求为中心,而最能作出这种评价的应该是学生。因此,对教师课程教学质量的评价几乎全部依赖学生这个评价渠道。例如,堪萨斯州立大学在课程教学的学生评价表中的说明是这样写的:

请认真思考并诚实地回答表中的问题,个人的评价表采取无记名方式,班级所有评价结果汇总后提交给授课教师和所在系的领导,学生的评价有助于教师改进教学,并能使系领导掌握教学效果,以对教师的加薪、提职和任期进行推荐。

当然,学生评教一直有着争议。有人甚至认为,以学生作为评价主体,实际上是用保护消费者权益的商业原则来腐蚀、侵害学术自由的原则;学生评价会带来一些消极作用,如教学质量的数据的广泛使用已经引起分数膨胀,课程教学贬值;由于管理者和不诚实的学生滥用评价数据,使得评价信息失效等,因此主张学生进行课程质量评价时必须在评价表上签名或写上学号。

(二) 课程质量评价指标体系问题

长期以来,我国在课程教学质量评价指标体系的构建上,一方面,特别强调从不同类型课程中抽象出能反映对一般课程共性要求的特征作为评价指标,另一方面,把教学评价的重点放在教师的教学基本功和教学态度及教学责任心上。比如不少学校的评价体系是按照教学目标、教学内容、教学方法、教学手段、教学态度和教学效果等方面来制定评价体系的一级指标,再分别将这些指标的共性要求抽象出来作为二级指标,然后再以此来评价不同的课程。这种评价体系简单明了,对各种课程教学的标准统一,便于对课程教学质量的宏观控制,也易于专家和领导评价打分,但是由于模糊了对不同类型课程的不同要求,实际上制约了教学个性和不同教学风格的形成和发展,也影响了评价的准确性和实际效果。因此,在评价指标的确定上如何突出大学教学的特点,如何反映课程质量,是我们必须重视的问题。笔者工作的学校,每两年举行一次青年教师教学大赛,但如何确定大赛的评价标准就一直存在着争论,有的人强调教学基本功,有的人强调教学内容的前沿性,有的人强调教师自身的科研能力,总是形不成统一意见。笔者认为,一定要树立课程质量评价的观念,要突破传统的课堂教学评价桎梏,改变观念,以使大学课程质量标价不同于中小学教师的教学评价。

美国大学课程教学质量评价指标体系众多,没有统一标准,而且对不同课程有不同要求。比如,华盛顿大学的课程教学组织形式有小班教学、大班教学、讨论教学、问题教学、大型讲授为主的课程、实习课、实验课、测验课和远程教学等 11 种之多,课程教学评价也因此分别采取不同的评价表格。每种评价表都有 30 多个评价项目,既有共性指标,也有个性要求。比如,对小班教学重点强调信息传递的清晰性、质量及师生的交互性;对大班讲授教学重点强调课程组织和信息传递;对研讨课重点强调讨论的质量、课程组织及兴趣水平;对那些以解决问题或启发式教学为目的的课程的评价,主要强调问题的难度和解决的质量;对那些以培养学生技能、满足今后职业需求为主的实习课的评价,则强调的是从实践中学习的机会,教师对学生进步的认同和理解,容许学生发展自己的思想和技能的自由程度,能否针对不同学生的技能水平而因材施教等;对于通常由研究生助教承担的测验课,主要评价测验课助教与学生的联系和对问题的解释能力;对于那些主要依赖教材和作业的大型讲授课,重点评价教师与学生交流的能力和布置作业与阅读的价值;对于实验课的评价,主要强调实验指导教师回答学生提出问题和激发学生对实验的兴趣以及帮助学生处理异常问题的能力;远程教学的课程则重点评价教师的反映和支持材料的质量。这种多样化分类评价的方式,较好地处理了统一要求和个性发展的关系,体现了大学课程教学实际的多样化。虽然这样做会增加评价过程的组织难度,但课程评价表设计考虑不同课程的差异,其目的是体现课程评价的客观性和公正性。这种细致的管理制度与作风是值得借鉴的。

(三) 具体的指标设计问题

进行学生评价活动的核心是评价指标体系的建立。在国内各高校的学生评教指标体系大同小异。而由于中外的教学评价观不同,中外大学教学学生评价的指标体系却相差比较大。两者各有自己的特色。下面各选取国内和美国一所高校的学生评教指标体系来进行粗略的比较分析(见表 6-4、表 6-5)。

表6-4 我国某高校课堂教学质量学生评价的指标体系

一级序号	一级指标	一级权重	二级序号	二级指标（代评估指标）				二级权重
				5	4	3	2	
				完全达到	基本达到	大部分达到	少量达到或未达到	
1	教学计划	1	1.1	熟悉教材，备课充分，教案规范				0.25
			1.2	教学目的明确，符合大纲、教材要求和学生认识水平				0.25
			1.3	合理安排课堂教学结构、内容，选择适当教法				0.25
			1.4	及时修正教学活动以满足学生要求				0.25
2	教学内容	2.5	2.1	概念准确，论证严谨，论据可靠，理论联系实际				0.7
			2.2	注重系统知识传授，能反映本学科新成就				0.6
			2.3	容量适当，内容正确，节奏感强，学生能接受				0.6
			2.4	重视双基训练，注意培养智能（技能）				0.6
3	教学方法	3.5	3.1	使用多种教学方法进行启发式教学				0.5
			3.2	注意教学中层次的顺序与过渡，中心明确，由浅入深，首尾呼应				0.4
			3.3	使用适当教学材料、仪器设备促进学生学习				0.5
			3.4	提供适合学生能力水平的方法和学习机会				0.4
			3.5	显示出解决问题的技能				0.4
			3.6	举例生动、贴切，有助于学生理解、掌握知识				0.4
			3.7	语言简洁、准确，有学科特点，使用普通话				0.5
			3.8	板书设计合理、规范，无错别字				0.4
4	教学态度	1	4.1	治学严谨，对学生要求严格				0.3
			4.2	寓教育于教学之中，教书育人，为人师表				0.3
			4.3	认真布置、批改作业，辅导答疑耐心负责				0.2
			4.4	上课不迟到、不早退				0.2
5	教学效果	2	5.1	完成教学任务，实现教学目的				0.5
			5.2	课堂气氛热烈，学生兴味浓厚，师生均有满足感				0.5
			5.3	好、中、差学生各有所得，对教学反映良好				0.5
			5.4	考试(查)成绩呈正态分布，学生能力不断提高				0.5

表6-5 美国某高校课堂教学质量学生评价的指标体系

学期	系	教师姓名	课程名称			
	评估指标		很好	好	中	差	很差
1	教师对课程的组织情况如何？						
2	教师对课程目标的满足情况如何？						
3	教师对课程的讲授情况如何？						
4	教师解答学生问题的情况如何？						
5	教师对黑板和视听辅助教具的有效使用情况？						
6	教师和学生交流、讨论学习的情况如何？						
7	教师给予学生的成绩反映学生学习情况如何？						
8	和其他教师比较，你对该教师的评价如何？						

（资料来源：邓世昆.美国加州帕莫那大学教学评估表评述[J].云南高教研究,1997(4).

下面再举美国哥伦比亚大学师范学院学生课程评价表作为例子。① 该课程评价由封闭式问题与开放式问题组成，可供定量与定性分析。

封闭式问题共由23个量化评价指标组成。

1. 课程的陈述

课程的陈述评价指标包括：(1)课堂陈述清楚和易懂；(2)教师准备充分和教学过程组织良好；(3)教师运用适合学生水平和能力的资料；(4)教师激发和鼓励学生独立思考；(5)用事例使理论联系实际；(6)科目中的资料是新的并反映当代文献；(7)课堂教学有助于学习；(8)科目中的材料能激发学习的兴趣和热情。

2. 课程的讨论

课程的讨论评价指标包括：(9)给学生充足的机会提问；(10)有效地管理课堂讨论；(11)鼓励学生积极地参与讨论；(12)教师对学生的意见和问题做出

---

① 商丽浩,张亚萍.中美两国大学学生课程评价表的案例比较[J].江苏高教,2005(2):49-51.

回应。

3. 课程的作业和评价

课程的作业和评价评价指标包括:(13)作业的数量和性质适宜;(14)阅读材料有助于对科目的理解;(15)有充分的机会(测试、测验报告、论文、课程参与)使教师评价我的学习;(16)教师对作业很快提供反馈;(17)评价(测验、作业等)反映课程目标;(18)公正、平等对待学生。

4. 课程的总体

课程的总体情况评价指标包括:(19)我将向同学推荐本课程;(20)我将向同学推荐这位教师;(21)教师尊重学生;(22)学生在课外能获得教师的指导;(23)我在本课程中学了很多。

对于上述 23 个问题,学生的回答有 6 种选择:很满意、满意、中立、不满意、很不满意及不适用。

开放题则由 4 个叙述性问题组成:(1)你发现课程中有哪些方面(活动、资料等)是最有价值的?(2)你发现课程中有哪些方面(活动、资料等)是最无价值的?(3)举例说明,教师在什么方式下最有成效?(4)举例说明,教师在什么方式下最缺乏成效?

笔者以为,中美学生评价的区别有以下四个主要方面:(1)我国的评价以教学作为重点,而美国的评价以课程作为重点。所以,我国高校要建立课程评价的意识,突破传统的课堂教学评价模式。(2)我国评价是同一个评价表,而美国的评价表则是多元化的。因此,我们要根据课程的特点,对大小班、文理科、以讲授为主的课与以实验为主的课要采取不同的评价表。(3)我国的评价大多采取专家、学生、同行、领导综合方法,而美国主要是以学生评价为主。当然,这是各有利弊的。由于每一种群体的评价视角、评价标准不同,可以使评价更客观一些。但同行、领导等评价也会有各种因素掺和进来,影响评价的真实可靠。当然,有人认为,学生评价也有各种因素的影响,其真实性可效性也值得怀疑,但总体上看,学生评价较为客观公正。(4)我国的评价指标体系较为具体细致,根据教学进程与步骤等确定各个因素的权重,追求量化统计;而美国的评价指标体系较为笼统简略,注重学生对课程的总体感受,强调定性评价。

案例六　虚拟大学：凤凰城大学课程与教学的变革

虚拟大学,是近年来教育理论界流行的一个名词,是指运用虚拟技术,创办在互联网络上的、不消耗现实教育资源和能量的,并且有现实大学特征和功能的一个办学体。作为一种新型的、开放式的、没有围墙的学校,与传统的校园教育相比,这样的形式可使得学生的数量成百上千倍地增加,教学的场所大大扩大,方便人们接受高效的高等教育。虚拟大学能够有效地发挥现有各种教育资源的优势,实现资源的合理配置,最大限度地满足经济、社会、文化发展的现实要求。①

一、凤凰城大学的基本情况

美国虚拟大学已经有二十年左右的发展时间,美国凤凰城大学(the University of Phoenix)1989年推出了第一个以计算机为基础的教育教学系统——网上教学计划,后逐步发展成为凤凰城大学网上校园。美国琼斯国际大学(Jones International University)成立于1993年5月,1995年开始授予商业交往专业学士和硕士学位,1999年3月5日获得美国国家教育资格委员会(NCA)的正式资格认可,正式成为全美第一所完全通过互联网授课而获资格认可的大学,也是美国历史上第一间百分百建立在互联网之上的"虚拟大学";美国西部州长大学(Western Governors University)诞生于1995年,先期由西部10个州签署设立虚拟大学的计划,现在已发展成为西部19个州州长协会共同管理该校;美国国家技术大学于1984年建于科罗拉多州,1985年8月开始,通过卫星向全美国传送大量的学术课程分别来自50多所大学组成的大学联盟,其中包括7所在"美国新闻和世界报道"(工程类研究生课程)中排名位于前25名的高校。

其中,凤凰城大学则是美国高等教育史上的一个奇迹,相对于美国其他的虚拟大学,凤凰城大学拥有最长的历史(始于1976年),最庞大的注册学生数,最突出的财务表现,很高的在线学生比例和良好的发展势头。

---

① 本案例主要内容在整理四川师范大学张力的硕士学位论文基础上改编而成:张力.美国虚拟大学运行机制初探——以凤凰城大学为例[D].四川师范大学硕士学位论文,2000.

凤凰城大学(the University of Phoenix)于 1976 年建立于美国亚利桑那州，是阿波罗集团(Apollo Group, Inc.)下属的分支教育机构。凤凰城大学已通过联邦或多个区域认证机构的认证，有权授予从学士到博士的学位。截至 2008 年 8 月 31 日，凤凰城大学注册的学生约 36.21 万人，其中选择纯在线学习的学生约 20 万人，是一所典型的虚拟大学，也是全美最大的盈利性质的私立大学。凤凰城大学从创业开始就将培养对象定位于在职成人学生，通过先进的技术手段提供职业化的、强实践性的课程，满足了成人学生的职业期望和提升社会地位的需求，赢得了学生的信任，因而办学规模不断扩大。根据阿波罗集团 2008 年年报的数据：纯利润增长率为 60.1%，利润额高达 6.45 亿美金，占总收入的19.8%。其中凤凰城大学 2008 年的财务收入占集团总收入的 95.1%。2008 年在凤凰城大学校园内参加全面授学习的学生仅占学生总数的 27%。凤凰城大学在线作为凤凰城大学的网络校园部分，于 1989 年运营。凤凰城大学在线为学生提供 24 小时在线服务，除博士课程，注册入学、缴纳学费、购买资料、图书馆、教学研讨、完成作业、考试与评估、课程实验、毕业典礼等所有环节均可在网上完成。大学以每年两个州的速度向美国各地进军，而在线课程则已经遍布 50 个州，并已遍及 46 个国家。

凤凰城大学为学生提供最前沿的教育技术资源包括以下几个方面：

• 电子书收集技术(ebook collection)：电子书收集包括各种各类的电子教科书和阅读材料。

• 虚拟组织(virtual organizations)：凤凰城大学创建虚拟组织是为了模拟真实世界中将要遇到的种种问题。具备公司员工内部使用网络的所有记录。虚拟组织可以为学生提供他们在实际工作中将遇到的问题的预演。

• 模拟系统(simulation)：学生可以通过高端技术的电子展示内容探索和熟练控制信息，在受控的环境中检测他们的想法与评估结果。

• 卓越数学中心(Center for Mathematics Excellence)：它提供灵活的实验室设置，每天开放，学生可以寻找数学方面额外的帮助以及马上得到课程的反馈信息。

• 卓越写作中心(Center for Writing Excellence)：它为帮助提高和加强写作思想交流技能，提供了相应的资源。资源被分成 6 个主要部分，包括 WritePoint^{SM} 系统，导师检查，西班牙语写作实验课，论文服务，个人教师和指导，学术剽窃检测软件 Turnitin。

● WritePoint^{SM} 系统(WritePoint^{SM} System)：这个系统是给学生的语法、标点符、词语用法和一些格式提供及时反馈。只要几分钟的时间，系统就能把语法问题和插入的指导反馈标明并且加入文章里面。系统每个月处理平均 25 万份作业，自这个软件使用以来，超过 200 万的作业已被处理过。

● 学术剽窃检测软件 Turnitin(Turnitin Plagiarism Checker)：这个软件通过以网上和资源数据中心为标准扫描作业，来辨别任何和资料来源的相同之处。学生和全体教职员都通过 WritePoint^{SM} 系统使用这项服务。

● 在线导师评价系统(Tutor Review)：除了 WritePoint^{SM} 系统，凤凰城大学还为学生提供导师检查服务，学生因此就有机会请老师来修改自己的作业。主要检查作业的格式、语法、标点符号用法。导师会在 48 个小时内提供反馈，每个月要检查 7 000 份。它同样为以西班牙为母语的校区提供一个西班牙语的写作实验课。

● 个别指导及领航系统(Tutorials and Guides)：个人辅导中心为写作和额外的帮助提供一些课程，来帮助学生通过他们特有的训练开发写作技巧。双语学生可以在这个服务里得到很大受益，因为他们给非英语者提供指导。

二、凤凰城大学的学生与教师管理机制

(一) 学生管理机制

1. 入学测试

凤凰城大学只要求本科申请者具有高中文凭和 GED 证书。凤凰城大学对学生已有学分的转移持开放态度。学分转移包括两种类型：一类是从经过区域鉴定机构认可的学校获取的学分；另一类是通过凤凰城大学先前学习测评项目(the University's Prior Learning Assessment Program)获取的学分。其中凤凰城大学先前学习测评项目依据学生参加职业培训、参加像 CLEP 一样的标准化考试及实地学习(experiential learning)的情况给学生记录学分。学校会尽力将学生已有的学习和工作经历转化为学习的基础。要获取实地学习的学分，必须首先修一门课程，根据这门课程准备一组报告，报告经过测评合格才能获得学分。测评项目(共三项活动：职业培训、标准化考试和实地学习)中的单项活动学分不能超过 30，三项相加不能超过 60 学分。

尽管入学不具备竞争和选择性，但入学后，学生必须接受一系列评估测试。如成人学习成果评估（Adult Learning Outcomes Assessment）包括前测试和后测试两部分，内容涉及四个方面：认知评估、职业和教育价值观评估、批判性思维及交流能力评估。这些评估测试一方面让学生对自己入学时的技能水平做到心中有数，另一方面也让学校对学生的情况进一步了解，为测量评估学习和教学结果做准备。通过凤凰城大学开发的、基于网络的高效评估体系（Proficiency Assessment System）经过实践证明对本科生在写作能力、数学能力和批判性思维的形成和提高作用显著。该体系辅之于大量的帮助学生提高技能的支持服务系统，如在线写作中心（Online Writing Center）和在部分校园开设的周六数学/统计学实验室（Saturday Math/Statistics Labs）。另外，凤凰城大学还利用 ETS 主修课实地测试（即商业性专业实地测试（the Major Field Test in Business）项目以检测本校毕业生与参加同一测试的全国其他类型学生的比较结果。

2. 学费

凤凰城大学是按学分收费，每学分的费用约为 390—500 美元之间，每年学费近 1.1 万美元介于公立学校与私立学校之间。为了弥补与其他大学之间的价格差距，吸引学生，凤凰城大学采用灵活的学费策略，来冲减学生的学费支出，降低他们的教育成本。

• 学分转换补偿：凤凰城大学承认学生在其他大学接受教育所获得的学分，也认可学生参加职业训练、临床实践和在军队服过役等经验。经过学校先前学习评价中心（Prior Learning Assessment Center）认证后，这些先前的学分或经验可以转换成相应的学分，来冲抵本科学习计划或副修计划中的选修课程和普通教育课程学分。但是，转换的总学分不能超过 60 学分。比如，一名学生如果已获得了 60 个学分，他只需要花费一般学生的一半学费和时间便可获得学位。因此，非常吸引成人学生。

• 现款缴费：凤凰城大学为了使学生不因缴费问题而影响学业完成，只需一次支付一门课的费用，而不用一次性缴纳一学期的学费。这样，有利于学生从容地进行个人预算和应付资金流动等问题。

• 公司补偿学费：由于大多数公司对凤凰城大学的资格都是予以肯定的。所以，凤凰城大学的学生大都可以从其在的公司得到学费补助。事实上，有近 60% 的学生从其工作的公司获得了全部或部分学费付还。

● 助学金和贷款：凤凰城大学的学生可以获得多种贷款。包括政府斯丹佛学生贷款、联邦政府加贷款、政府柏肯贷款、政府佩尔助学金、政府教育补足机会助学金、政府学术竞争助学金（ACG）、国家科学和数学使用的保留人才助学金（SMART），以及美国教师为学院和大学的教育援助的助学金（TEACH）。学校在帮助学生办理贷款事宜时不收费。多数学生就是通过这个途径来支付其教育费用的。另外，美国政府对于成人学习，也从交税政策上给予鼓励和支持。成人进修缴的学费，可以用来抵缴部分收入所得税。

3. 学生支持与服务

一为功能强大的学生网上行为评估及跟踪系统。

凤凰城大学有一套功能强大的学生网上行为跟踪和分析系统，该系统要支持2.3万名兼职教师和近20万的在线学生，同时还要支持他们之间充足的交互，这对后台信息处理提出了严峻的挑战。根据2003年的统计数据，系统每周要处理170万条消息；每位学生和教师都有自己的邮件账户，收件服务器每周要处理25万封邮件，该系统可以记录学生在网上的关键行为，如登录次数、作业完成情况、交互情况等，这是教师、学生支持服务工作人员赖以提供教学辅导和支持服务的基础。通过对学生行为的分析，可以相应地调整课程内容、作业和考试的难度，决定何时提供辅导、提醒和服务等。这足以证明凤凰城大学后台技术支持系统强大的信息处理能力。

二为管理严格、高效的学生支持服务人员。

凤凰城大学拥有7 000—8 000名专职的学生支持服务人员，为学生提供全天候的服务。支持服务人员的工作以学生行为跟踪和分析系统提供的数据为基础，从学生报名注册到完成整个学习过程，都能及时、准确地为每个学员提供专门服务。每一个学生可以享受四个专职学生支持服务人员的服务，即入学顾问、经济资助顾问、学术顾问、转学分服务；每位服务人员约服务300—400个学生，后台系统将其服务过程一一记录在案；凤凰城大学对每一位服务人员有非常合理的量化评估指标和管理制度，能保证管理严格、到位、高效。这种高质量的支持服务是传统高校所无法做到的。凤凰城大学之所以能够向学生收取较高的学费，也正是因为学生可以享受到比传统高校多得多的贴身、个性化的服务，即所谓的"远程手把手的教育"。

表6-6　凤凰城大学学生注册与学习过程表

1. 入学顾问	900名入学顾问提供入学资讯
	资讯回访制度
	经济资助顾问帮助消除入学经济障碍
2. 入学测试与培训	入学测试
	新生技能培训
3. 注册课程	随时注册课程
	课程测试
	小班、分组、兼职教师授课
4. 课程学习(以周为单位)	兼职教师公布学习任务(每天例行登录两次)
	小组协作学习
	学生提问、交作业、参与课程讨论
	学生答疑、批改作业、跟踪学习活动、督促鼓励
5. 课后测试	用ALOA测试认知和情感进步
	用AQMS提出教师、课程、教材、支持服务的反馈信息
6. 课程作业	结业测试
学术顾问定期跟踪学习情况,缺课超过一堂,该课程作废	

(二) 凤凰城大学的教师管理机制

1. 教师的招聘与培训

凤凰城大学的教师主体是20 000名来自各行各业的从业专家,他们大都是兼职教师。专职教师只有大约300名,教师中女性比例占到38%,亚非拉裔教师比例占到26%,是一个国际化程度较高的团队,其职责比较复杂。学校有严格的聘用教师的标准和程序,要求应聘者具有硕士或博士学位,在本领域具有至少五年的工作经验,并且当前仍然工作于该领域。此外,还要考察应聘者再培训取向和能力。应聘教师入职前,必须与一名有经验的教师结成对子,参加十次研讨会,就下列问题参与探讨:成人学习理论、设施技术、学习小组管理、等级评估和反馈、课堂测评、人权平等、版权和"剽窃"管理、组织和定位、互联网培训、电子图书馆。

经过考察和筛选,最后只有30%左右的申请者成为凤凰城大学的教师。教师们没有固定的课程任务,兼职教师一般每年教授六门课,专职平均为九门。

因为研究生课程只有五周时间,所以每个教师每门课程只需上五个晚上,总共20个课时。研究生课程需要六周,或 24 小时的师生互动时间,收费相应更高一些。实际上,教师们与其说是为了挣钱,不如说为了与成人学生互相学习,在成人学生那里寻求所教领域的灵感。

凤凰城大学专职担任教学工作的是兼职教师,而专职教师其实在学校中只是兼职教学人员,他们一半时间承担教学任务,一半时间担任校园主任(Campus College Chair,CCC)的职务。凤凰城大学每个主体校园的每个学术项目基本上都设有一名校园主任。校园主任的作用类似传统大学中的系主任,他们负责协助招聘兼职教师、指导课程评审及系里的一般管理工作。

表 6-7 凤凰城大学兼职教师的招聘、培训、管理流程表

教学人员招募	学术事务小组和市场人员分析需要招募的专业、人数及其要求等
	发布招募广告
	面试候选人
	招募人员答复候选人资讯
第一周培训	学习办学背景、理念等
	熟悉在线课程模型
	学习与课程制作相关的软件
	熟悉在线学习环境
第二周培训	学习课程提纲的作用
	学习在线交互的技巧
	被介绍给相关的技术人员
第三周培训	学习课程指导技巧:激发学生思考,帮助建立学习小组
	由经验丰富的导师指导并监督
第四周培训	通过情景模拟对学生的表现评价、打分
	由上级领导对培训效果进行评估
正式上岗	由老教师指导教学教法,开始第一堂课程
	与指派的行政管理人员保持联系
持续的进步	不定期的培训和交流
	通过在线论坛讨论教职工内部事务的管理和信息发布

2. 教师薪酬制度

前面已经有所交代,凤凰城大学聘用的教师主体为兼职,他们是各行业的专职从业者,晚间在凤凰城大学做兼职教师。担任为期五到六周的课程,可获1 000—1 600 美元酬金,若按照钟点计算这个报酬还是不错的,但若专职做就显得缺乏吸引力。兼职教师之所以选择这项职业,除了经济原因以外,还有一个重要原因,那就是,这些从业者可以在教师这一职位上,通过与职业发展进行中的成年人的交往,及时把握本行业和研究领域的发展前沿。

在凤凰城大学的每门课程中,教师只需要三到四个学分时数,相当于传统高校 40—42 小时的一半,即 20—24 小时。在公立和私立传统高校中,教师有义务抽出一定的额外时间对教学大纲规定活动的增减或变更进行讨论。与教师相比,凤凰城大学的学生通过每周两次的相聚使每个学分的时数与传统高校相一致。其中一次相聚是教师在场,另一次是他们三到五人一组的小组研讨。这一独特的教学形式是凤凰城大学人很骄傲的地方,他们认为该方式培养学生适应现代工作需要的团队工作精神和技能,而不像传统学校那样强调学生的独自工作和竞争能力。

对教师五周(或者说 20 个小时)的工作要求是凤凰城大学成功经营的关键。若没了这个标准,教师的劳动将大大减少,而且劳动成本也会上升。如果一个班级有 20 名学生,每一学生交纳学费 800 美元,收入为 16 000 美元。如果支付教师工资 1 600—2 000 美元,那么就有至少 14 000 美元来弥补所有其他开支和利润。有部分州要求大学教师必须做足与学生接触的传统时数。遇到这种情况,凤凰城大学能够做的就是维护产出评价方式,论证偏重输入而非产出的教育质量评价是一种错误。对教育质量评价的重视不仅是教育的需要,也是经济的需要。

3. 人事编制制度

传统高校对教师质量的投入成本颇高,为保证教学和研究工作的学术自由,为教师岗位提供了各种各样的保护性措施,而设立教师的终身教授制度。在凤凰城大学没有终身制,因此兼职教师有一种归属感和自豪感,他们不必要在终身教授面前感到自卑。批评家常常认为传统高校以教师为中心,而不是以学生为中心。虽然这种说法有些夸张,但也不是没有道理。传统高校之所以以教师为中心,是因为学校的声望和地位主要靠教师的声望和教学、科研成果来奠定，学校有了声望和地位，才能吸引到高质量的学生、科研资金和合同、校友的馈赠和捐款等。凤凰城大学主要靠学费进行经营，所以"学生消费者至上"成为必然。如果哪位教师的工作受到了学生不满意的评价，这位教师只有离开。教师是凤凰城大学的雇员，没有终身制。传统大学中耗时耗力的教师管理问题在凤凰城大学变得简单不少。

三、凤凰城大学的课程与教学机制

1. 课程大纲

凤凰城大学的课程大纲是集体共同开发的，凝聚了教师们的心血。凤凰城大学教师队伍从上至下包括以下几个层次：校园主任（CCC）、助理系主任（ADC）、教师课程协调员（FCC）及从业者教师。其中只有校园主任属于专职教师。课程大纲一经采用，经验丰富的教师在使用过程中就有了更多的灵活性，他们可以根据自己的经验和学生的具体情况采取不同的授课方式。新教师在使用统一的课程大纲之前必须在其他教师指导下先熟悉一下课程计划。统一课程的采用有利于学生从一个校园转入另一个校园后无障碍地继续其学业。统一课程还意味着凤凰城大学取得了相当的规模经济效益，极大提高了凤凰城大学对图书的购买力，出版商们对出版凤凰城大学各学科教材的热情高涨。

2. 课程的设计与开发

凤凰城大学的课程设计由营销、管理、财务、学生就业顾问和教师组成的课程开发小组共同负责对课程的提纲、课程内容模块进行建设，这与传统大学以教授为中心的课程设计完全不同。课程设计和开发小组内的人员有不同的分工：300多名全职教师负责保障核心课程大纲的质量、确定目标和内容、确定设计流程和开发工具，确保课程的内容紧跟当前市场的需求；兼职教师兼理论和实践知识于一身，负责对课程的第一线教学，这样就能确保负责教学的老师能够将有课程内容模块中包含的有效理论知识和该领域当前的实践知识结合起来。学生星期天上课学习的内容，星期一上班时就能用到。课程开发的过程由课程开发负责人协调和组织工作，并对于这个过程中各方的经验教训、心得技巧、思想火花、注意事项等进行管理。因此，当一门课程开发完毕，随之会产生一套教学备忘录，以提醒、帮助授课教师完成该课程的教学任务。最后，课程开发小组还要确定并描述讲授该课程的教师必须具备的学术和技能水平,为选拔兼职教师提供依据。

3. 教学组织与方式

与其他大学互认学分:学生如果在别的大学或经过承认的机构接受过教育或培训,其获得的学分或专业培训证书都被承认或可换成学分。凤凰城大学的在线学习按学分收费,每个学分根据专业的不同,收费在390—500美元之间。学生可以通过经济资助或分期付款的方式交纳学费。

随时注册学习课程:凤凰城大学并不像传统高校那样严格按照一套校历来运作。新生随时可以开始注册入学,课堂也是随时开放,没有季节或者学期的限制。课程几乎是每周都在重新开始,以方便学生随时开始修课。学生可以不分学期,可以在任何时间和任何地点参加注册、学习和考试。

单科独进:研究生课程一般在连续六周内完成,而本科生课程一般在连续五周内完成。一门课程完成后,随后的一周才开始下一门课程。这种时间相对集中的方式可以使学生能够以一种有效的时间管理方式达到既定目标,对成人在职学习者尤其适用。

小班教学:凤凰城大学采取小班教学,一个班级的人数保持在13人左右,这是保证主动学习、协作学习、基于任务的时间管理以及保证师生交互的前提。小班教学的方式保证了学习的质量,也能帮助学生在工作和个人责任之间取得平衡。非在线学生每周要参加两次教学指导活动——为时4个小时的由教师指导的研习会和为时4—5个小时的学习小组讨论会。在线学生可以根据自己的需要选择合适的时间和地点参与课堂学习,以完成课程。

课程学习模式:凤凰城大学提供三种学习方式,即纯在线学习、纯面授学习、在线和面授混合式学习。值得一提的是凤凰城大学为其开发的混合式课程命名为FlexNet,并且注册了商标与版权,这种模式专为学习时间地点变动性大,但又需要特别面授才能完成学业的学生。具体选择哪一种学习方式,完全由学生自己决定。其中在线学习主要以异步为主,学生只要能完成相关的作业,就可以在每周内按照自定的步调安排学习时间。这克服了时空、时区的局限,给予了学生极大的便捷。但是,学生在两个星期内如不上课,就会被踢出,学费也白交,要想再学只能重新缴费。凤凰城大学要求"每一个学生必须回答每一个问题,每一个老师必须对每一个学生的每一个问题进行评价",这是传统的课堂教学无法做到的,而这也正是凤凰城大学能够拿到高校认证委员会授予的资质的原因。

协作学习:学习小组由4—5个学生组成,学习小组鼓励组员之间的相互协作,这种能力正是信息时代作为一个优秀雇员必须具备的,同时也是凤凰城大学为学生设定的基本学习目标之一。教师们通过审查学习小组的日志和其他书面材料对学习小组的活动、成果、过程进行密切的监督、管理。小班教学和协作学习方式能够保证充足的人际交互。

4. 教学设施

凤凰城大学依照规格设计自己的场地,并且进行出租。其建筑看上去像传统的办公楼,通常靠近高速公路,有大面积的停车场。教室依然是传统的教室,多数设施都配有计算机室,供各种教学活动之用。管理部门和招生部门现场办公。这里没有传统高校校园中的学生服务设施——餐厅、大型书店、健身馆及其他娱乐场地、运动场等,而且也不需要。由于上课时间主要集中在晚间,所以一般白天教室闲置,只有行政管理部门在运作。总之,凤凰城大学的基本建设以满足在职成年人简明而舒适的需求为目的,绝不铺张奢华。

若将传统高校与凤凰城大学作一简单的比较,就可以发现,四年制传统高校为满足全日制传统住宿学生的需要而设立的许多设施在凤凰城大学都没有。传统大学肩负多种使命:教育、科研和社会服务。为完成这些使命需要大量投入,如学生宿舍、学生组织、图书馆、实验室与运动设施等。传统大学如同一座小型城市,要承担起一系列的活动和组织的费用。而凤凰城大学只经营在职成人的教育服务,不必对很多高成本的基础建设进行投入。此外,凤凰城大学还从范围经济和规模经济角度出发,在数百个教学点进行课程组织和开发,获利不少。

5. 在线课程

凤凰城大学的网络课程采用的是相对低技术方式进行授课,主要依赖电子邮件和网址。由于通过邮件与学生进行充分交流比起实体课堂交流要耗时得多,所以网络班级通常比较小,平均九人。除了网上交流,教师每周做的报告也被制作成印刷品发给学生。课程也分为同步和异步两类,同步课程是借助小组合作软件让学生与教师之间的实时研讨成为可能。

与学生和教师直接接触的前台,其设计以简单、简洁、实用为原则,让学生和老师根本感觉不到复杂后台系统的存在,流程和网络顺畅无阻滞;课程的表现形式以简单易懂为前提,不追求技术的新、奇,反而以文本为主,每门课程有清晰的提纲,学习目标明确;学习任务以周为单元,时间集中。凤凰城大学使用的网络课程形式称为 rEsource。它将每一门课程按周分成几部分,课程的组织和学习材料完全围绕着每一周的目标而展开,学生点击每一周的链接,就能看到作业信息、阅读材料、模拟仿真及其他材料。rEsource 还提供一些基于 flash 的仿真为学生的角色扮演提供真实情境。

6. 在线图书馆

像凤凰城大学这样在全美拥有 140 个教学点的超级大学,如果在每个教学点都设置实体图书馆,那么其投入和开支是无法想象的。通过构建中央在线图书馆,把所有教学资料集中录入到在线图书馆,以网络辐射方式,把学习资源发送到每一个教学点。每个教学点都设有一个学习资源中心(Learning Resource Center),中心的工作站和工作区提供数字图书馆的支持系统。数字资源与学校开设的课程相配套,学生可以从多种数据库得到这些资源,这些资源包括报纸和期刊。学生可以通过现场图书管理员或在线管理员获得帮助,找到自己需要的资料。凤凰城大学还通过与传统高校签订合同,使凤凰城大学的学生能共享它们的图书馆资源,以弥补本校在线资源的不足。在线资源的开发主要是教学导向,而非研究导向的,充分体现了在昂贵的教育领域中效率优先的思想。

此外,早在六七年前,凤凰城大学就已经完成了印刷材料的 E-book 化。这不仅仅节约了运营成本,也更有利于课程的教授。由于课程已经被切分成很细小的单元,一门课程的组织结构也不一定像印刷材料那样严格地按照线性方式,而是可以随时打乱顺序,按需要截选。

四、凤凰城大学的质量保障机制

凤凰城大学在其发展过程中也曾遭遇社会多方人士的质疑,主要来自教学质量方面。为此,凤凰城大学设立专门的部门 IR&E (Office of Institutional Research & Effectiveness)负责此事。IR&E 通过两个评估系统实实在在地保证学生的学习效果和教学质量操作:成人学习效果评估系统和学校质量管理系统,它们能跟踪学生取得的进步,并且对结果进行测量。

1. 成人学习效果评估系统

成人学习效果评估系统(Adult Learning Outcomes Assessment,ALOA)是一

个针对在职成人学习者的关于认知和情感方面的、全面的评估系统,它实现两个基本目标:一是在成人学习者注册入学前和毕业时,为他提供有关当前教育技能(如认知、情感、交流和批判性思考等)方面的有用信息;二是为凤凰城大学提供有关程序运作和有效性方面的有用信息,以保证所采取的措施能做到持续、有效。测量结果为以下两个目标服务:保证学生达到预期的学习目标;对学生个人和职业生涯产生可测量的、客观的影响。成人学习效果评估系统由以下几个部分组成:

(1) 认知评估模块。专门针对不同的领域设计,在学生毕业时必须进行测评。学生在测试后收到结果,其中包含着有用的信息,能反映出通过在凤凰城大学的学习,他们的知识和技能已经有了变化。这些信息也能为学院的决策人提供依据,以决定进一步的课程设计和评估流程。

(2) 职业与教育价位评估模块。学生在职业与教育价值方面要接受前测和后测,主要集中在评估学生对职业知识与技能的价值方面的重视程度,如协助与合作中需尽的义务、自信心首选的学习方式、自我效能感、教育目标、职业价值、职业成功因素等。这些评估以主观经验为导向,可测量,也可分等级。

(3) 交流沟通技能。发展交流技巧是课程的一个主要元素。在正式开始一门课程之前,学生通过测试了解自身的沟通技能(如写作、表达和群体交往能力)。到毕业的时候,学生再次对自我的交流能力进行测试,同时,教师也要对学生这方面的能力进行测评。通过比较两者的测评结果,就可以判断学生的交流沟通能力是否得到了提高。

(4) 批判性思维能力测评。批判性思维能力是另一项非常重要的技能。批判性思维能力的测评也有前测和后测两个部分,分别在课程开始前以及毕业时进行,其目的就是测评学生利用批判性思维(如调查、分析和交流沟通等)解决问题的能力较以前是否有了变化。

2. 学校质量管理系统

学校质量管理系统(Academic Quality Management System,AQMS)为凤凰城大学就教育质量与运作流程方面提供持续改进的反馈意见,它由一组精心设计的测量工具和手段组成,用于监督日常的教育系统(包括学生、全体教职工、课程开发以及行政工作人员的服务等)的运作情况。由以下几个部分组成:注册报名时的学生调查、课程结束时的学生调查、课程结束时的教师调查、教师等级评价、毕业生调查、校友调查、雇主调查、纵向调查及其他附加的研究调查等。成人学习效果评估系统和学校质量管理系统不仅能够测评学生的学习效果,还能对学校的教学、课程、服务、管理等各个方面提供反馈信息,这些测评结果是持续改进和发展的重要依据。

（1）注册报名时的学生调查。在注册过程中,要求学生提供基本的背景信息。这些信息一是用于人口统计学分析,如年龄、性别、人种、工作经验、职业、收入等;二是为了了解学生注册凤凰城大学的动机,如确定主要的职业目标、选择凤凰城大学而不是其他学校的影响因素,什么方法是帮助他们获取知识的最佳方法等。此外,这些信息还有助于了解学生如何评价凤凰城大学、他们如何支付学费、他们居住的地方及环境、他们的雇主的支持度和对凤凰城大学的认识。

（2）课程结束时的学生调查。任何课程结束时,学生必须完成该调查,主要调查学生对课程、教学效果、学习小组、时间安排、学校图书馆、行政管理人员的支持服务、教学设备、教师的教学技能等的评价。这项调查在诊断凤凰城大学的教学模型方面具有非常重要的价值,能够判断是否满足了学生的需求。

（3）课程结束时的教师调查。任何课程结束时,教师必须完成该调查,主要集中在课程评估、教学效果、时间安排、行政人员的支持服务、设备和技术的使用方面。由于教师被要求在所教授的领域内有很深资历,他们在评价课程方面具有无价资源的作用。同时,教师也是帮助学校判断学生是否从他们的教育过程中获益的最重要的资源。

（4）教师等级评价。精确而公平地评估学生的学业表现是对有效的教育程序的一项重要组成部分。相应地,程序会产生等级差异的评估报告,这个对学校和教师个人来说是自我进步的重要反馈信息,也是对优良实践标准的遵循。

（5）毕业时的调查。学生在毕业时需要完成此调查,该调查要求毕业生评估他们在凤凰城大学的所有经历,比如他们所接受的教育、技能和知识的质量,在工作中的实际应用情况以及对职业发展和提升的作用等。相关研究人员可以据此对课程、教学、学生服务以及整个学校的运作进行改进或加强。

（6）校友调查。通过这项调查,了解校友通过凤凰城大学的学习后,在长期的工作过程中是如何将所学的内容与职业的要求,以及个人职责整合起来的。校友们还要回答他们选择凤凰城大学的影响因素、主要的个人和职业发展目标、教育的实际效果、教学模型在帮助他们达到既定目标方面的实际效度等。

（7）雇主调查。有超过48%的学生希望他们能够得到雇主的学费资助。该调查用于了解通过凤凰城大学的学习后，雇员是否为雇主和组织带来了收益。

（8）纵向调查。这用于探索发展趋势、潜在问题，以便为决策者做新的决定时提供依据。这些调查内容涉及注册人数、保持率以及毕业率，学生性别、人种、班级大小等。调查的重点放在检验学生在注册入学、课程学习、毕业、以及持续的职业发展过程中，其教育目标是否得到了实现。

五、结语

虚拟大学是应科技与网络的大发展而生的，这也促使人们思考随着科学技术、网络信息等的进一步发展，大学课程与教学将会走向何方？在虚拟大学之后的最近这几年，又不断涌现出了更多新式教学方法、课堂形式如微视频教学、"汗学院"、翻转课堂、慕课等，这些基于信息技术而衍生出来的新型课堂与教学形式不仅在撞击着大学教育的发展与走向，也再次引发社会的大思考。

微视频教学：它已经被虚拟大学引入和使用。微视频教学资源就是将课程教学资源划分为每个小的教学知识单元，以3—5分钟的时间呈现，依据教学规律而制作的供学习者自控学习步调，自主地去实践、探索和发现问题、解决问题的视频片段资源。它的特点是交互性强、片段播放时间短、播放形式灵活度高。目的是方便学习者自控学习步调，自主通过与微视频片段资源的交互及演示去实践、探索、构建新知识。在虚拟大学授课过程中，教师们可以使用微视频向学生传导课程内容和要掌握的重点知识，使学生感受到上课的真实性，在家里也如同在真实的课堂一样，听课、做笔记、提问及与老师互动。

"可汗学院"（Khan Academy）：2004年8月，萨尔曼·可汗答应帮侄女纳迪亚辅导数学作业，随后开始制作教学视频，并上传到YouTube网站上。汗网站的视频都很短，只有十几分钟，他曾在大学做过义工，给多动症的孩子上课。他十分了解怎样才能集中孩子的注意力。不到5年，制作教学视频已经从汗的副业变成他的职业。到2010年9月，新招募了两位艺术和历史方面的讲师。可汗学院的视频数量浩大，从数学的基础核心课程，如算术、几何、代数、微积分等，讲到物理、生物、化学、金融，到"拿破仑战争""外星人绑架揭秘"，内容非常广泛。截至 2011 年 4 月底,已有超过 5 400 万人通过他的网站学习。

翻转课堂(the Flipped Classroom):这是在美国日渐流行的教学模式。教师创建视频,学生在家中或课外观看视频中教师的讲解,课堂上师生再面对面交流和完成作业的一种教学形态。但翻转课堂既不是在线视频、在线课程,也不是用视频取代老师,更不是让整个班的学生只盯着电脑屏幕、无序或孤立的学习;而是一种手段,一种让学生参与进来,并且让学习积极参与课堂的个性化教育手段。

慕课(Massive Open Online Courses,MOOCs):MOOCs 是"大规模在线开放课程"的英文简称,中文译为"慕课"。其中,"M"代表 massive(大规模),指的是课程注册人数多,每门课程容量可达数万人,甚至数十万学生;第二个字母"O"代表 open(开放),指的是学习气氛浓厚,以兴趣导向,凡是想学习的,都可以进来学;第三个字母"O"代表 online(在线),指的是时间空间灵活,使用客观、自动化的线上学习评价系统,像是随堂测验、考试等,而且还能运用大型开放式网络课程网路来处理大众的互动和回应,自我管理学习进度,自动批改、相互批改、小组合作等,保证教学互动,全天开放,提出问题后能得到即时反馈。

总之,建立在信息技术基础上的虚拟大学,其本身就已经是打破人们对于传统大学课程与教学的理解,让大学教育、大学课程与教学该走向何方又一次成为研究者思考的问题。虚拟大学是基于时代发展的大背景与时俱进的产物,它冲击着传统的高等教育,也再次拓展了大学课程与教学的外延与内涵。而虚拟大学会不会完全取代传统的大学,以信息技术为手段的微视频教学、可汗学院、翻转课堂等会不会使得传统的课堂与教学完全改变模样和面貌,这的确值得每一位研究者与教育工作者深入思考。这个问题,或许值得我们再回到课程与教学的本质上来思考,如果说课程与教学的根本在于知识与学生的成长和发展,无论是虚拟大学,还是微视频教学、可汗学院、翻转课堂等,都是在改变了知识传播与发展的载体的基础上得到发展。这些形式之所以能被社会接收和认可,一定有其存在的价值与意义。所以,大学课程与教学的未来不在于固守传统,也不在于传统与新鲜事物之间的交锋,而在于能否很好地利用这些新式手段与方法进而使之为大学课程与教学的发展服务。

本章推荐阅读书目

1. 陈玉琨.教育评价学[M].北京:人民教育出版社,1999.

2. 陈玉锟,等.课程改革与课程评价[M].北京:教育科学出版社,2001.

3. 瞿葆奎.教育学文集——教育评价[M].北京:人民教育出版社,1989.

4. 拉尔夫·泰勒.课程与教学的基本原理[M].北京:人民教育出版社,1994.

5. 李定仁,徐继承.课程论研究二十年[M].北京:人民教育出版社,2004.

6. 廖哲勋.课程学[M].武汉:华中师范大学出版社,1991.

7. Kevin Robins & Frank Webster. *The Virtual University*: *Knowledge*, *Markets*, *and Management*.Oxford University Press,2002.

8. David W.Breneman & David W.Breneman.*Earnings from Learning*:*The Rise of For-Profit Universities*.SUNY Press,2006.

9. 张力.美国虚拟大学运行机制初探:以凤凰城大学为例[D].四川师范大学硕士学位论文,2009.

10. 季诚钧.大学组织属性与结构研究[D].华东师范大学博士学位论文,2004.

第七章

大学课程与教学管理

大学课程与教学管理是高校管理的主要内容,也是一项核心内容,因为课程与教学管理是大学学术管理的主要切入点与载体。加强课程与教学管理研究,是科学、有效进行管理的基础和前提。然而,长期以来,教育理论界仅仅重视教学管理,忽视课程管理,对课程管理的独特性缺乏足够的认识,对课程管理的研究也比较少。大学课程与教学管理无论在理论上,还是在实践上都是一个亟待重视的领域。由于课程与教学管理既相对独立,又相互联系,行文时根据实际情况或分开或综合论述。

第一节 大学课程与教学管理概述

在高等教育界,有人认为最好的课程与教学管理就是尽可能少的管理,应该把课程与教学管理责任全权委托给教授,让教授们根据自己的学术信条和兴趣自行负责。但国外研究显示,学校的领导者如果能够在学校里营造一种积极的氛围,激发广大教师和管理者认真进行课程编制与教学设计,课程与教学质量会显著提高。

一、大学课程与教学管理的产生

在实践中,课程管理与教学管理尽管指向有所不同,但两者高度重叠,紧密结合。从理论上考察,课程管理与教学管理这两个概念却又相对独立。在我国教育理论研究中,由于受苏联教育学的影响,课程论研究曾是一个被长期忽视的领域。在苏联的教育理论中,课程问题只是作为教学内容看待,在教学论中加以论述,这样一来,课程被肢解为教学之下的一个概念,课程研究为教学研究所取代,课程管理研究也就失去了根植于生长的土壤。同时,由于我国高等教育长期在计划经济体制下办学,"教什么"的决定权在教育行政部门,教学内容事先由教育行政部门制定,学校管理人员和教师只需按照制定好的教学内容执行即可,因此,课程编制或者说课程生成对于大学及其教师的意义不大,课程管理研究没有引起重视。直至20世纪80年代以后,随着西方教育理论的引进与介绍,课程问题才引起研究者的关注。在美国等西方国家,课程是被作为高于教学的上位概念,隐性课程、课程开发、课程编制、课程实施、课程评价等理论为我们打开了课程论的大门,使我国学者认识到在学校教育中,还蕴藏着如此广阔的课程研究领域。因此,随着课程研究成果的日益丰富,课程论逐渐从教学论中分化出来,课程论学科建设取得了明显的成效。随着课程概念从教学概念中分化独立出来,原来广泛使用的"教学管理"概念已不足以解释课程问题,因此课程管理概念便应运而生。在我国20世纪90年代初编写的课程论著作中,课程管理问题就已经进入研究者的视野,视课程管理理论为课程论的重要组成部分。[1]

自从20世纪初课程论产生以来,国外研究主要集中在课程理论和课程编制的技术和方法上,对课程管理问题,虽然在课程评价中有所涉及,但专门的系统研究还不多。20世纪60年代后,随着企业组织管理理论的影响,课程理论的深入发展,课程改革与实务的要求等因素的影响,欧美学者开始涉足课程管理研究,课程管理逐步成为一个专门的研究领域。

然而,真正对课程管理研究加以重视,则与我国三级课程管理体制的建立有关。由于国家、地方、学校三级课程管理体制的确立,学校一方面要保证国家课程、地方课程的有效实施,另一方面又要进行校本课程的开发。这样一来,学校工作就要涉及课程编制、课程实施、课程评价等问题,课程管理研究便引起了理论工作者与广大实践工作者的普遍关注。在高等教育领域,课程管理在实践中广泛开展与应用,对课程实施管理的活动在中世纪大学便产生了,只是最初并没有"课程管理"一词而已。大学课程作为专业的基本单元,要对大学课程的效果进行评价,也就有了课程管理。

二、大学课程与教学管理的内涵

教学管理对广大教师来说并不陌生。通俗来讲,教学管理是指教学管理部门根据教学管理目标,对涉及教学质量的各种因素进行合理配置,从而提高教学效率与水平。尽管各本教材或词典解释略有不同,但基本一致。对大学课程

---

[1] 廖哲勋.课程学[M].武汉:华中师范大学出版社,1991:328.

管理的理解,目前我国理论界有着不同的定义,按照时间的先后顺序把具有代表性的定义罗列如下:①(1)钟启泉编著的《现代课程论》介绍,课程管理是系统地处理编制技法和人、物条件的相互关系,以教育目标为准绳,加以组织的一连串活动的总称,其管理的核心是课程编制。(2)顾明远主编的《教育大辞典》对课程管理的解释是对课程编订、实施、评价的组织、领导、监督和检查。(3)课程管理是在一定条件下,有领导、有组织地协调人、物与课程的关系,指挥课程建设与课程实施,使之达到预定目标的过程。(4)课程管理,广义讲是指学校对教学工作实施管理,是学校管理者遵循教学规律,行使管理职能,对教学活动各因素进行合理组合,使教学活动有序高效地进行,从而完成教学计划和教学大纲规定的教育、教学任务。(5)课程管理,是指部署和组织一定学校的课程设计,指导和检查一定学校课程的设施,领导和组织学校的课程评价。对上述定义进行分析后不难发现,各定义对课程外延有着不同理解。一种观点认为,课程是教学的下位概念,教学管理包含了课程管理;另一种观点则认为,课程与教学有联系,但它们是两个独立的概念,从某种意义上讲,课程的含义甚至比教学更为宽广,课程是教学的上位概念。课程管理主要包括对课程产生过程的管理,对课程实施过程的管理(含教学管理)和对课程评价过程的管理(教学质量鉴定),这样,教学管理就成了课程管理的一部分。

国外对课程管理这一概念的解释和描述也是基本围绕课程活动的范围来进行的。因此,对课程这一概念理解的宽窄,就直接影响对课程管理范围大小的认识。美国学者斯塔克把课程管理界定为:为确保成功地进行课程的编制、协调、实施、支持、评价和改进而履行的责任和行使的权力。课程的编制、协调、实施、支持、评价和改进六个方面是课程管理的范围,课程编制管理、课程各因素协调、课程实施管理、课程评价管理是平时比较强调的,对课程的支持与改进也是课程管理的范围,支持是课程活动得以有效开展的条件,而改进则是课程管理的主要目的之一。当然,这六个方面中最关键和最核心的活动或环节主要就是,课程编制、课程实施和课程评价。对课程进行的管理,也可以认为主要就是对这三个环节进行。

在此,笔者把课程看作是比教学含义更广的概念。这样,可以把大学课程

---

① 唐德海.大学课程管理引论[J].现代大学教育,2001(4):82-84.

管理分为宏观、中观、微观三个层次,宏观层面上的课程管理既包括学校内部的课程管理,又包括国家和教育行政部门的课程管理;中观层面上的课程管理指学校内部的课程管理;微观层面上的课程管理仅指学校所属院系对课程编制、实施和评价过程的管理。为此,可以给大学课程管理下如下定义:大学课程管理就是在一定社会条件下,课程管理者依据一定的管理原则,运用一定的管理方法,对一定课程系统的人、财、物、课程信息等因素进行决策、计划、组织、指挥、协调和控制,以有效地实现一定课程系统预期目标的活动。

三、大学课程与教学管理的职能

从课程组织和编制的角度看,高等学校课程可以分为三个层次,即单门课程的编制、培养方案的编制和以学院或学校为单位的课程编制。在这三个层次上,承担课程管理责任的通常有三部分人,即教师、管理人员和领导者。对教师而言,在三个层次的管理责任和权力上也有区别。单门课程的编制主要是单个教师的责任,所以一般可以理解为单个教师承担着一定的管理责任。培养方案的制订工作一般在学校与专业一级进行,学校只是提出培养方案的总则与指导思想,具体的课程则由专业主任、教研室主任或系主任进行。在国外,由于体制不同,课程管理上也有些差异。国外有学者认为,对课程编制和实施进行领导,可以也应该由教师来担任,而进行协调的工作则应由管理人员来承担。尽管这些管理人员可能曾经是、或者当前还保留了教师的身份。而评价工作应当由教师和管理人员共同承担。关于学校一级的课程管理功能和管理者所承担的管理责任和所行使的管理权力,各个国家、各个高校不尽相同。这与各个国家大学的类型、人才培养模式、管理模式以及传统等因素的差异有关。有些大学里的学院一级,在课程管理上发挥较少的作用,有些则发挥很大的作用。总体上看,课程编制越是靠近单门课程这一层次,教师在课程管理上的作用就越大;反之,越是靠近学院一级,行政管理人员的课程管理功能越是明显。在课程实施环节,发挥课程管理功能的主要是教师,而在课程支持和协调方面,承担管理责任的主要是行政管理人员。

根据国外大学的情况,按课程编制、课程实施、课程评价三个环节对系主任、学院院长、分管教学副校长的职能可作如下概括。①

---

① 王伟廉.高等学校课程管理若干问题的探讨[J].北京大学教育评论,2003(4):81-85.

系主任的职能:在课程编制方面,使该领域跟上学科发展趋势;设计培养方案和单门课程;负责描述并向校内外传递这些课程信息。在课程实施方面,为课程配备教职员;激励教职工的工作;了解学生;提供经费和各种支持;选择教学材料;确定教学原则和方法。在课程评价方面,监控学生的学业进步;监控课程计划的实施进度;测定学分值;测定投入产出比;改进课程,向院长汇报。

学院院长的职责:在课程编制方面,使各个培养方案的目标相互联系起来;将培养方案目标与学院发展战略联系起来;协调各培养方案的结构;描述各个培养方案。在课程实施方面,为培养方案配备教职员;搜集学生方面的数据;分配经费;提供各种材料、服务、教学资源等。在课程评价方面,搜集关于教职员、学生、培养方案、经费、编制过程的资料和数据;支持对课程进行改革;向副校长汇报。

分管教学副校长的职责:在课程编制方面,制订并检查学校的发展规划;将各培养方案与学校发展规划联系起来;制订以学校为单位的课程计划;向校内外传递学校发展战略的信息;进行市场调查。在课程实施方面,为学院和系配备教职员;分配经费;监督公共关系和招生事宜;提供各种中心的服务;筹集并不断增加资金。在课程评价方面,搜集有关各系和各学院方面的可比较的资料和数据;支持新的培养方案的编制;改进现有的培养方案;向校长和学校主办者汇报。

学校教务处的职责:确定课程体系编制的总体原则、指导思想与具体要求,指导各专业编制课程体系;确保课程设置能体现培养目标的达成,合理有效地利用学校资源进行课程配置;指导教师编制课程大纲;进行课程建设的指导,负责重点课程建设;提出课程评估的要求与参考标准;等等。各学院或系在课程管理中具体负责实施工作,提出各专业课程设置的具体安排方案,负责落实课程建设的组织与实施,负责课程按教学计划、教学大纲的要求进行教学,配合学校共同进行课程体系、课程建设、课程实施、课程评估、课程信息等的管理。课程管理的基层单位为教研室,教研室负责各门课程按质、量、教学计划、教学进度完成,开展各门课程教法研究,总结课程编制、实施的经验教训,及时向学院或系反映教学中和课程建设中存在的问题,课程教学目标的实现情况等。

另外,为了提高课程管理的意识,加强课程管理工作,完善各种课程管理制度,使之规范化、系统化,除了课程管理的行政系统之外,可以建立咨询系统和督导系统。比如,成立课程管理委员会,采用委员会制进行管理,根据课程建设目标,有组织、有计划地进行重点课程、优质课程、特色课程、合格课程的建设,对各门课程的目标、在学生成长中的作用、在学科中的地位与性质、师资配备情况、教材建设、教学实效等方面进行评估,提高课程教学效果。在教学督导委员会下建立课程督导小组,与职能部门一起参与课程管理。

第二节　大学课程与教学管理原则、方法与内容

大学课程与教学管理的原则、方法与内容,是进行大学课程与教学管理的相关工作准则与实务,关系到大学课程与教学管理的实效。

一、大学课程与教学管理原则

所谓原则,就是必须遵循的基本要求,也就是在管理中要正确处理的几个关系与范畴。为什么要研究管理原则呢? 有的人认为管理原则的探索可能会产生一些"比模棱两可和相互矛盾的箴言强不了多少的"概括,这些原则指导不了管理实践,甚至把管理实践引入歧途。事实上,原则对于高等教育管理来说不是可有可无的东西,无论在理论上,还是实践上都有重要的意义。从理论上看,原则一方面与规律相联系,另一方面又与实践活动密切相关,原则是联系规律与实践活动的桥梁和纽带。从实践来看,身处第一线的教育领导者和管理者,都想搞好管理,但是他们一般容易犯两个毛病:一是希望从一般的管理理论中寻找解决高等教育管理问题的答案,或者从其他管理学中引用许多概念、规则、原则、程序与方法、技术,将其应用于高等教育管理实践中,如市场经济中的竞争原则、企业管理中的计时计量计酬的方法,但往往达不到预期的目的;二是把管理实践建立在信仰、直觉或权力之上,而不去具体地研究和实践与高等教育系统组织特征相符合的管理原则,结果常常事与愿违。因此,研究管理原则有重要的理论与实践双重意义。

在管理学著作中,一般把管理必须遵循的要求、必须处理的关系范畴称为原则。大学课程与教学管理原则一般从整个大学管理原则中提炼出来,是大学管理原则在教学过程中的具体反映。对于大学的管理原则,许多学者从不同角度进行了概括和归纳。例如,方向性原则、整体性原则、民主性原则、科学性原

则、规范性原则、有效性原则;系统管理原则、分工协作原则、动态管理原则、民主集中原则;有人把管理原则进行分类分层,第一层次为一般管理的原则,如系统原则、反馈原则、动态原则、激励原则等,第二层次为学校管理相对于其他管理的特殊原则,如方向性原则、教育性原则、民主性原则、效益性原则等,第三层次为大学相对于一般学校管理的特殊原则,如入学机会均等原则、自主办学原则、学术自由原则等。[①] 为此,有人将有关教育管理原则的表述分成四大类:传统经验抽象型,是对中华人民共和国成立以来我国教育管理的实践经验进行总结概括而成的管理原则;领导方法抽象型,是从传统行政管理、领导方法中抽象而成的管理原则;现代企业管理原则移植型,是将国内外现代企业的管理原则引申或移植到教育管理中形成的;现代管理一级二级原理降格型,是把现代管理科学原理与学校情况结合,并降格为教育管理原则。可以看出,有些大学课程与教学管理原则的概括带有明显的移植和生搬硬套的痕迹,甚至给人牵强附会的感觉。虽然大学课程与教学管理原则脱胎于大学教育教学原则与一般普通学校教学管理原则,反映大学教学管理活动的特殊要求,但大学有其教学管理的特殊性,是区别于大学科研管理、人事管理、学生管理和普通学校的教学管理的。我们下面试从教学管理的宏观层面与微观层面两个层面阐述教学原则。

（一）统一管理与学术自由的关系

学术自由作为大学教学科研的一个传统,与其相关的文献可以说汗牛充栋。按照《简明不列颠百科全书》中的解释,[②]学术自由是指教师和学生不受法律、学校各种规定的限制或公众不合理的干扰而进行讲课学习、探求知识及研究的自由。就教师而言,学术自由的基本要素包括:可探讨任何引起他们求知兴趣的课题;可向他们的学生、同事和他人发表他们的各种发现;可出版他们搜集的资料和得出的结论而不受限制和审查;可用他们认为恰当的符合业务要求的方式进行教学。对学生而言,学术自由的基本内容包括:可自由地学习感兴趣的学科;可形成他们自己的论断和发表他们自己的意见。学术自由包括可以不受法律的某些限制,这并不说可以违背法律,而主要是指学术思想可以不受某些法律观念框架的束缚,在学术领域可以进行争辩。

[①] 冒荣,刘义恒.大学管理学[M].南京:南京大学出版社,1997:69-73.
[②] 美国不列颠百科全书公司.简明不列颠百科全书[M].北京:中国大百科全书出版社,1994:38.

学术自由源于中世纪大学的"大学自治"。中世纪大学是由学生和教师自发形成的、以研究学问为主的"学者行会",不但自主决定大学的组织,而且自治地经营大学,是一种自主自律的组织。到 1810 年德国教育家洪堡创办柏林大学时,提出了独立性和自由以及合作三者相统一、教学与科研相统一等原则,宣称学术自由是大学教育一个不可缺少的条件。

但学术自由从一开始就是一个充满争议的问题。在此不详细叙述相关分歧。应该承认,没有抽象的、纯粹的学术自由,学术自由不能完全脱离社会的意识形态,学术自由作为一种权利,必然受到社会的干预。学者是生活于一定群体社会和国家之中的,都必须遵循公认的道德和法律确认的行为准则。德国基本法规定"教学自由不得免除对宪法之忠诚"。[①] 即使在美国这样宣称学术自由的国家,也曾发生过"忠诚宣誓"的闹剧,也发生过教授因言论出格而遭解雇的事件。所以,美国大学教授协会提出了学术自由的三个方面的内容:教师享有研究和发表成果的充分自由;教师享有在教室中讨论他所选择之主题的自由及教师作为一个公民的言论自由;教师享有不受学校审查制度或纪律约束的自由。特意补充说,在教室中运用自由时,教师应小心地避免在教室中引进与主题无关的有争议的事物;教师作为一个公民发言时,在任何时候均应注意其精确性,应表现适当的自制,应表现对他人的尊重,并应该尽力表明他不是学校的发言人。[②] 因而,在课程管理中,特别要注意统一管理与学术自由的关系。"教育工作者一般对教育管理有复杂的感受。他们想要一个有效的管理,但又不想在学术自由方面受管理的限制。"[③]教师在课程编制与实施过程中,有学术自由,但必须纳入到统一管理之中,如制订教学进度计划、编写教学方案、授课内容与课程相关、按课程表进行教学、接受学生评估等,以学术自由反对课程管理,只是一个借口而已。在美国,对大学教师的课程考核也非常严肃认真,教师如果连续被学生投诉或考评成绩不佳,也要面临被解聘的危险。

大而论之,管理与自由是辩证统一的。管理是为了维护组织基本利益并保证组织活动正常进行而不可或缺的手段,"没有规矩,不成方圆"。自由则是人们按照自己的意愿行动的权利。管理对组织成员的行为起着强制性约束作用,

---

① 周志宏.学术自由与大学法[M].台北:蔚理法律出版社,1989:6.
② 周光礼.学术自由与社会干预[D].华中科技大学博士学位论文,2002.
③ 秦惠民.学术管理中的权力存在及其相互关系探讨[J].中国高教研究,2002(1):49-51.

但这种约束是为了保证更多的组织成员行动的自由。好的管理,应当是组织成员的行为自由都能高度自觉地维护组织利益和遵守组织规范,做到"既有规范又有自由,既有统一管理又有个人心情舒畅"。

（二）学术管理与行政管理的关系

大学课程与教学管理不是单纯的学术管理,也不是单纯的行政管理,而是行政管理与学术管理的结合。这是由大学组织与管理的特殊性决定的。学术管理是指对高等教育中学术事务与活动的管理,它通过组织和协调全体教学、科研人员的学术行为,合理调配和使用各种教育资源,调动学术人员的积极性,提高学术水平,以实现大学的功能。这一定义包含着以下几层含义:其一,学术管理的对象是高等教育中的学术事务与活动,如教学科研、学术交流、学科建设、招生考试、课程计划、专业设置等活动;其二,学术管理的方式与机制包括多种形式,如行政管理的方式,民主管理的方式等;其三,学术管理的主体由多种人员担任,受社会政治、经济、管理传统等多种因素影响;其四,学术管理是大学管理的核心内容,真正反映大学管理的特点,体现大学管理的本质。

行政是行政学的一个核心概念。对行政这个概念,由于政治学家、行政学家依据不同的历史时期、不同国家和地区的政治历史和实践,从不同角度或不同层次来阐释,致使这一概念众说纷纭,难以形成共识。有的人从立法、行政、司法三权分立的角度解释行政,认为行政是"政府行政机关所管辖的事务";有的从管理的特点与功能角度定义行政,认为行政是"完成或实现一个权力机关所宣布的政策而采取的一切行动",是"为完成某种目的,对许多人所作的指挥、协调和控制";有的则从政治与行政的区别角度解释行政,认为"政治是国家政策的制定,行政是国家政策的执行"等。[①] 行政管理也有多种用法。在行政管理学中,行政管理往往是指国家公共事务管理,主要是政府对各项社会事业的管理;在日常用语中,行政管理用来指称某种职业或工种,比如称某某人从事行政管理工作;在大学里,行政管理是作为一种特定的管理方式和机制,指代大学中以校长为首的一整套学校管理系统及其具有的管理职能和从事的各种管理活动。行政管理的特征往往包括:采用科层制组成管理系统;由管理系统承担管

---

① 余新家.教育行政组织原理[M].武汉:武汉工业大学出版社,1996:1-3.

理职能和开展管理活动;按照下级服从上级、首长负责制、遵守各种管理规章制度等原则处理各种管理事务。

大学课程与教学管理中,要发挥教授等学者专家群体在管理中的作用,因为课程管理是一种专业化的管理活动,大学中的课程编制、课程建设、课程实施、课程评价等都是高度专业化的管理事务,只有专家学者才最有发言权。黄福涛有关中日美三国高校教师的调查研究表明,在回答"哪一类人员在决定新课程中影响力最大"这一问题时的比例(见表7-1)。

表7-1 决定新课程影响力的各类人员比例

项目 国别	政府或外部利益相关者(%)	校级负责人(%)	院系负责人(%)	学术委员会或教授会(%)	教师(%)	学生(%)
中国	48	38	9	4	0	0
美国	7	40	16	37	1	0
日本	1	16	17	59	6	0

据此可以得出结论,中国高校在课程设置方面,来自大学外部的影响力大于大学内部,来自大学层面的影响力强于来自基层负责课堂教学的个体教师,属于比较典型的行政主导型;美国在有关教学科研等学术性事务中基本上由学校内部或学院具体负责,属于校级行政主导型;日本则是来自"学术委员会或教授会"的影响力最强,属于比较典型的学术主导型。①

(三) 分权和集权的关系

分权和集权是管理行为中经常发生的一对矛盾,也是管理领域中一对重要的范畴。有人认为,管理就是怎样更好地集权和分权。从理论上看,集权与分权主要指管理权力在各层级的配置程度。一般来说,如果职权集中在高层管理者少数人手里,而且多数决策是由他们作出的,则这个组织的集权化程度较高。相反,基层人员参与程度越高,或他们能够自主地作出决策,组织的分权化程度就越高。分权又可以分为横向分权与纵向分权两类,横向分权是分给除了管理人员之外的其他人员;纵向分权是分给中层和基层管理人员,大学的分权也需

---

① 黄福涛.中日美三国大学课程开发与教学的比较研究[J].苏州大学学报(教育科学版),2013(1):111-112.

要强调这两个方面。大学组织目标的复杂性和艰巨性使大学组织必须分权,发挥基层组织的积极性,调动广大教职工的参与意识,才有利于学校发展。当然,这种分权是有限度的。一般来说,大学的高层领导人掌握对全局性、战略性的、长期性的问题的决策权。

任何组织没有绝对的集权和分权,这只是一种程度大小的概念。尽管两者依靠的对象不同,但其效能是一样的。集权与分权没有哪一个是绝对有利或有弊的,集权的程度必须视组织的特性、所处的环境和管理人员的才能而定,每一个组织均应视自己的状况选择一个比较适当的集权程度。对于大学这样一个人才、知识高度密集的组织来说,分权是不可缺少的。

由于大学是一个特殊的群体,存在着二元权力结构与矩阵组织形式,因此分权在课程管理中,比其他任何系统的管理显得更加重要。大学领域人才荟萃,学术思想活跃,大学教职工是大学能动的力量,是实现高等教育管理目标的智慧源泉,要发挥广大师生的智慧和力量,分权的原则是必须优先考虑的。大学课程与教学管理必须充分注意大学课程与教学的特征,学术性活动若离开了民主与自由,就会失去生命力。在课程管理中,要对课程管理的职权进行合理分配,既讲民主又要集中,民主主要体现在学校重大事件的决策中,每个人都有权发表自己的意见,管理人员必须在听取师生员工意见的基础上,按照科学的程序进行决策,在大学课程与教学管理中,需要强调领导重视、下级服从上级等行政管理手段,但更应强调平等和民主。

二、大学课程与教学管理方法

课程管理方法是在课程管理活动中为实现课程管理目标、保证课程管理活动顺利进行而采取的工作方法。管理的方法有多种多样,可从不同角度进行分类:按照管理对象的范围可划分为宏观管理方法、中观管理方法和微观管理方法;按照管理方法的适用普遍程度可划分为一般管理方法和具体管理方法;按照管理对象的性质可划分为人事管理方法、物资管理方法、资金管理方法、信息管理方法等。按周三多对管理方法的分类,他提出管理方法有管理的法律方法、管理的行政方法、管理的经济方法和管理的教育方法。[①] 大学课程与教学管

---

① 周三多,等.管理学——原理与方法[M].上海:复旦大学出版社,1999:136-152.

理也需要运用上述方法进行,一些课程是国家以法律、法规的形式规定的,同时要借助行政的方法进行课程的组织与实施,依赖一定的经济手段调节课程人员及进行课程评价,在这些过程中也离不开思想政治教育方法的运用。

张佳琳分析了学校层面上的课程管理方法,提出了以下管理方法:(1)情境管理,分析学校课程条件;(2)愿景管理,活化学校课程发展愿景;(3)目标管理,建立学校课程实践指标;(4)组织管理,健全课程发展机制;(5)计划管理,研制课程总体计划;(6)角色管理,确立课程角色分工;(7)领导管理,发挥课程领导功效;(8)冲突管理,协商课程共识;(9)资源管理,整合课程资源系统。[①]

从具体的工作方式方法来看,大学课程与教学管理方法还可以分为:(1)调查研究方法。在课程的准备阶段,要对课程建设的外部环境如政治、经济、文化等方面进行广泛的调查研究,对市场就业情况、人才培养要求等方面作详细的调查研究,从而为课程决策提供全面客观的研究资料;在课程实施过程中,更加需要通过典型调查、个案分析、访谈研究、蹲点调查、抽样调查等方法对课程方案实施进行全面了解、综合分析,从而对课程实施的结果进行客观评价。(2)咨询顾问方法。是指管理者借助专家组成的咨询顾问机构和咨询顾问人员,为管理决策提供筹划和参谋的方法。运用咨询顾问方法进行课程管理,能够发挥专家的学术优势,为管理决策提交可供选择的多种方案,使管理决策更趋科学、合理。(3)专家评审方法。是指管理者借助专家对管理对象及管理活动本身作出客观、公正的评判的管理方法。大学课程与教学管理中的专家评审方法则是通过专家评审组对课程及管理进行公正科学的判断。

大学课程与教学管理方法必须建立在现代教学管理观念基础之上,才能适应现代课程管理,管理观念的现代化是大学教学管理现代化的核心和灵魂。(1)社会需求观念。随着我国市场经济的发展,教育市场也逐步成形。由于私立大学的崛起,学生收费的提高,高等教育的私人产品属性日益突出。确立教学管理的社会需求观念,就是要根据市场需要调整专业设置和课程体系,修订教学计划和培养方案,通过市场检验人才培养质量,在招生、分配中引入市场机制。同时,如何通过优化运作机制,降低办学成本,减少办学过程中的浪费,提高管理效率,也是管理中要解决的问题。(2)竞争观念。教育市场的形成,必然

---

① 张佳琳.课程与教学管理——理论与实务[M].台北:五南图书出版股份有限公司,2004:210-230.

会带来教育竞争的加剧。外国教育机构通过中外合作办学争夺生源,国内各大学之间也通过各种手段争取好的生源,这样势必带来各大学之间的竞争。尽管在今天,专业审批、招生指标、学校性质等仍然掌握在教育行政部门手中,使大学办学带有浓厚的政府参与色彩,但随着大学办学自主权的进一步扩大,大学会面临着更为严峻的竞争。而要使学校在竞争中脱颖而出,必须在校内管理中引入竞争机制。目前,大学教学不仅存在着专业老化、课程陈旧、教学方法落后等问题,还存在着学校教师精力投入不足、管理不善、服务意识淡薄等问题。由于大学持续扩招,一时间大学财务状况好转,教师紧缺,岗位竞争有所缓和,但大学教学竞争机制还没能建立,大学教师聘任制也几乎形同虚设。(3)系统观念。现代系统论揭示了任何事物都以系统的形式存在,万事万物都是一个由若干要素构成的有机整体。大学教学管理本身就是一项系统工程,是由管理目标、管理主体、管理客体、管理内容、管理方法、管理环境等要素构成的有机整体。因此,我们在管理中一定要确立整体意识、层次意识、开放意识、动态意识等系统论思想,正确协调各要素之间的关系,确保整个教学系统的良性高效运行。(4)服务观念。课程与教学管理必须体现为学生服务的思想。课程与教学管理,必须进行重点课程建设或优质课程建设,编写课程手册、教师任课名单、编印选课单等,便于学生了解信息。在管理机构设置上,可建立一些直接面向全校师生的服务性功能中心,如注册中心、考试中心、选课中心、课程信息中心、课程评价中心等,编印一些关于课程的信息,免费供学生参考。

正是从这个意义上,我们可以把大学课程与教学管理的发展趋势归纳以下方面。(1)管理秩序从简单走向复杂。大学教学管理正从群体管理、单一化培养模式向个别管理、多样化培养模式转变。现在大学教学管理制度上推行的学分制与选课制就是管理转变的集中反映。在学分制下,从传统的统一的课程表发展到每个学生根据各自的学习方向制订不同课表,学生在校内可以实现跨系、跨专业学习,从传统的自然班到以课程修读而形成的动态的教学班,从原来的学生以自然班发放教材到现在以每人选修课程发放教材,所有这些变化,都要求对教学管理规范进行重新建立和调整,管理秩序不断从简单趋于复杂。(2)管理控制从集中走向分散。在一个复杂、开放的系统里,控制必须要求从集中型控制转向多个控制中心,合理构建宏观、中观、微观控制切入点,使控制产生一种多元、互补的综合效应。我国教学管理随着"两级管理、以院为主"体制的日益完善,二级学院、学系在教学管理中的地位与功能将会日益得到加强,学校教学管理将更多地进行宏观协调、规划制订、制度建设,一定程度上实现从集中走向发散的控制思想,实现控制的多元化。(3)管理方法从线性走向非线性。教学管理方法从线性走向非线性,反映了教学管理要突破一种模式、一套格局、一个标准。这在近几年来的教学管理改革中有所体现。比如:学生入学年龄的非线性,大学学生入学年龄已经不作限制,高龄学生比例日益增多;学制年限的非线性,大学本科从四年延长到了六年至八年;学分界限的非线性,大学学分的互认从本校拓展至外校;评价标准的非线性,遵循学生个性发展需要的灵活的学生评价标准被重视,充分保证人的主体发展的不同需要。凡此种种表明,传统的管理方法难以应对人类社会日益增长且日益复杂的教育需求,只有按照复杂系统的特征进行管理,才能取得好的效果。

三、大学课程与教学管理的内容

课程管理包括课程生成系统管理、课程实施系统管理和课程评价系统管理三个部分。如何将教育思想、观念、理论等变成课程总体方案,这是课程生成系统管理所要探索的问题。具体的管理环节包括确立课程目标、选择课程内容、组织课程内容等内容。如何将一门具体的课程内容变成学生的经验,转化为学生的知识与能力,是课程实施系统所研究的问题,这一问题与教学相关,因此这部分更多称为教学管理。如何保障课程质量是课程评价系统管理所研究的问题,包括课程编制评价、课程实施评价、课程效果评价等内容。

(一)教学计划(人才培养方案)管理

教学计划是大学人才培养和教学工作的主要依据,教学计划管理是大学教学管理的重要内容。教学计划管理包括教学计划的制订、执行、监督和评估等环节。大学的教学计划是按专业制订的。一个完整的教学计划一般包括以下几个部分:专业培养目标与培养规格,学制规定,教育、教学和实践活动周数分配,课程设置,学分要求,学时安排等。管理部门首先是要制订科学合理、现实可行的教学计划,在培养目标与规格、学分总数、课程体系、实践教学等方面都合理设计;其次,要把教学计划作为学校重要文件,不折不扣加以贯彻落实,避免随意性,杜绝临时更换。

教学计划的制订对于整个人才培养过程来说,只是一个开端,大量的管理工作是在教学计划实施中进行的,可以称为教务行政管理,包括教学运行管理、教务例行管理和教学档案管理等。教学运行管理是指编排课程表,编制校历、制订开课计划等内容,将教学计划落实到教师及有关人员。其中课程表的编排是教学运行管理的中心环节,目的在于将时间、空间、人力和设施合理组织到教学过程中去,使教学工作正常运转,稳定教学秩序。编排课程表时要注意均衡,合理地安排时间,以便提高教学效率,提高教室和调和设备的利用率。教务例行管理工作的主要内容可分为两个方面:其一是学生学习管理,含编制分专业的班级,修订发放学生手册,印发教学计划与选课手册,组织考试工作等;其二教学过程管理,有编印课程一览表、落实学期各项工作计划、全面检查教学情况和教学质量、组织教学观摩,总结交流教学经验,考核教师教学情况等。教学档案管理是教务行政管理的一个重要方面,其内容包括教学档案资料管理、教务统计管理和学籍管理。现在往往通过建立教学管理信息库进行。

(二) 课程大纲 (教学大纲) 管理

课程大纲是一门课程的教学指导文件。它对一门课程作如下几方面的规定:课程的任务、目的及要求;课程教学内容的具体范围与结构;教学进度和教学方法的基本要求;课程各章节的讲授时数;教学参考书;考试要求等。课程大纲是编写或选用教材、组织实施教学及评价课程质量的重要依据。课程大纲一般包括主体和说明两部分,主体部分主要规定教学的主要内容和要点,以及实验、实习或其他作业,规定教学进度和时间分配,介绍教科书和有关参考文献;说明部分包括课程的教学目的和要求,教学内容的重点和难点,教学方法与教学要求,考试方法等。课程管理部门要指导教师编写课程大纲,并按课程大纲检查教学实施情况。各专业都应有专业课程大纲的汇编,以确保专业培养规格的实现。

编写课程大纲最主要是解决每门课程在其相应的学科中的地位和作用、知识组织等问题。确定课程大纲编写的原则是课程大纲管理的关键。课程大纲编写要以实现教育方针和学校培养目标为目的,处理好以下关系,即传统知识和现代科学知识的关系,知识本身的逻辑系统和适合学生身心发展特点的关系,理论性与应用性的关系,传授知识、技能与培养实践能力、创新精神的关系,课内教学与课外活动的关系,等等。国家对基础教育课程标准的制定曾提出明确要求:"应体现国家对不同阶段的学生在知识与技能、过程与方法、情感态度与价值观等方面的基本要求,规定各门课程的性质、目标、内容框架等,提出教学和评价的建议"[①],大学课程标准也应体现这些内容。大学中某些课程具有国家统一的标准,在选用时必须与学校的具体情况相结合,注意统一性与灵活性相结合。另外,同一课程在不同专业具有不同的要求,在编写课程大纲中必须加以体现。

  当下,教学管理部门要加强对课程大纲的管理。一是要把好入门关。要组织专家对教师编制课程大纲进行审定,对教师编写的课程大纲是否达到课程标准作出评定。对于不符合要求的课程大纲要坚决杜绝上讲台。一个教师只有课程大纲通过了,才能站上讲台,主讲课程。二是要制订相关课程标准。教师的课程大纲不是完全自由、由个人说了算的。尤其是一些基础课程、学科平台课程,应该具有共同的知识要求与学术标准,教学管理部门要组织专家或行业协会等就一些基础课程或学科平台课程的内容作出较为明确的规定,对课程要达到的目标有具体标准,以免教师在课程内容要求上任意降低或抬高。三是要关注课程大纲中的课程设计。以前,教师在编写课程大纲时,比较重视对知识点的分析,如重点、难点等,忽视课程设计,随着学生学习主体观念的确立及教育信息化带来的影响,现在的课程大纲更为强调学生学习能力的培养,强调以学生为中心进行课程设计。为此,课程大纲编制中,要有参考文献、练习题等内容,安排学生在课后进行预习或复习,这样,教师在课堂中就可以少讲、精讲,多组织学习讨论,这是我国大学课程实施中必须大为加以倡导的。

(三) 教材管理

  教材是课程的载体,是教学大纲的具体化。教材作为学校进行教学活动的基本工具,可以分为四大类:文字教材、实物教材、音像教材和电子教材。教材管理就是要严把教材质量关,对教材的编写质量与印刷质量进行控制;根据学校的情况进行教材建设,组织专家编写、资助出版相关教材,使教材更好地为教学服务。

  在大学课程设计与大学课程评价的章节中,一般都会论述到教材的设计与评价问题。对大学教材进行管理,包括教材的编制管理、教材的选用管理、教材的使用情况管理等方面。对教材的编制管理,则包含大学教材编写人员进行培

---

  ① 中国教育报.基础教育课程改革纲要(试行).http://www.edu.cn/20010926/3002911.shtml,2013-07-10.

训、严格保障教材质量的管理活动。教材的选用管理则包括对如何确定教材选用原则与体制的管理,教材选用由谁说了算,该选用什么样的教材等都需要有规章制度加以确定。教材的使用情况的管理则是对教材使用效果进行调查与研究,以判断教材的适用性与效果,决定是否继续使用等。

(四) 课程考试管理

一般来说,大学课程有考试与考查两种形式。考查课程一般按合格、不合格两级评定,考试课程的成绩分为百分制与等级制两种记分法进行评定。采用哪种记分法,应视课程的性质、内容和考试方式、试题类型等方面而定。数学、外语等用测验式类型命题的考试,采用百分制为宜;实验、实习、论文、技术操作及口试方式的考试,一般采用五级分制评定为宜。学分制下的课程成绩还以学分绩点的方式进行统计,这在后面"学分制与学年制"部分有详细论述。在成绩管理中,还需要解决好学生学业成绩如何合理评定的问题。有的大学作成绩分配限制,规定优秀、不及格的学生人数比例;有的则不作限制,对优秀或不及格的学生人数不作限定;这涉及对课程成绩应该是常态分布,还是偏态分布的认识问题。课程成绩的常态分布强调成绩中等的人数应该居多,优和差的人数都是少数;偏态分布表明课程成绩偏高或偏低。一般要求课程成绩呈常态分布,但如果教师努力提高学生学习的积极性,在一个班级的小面积统计中,出现一定的负偏态分配也应该是真实的。笔者觉得应该让教师有一定的自由裁定权,只要有据可查,真实、客观,就要信任教师。无论是高分学生特别多,还是不及格学生特别多,这些情况都应该允许存在。当然,像英国高校采取荣誉学位制度,对优秀学生有特别限制,这就另当别论了。

大学课程命题类型一般可分为两类,一类是论文式或问答式的试题,具有较强的主观性,包括论述题、论证题、综合应用题、比较分析题、简述题、求证题、计算题和阅读理解题等。这类试题对学生思维的逻辑性、条理性和知识的综合及文字表达能力都有较高的要求,其答案需要经过思考、组合,并用较多的文字充分表述,但答案的范围相对宽一些。另一类是测验式的试题,客观性试题居多,包括选择题、填充题、是非题、改错题等。这类试题对学生思维的敏捷性,掌握知识的准确性、牢固性、判断力等有较高的要求,同时答案明确、标准具体、评分客观。在具体的课程命题中,要根据课程的性质和教材内容而定,不应强求一致。在试卷命题上,要保证试题内容的正确性、科学性以及测试内容的代表性,既有覆盖面,又能重点突出;保证试题语意清楚、要求明确;内容分布合理,试题数量恰当,试题结构较好;试题编制同时要以考察学生的能力为主,注意学生在具体情境中灵活而综合地运用所学知识技能分析问题、解决问题的能力;要设计一些开放性试题,让学生有发挥创造性的机会。目前大学在试题管理上,有的采用试题库的方式进行,实现"教考分离";有的则不主张进行试题库,认为大学教学要更加强调教学的独立性、创造性,而试题库建设与这一理念相违背。对此,不妨对于一些知识点相对较为明确的基础性课程,可以进行试题库建设;而对每门课程都做试题库的要求似无必要。

教师要及时对考试情况进行分析,这一分析可以根据不同的目的,采取不同的形式和方法。首先,是全面分析,将全部试卷的分数,从高分到低分顺序排列,按分数段计算学生数和百分比,并绘出成绩分布的曲线图;分析试题的广度、深度和数量是否恰当,题型的配合和结构的比例以及分数的分配是否合理等。其次,是试题分析,对试卷中每一道题得分、失分情况进行比较,计算每一题的得分率,进而分析学生对于每道试题掌握的情况和存在的问题。再次,是成绩分析,通过成绩的常态分布还是偏态分布,分析所评定的成绩是否能客观地反映学生真实的知识与能力水平,并从中探索原因,寻求改进措施。课程管理人员则要按照国家有关条例的规定和实际情况,对学生的课程成绩进行登记处理,让课程不及格的学生办理重修或补考手续,因课程不及格而留级、退学、不能毕业或授予学位要及时通知学生。

(四) 通识课程管理

通识课程的教学及管理有其特殊性,单独作些分析。参照港台通识教育做法,他们在组织机构、管理方式等方面已形成了较为完整的做法。在台湾,各大学因对通识教育的重视程度各异,规模不一,其权责与管理不尽相同:有的大学由教育长直接负责,有的大学由共同科主任负责,有的大学则组织通识教育委员会或共同课程委员会负责。台湾清华大学首创通识教育中心,成为与学院同级别的单位,随后许多大学也相继仿效,纷纷成立类似的通识教育机构。这些专门的通识教育机构,负责研讨通识教育的理念,审定通识教育计划等。1994年,台湾成立了全台"通识教育学会",出版《通识教育季刊》,加强对通识教育的研究及推动通识教育的实施。香港的大学也普遍设立通识教育部或通识教育中心,成立通识教育委员会,负责全校的通识教育。

大陆的通识教育主要是由教务处制订计划,并负责实施。由于教务处是全校教学管理的职能部门,负责全校的教学计划的制订与实施,因此全校性的公共课程与选修课程由教务处负责也是顺理成章的事。目前,有的学校直接成立了通识教育委员会,但其功能没有充分发挥,与港台的通识教育机构有较大差别。

第三节　大学课程与教学管理制度分析

大学课程与教学管理制度从宏观上看,主要有学年制、学分制、导师制等。下面主要就此展开分析。

一、学分制与学年制

学分制是用学分来反映课程的地位、要求和计算学习量的一种教学制度,它规定了学生达到毕业、取得学位应修满的学分总数。我国的高等学校在中华人民共和国成立前由于学习美国,以学分制为主,中华人民共和国成立后高等教育以苏联为圭臬,主要采取学年制教学管理。改革开放以后,一些高校主张吸取学分制的一些管理方法进行教学管理,但由于主客观等各种因素都不够成熟,因此,一种介于学分制与学年制之间的教学管理制度在高校教学管理中比较盛行,并被称为学年学分制,被认为是一种具有中国特色的学分制。近几年来,采取学分制进行教学管理的高等学校逐步增多,但对学分制的本质与特征的认识却不完全相同,采取的改革措施也不尽一致,可以说,高等学校对学分制还存在着模糊认识,需要进一步澄清。

(一)学分制与学年制的历史

传统的大学教育是采取班级授课的形式,以学年和完成固定的课程来计量学习量,培养统一规格的学生。这种学年制的教学制度具有悠久的历史,早在12—13世纪大学的初建阶段,采用的就是这种学年制的分科教学制度。到了18世纪末,资本主义国家经济迅速发展,科学技术迅速发展,新兴学科不断出现,社会分工、专业分工越来越细,统一的教学模式培养出来的学生已不适应社会发展的需要,因而对扩大学生知识面的要求、对教育个性化的要求越来越迫切。在欧美，一些大学冲破了固有的统一课程设置模式，学校根据社会各方面的不同需求，开设了许多课程。但是学生在短短的大学期间不可能学习所有的课程，于是产生了选课制。德国最早提出了"选课自由"的思想，而选课制的发展和完善是在美国。早在1779年，当时的美国总统杰斐逊提出，大学要实行选课制，要进行课程改革。他主张改革以古典文学为核心的、全部必修的传统的课程结构，增加一些供学生自由选课的实用课程。1825年美国弗吉尼亚大学开始试行选课制，1869年在哈佛大学也出现过选课制，即允许学生选学计划外的课程，打破了统一的计划教学模式，拓宽学生的知识面。哈佛大学实行选课制20年后，开始实行学分制，规定学生只要达到一定数量的学分就可毕业，获得学位。继哈佛大学之后，美国大多数高校纷纷进行改革，推行选课制和学分制。刚开始，由于实行完全自由选课的学分制，产生了不少弊端。许多学生不是考虑组成合理的知识结构，而是根据是否容易得到学分、上课时间是否方便来选课，不少学生没有明确的目标，选课支离破碎，没有中心。针对这些问题，哈佛大学采用了英国的导师制，以加强对学生的指导，减少学生选课的盲目性，并且对课程结构进行调整。许多大学不再实行完全自由的选课制，规定学生必须在主修领域学习一定数量的课程，同时必须在人文科学、社会科学和自然科学等领域选修一定量的基础性课程，即普通教育课程。从20世纪20年代以后，实行学分制的大学，建立了必修课、选修课和任意选修课的课程结构，在课程内容上包括普通教育课、专业基础课和专业课。由此可见，学分制的建立也有个不断发展和完善的过程。

在中国最早提倡"学分制"的是蔡元培。1917年他在北京大学任校长时，首先改掉学年制而实行"选科制"。1922年，当时的教育部公布的"新学制"，正式规定大学采用"选课制"和"学分制"，规定"本科生满80个单位即可毕业"，其中必修课与选修课各占一半。1923年武汉大学前身武昌师范大学提出"废除学年制，采用学分制"，允许学生选修一部分其他系的课程，允许学生提前学满学分即可提前毕业。1929年8月，国民政府教育部颁布了《大学规程》，规定："大学各学院或独立学院各科课程，得采用学分制。但每年所修学分必须有限制，不得提早毕业。"在南京国民政府时期，大学教学管理制度仍然因袭美国模式采用学分制。

学年制的产生及其在我国的发展是在中华人民共和国成立以后。1950

年 6 月,全国高等教育会议召开,"会议主张保持原有的学分制,并允许执行过程中的灵活性"。直至 1952 年全面学苏联,学分制才告结束。全面学苏反映在高等教育领域,是大学理念、制度、模式全方位的"苏化",在教学管理制度方面则是否定学分制,确认学年制。学年制起源于 17 世纪兴起的班级授课制,班级授课制和学年制理论的奠基人是捷克的著名教育理论家、实践家夸美纽斯。这和当时的社会背景密切相关。夸美纽斯所处的时代,正是欧洲封建社会开始解体,资本主义正在形成的时代,生产力的大发展导致了社会对科学人才的大量需求,高等教育必须大规模、大批量"生产"人才才能满足这种需要。学年制、班级授课制规定学生同年度在同一时间、同一地点针对同一内容进行集中学习,有利于人才的批量"产出"。因而,19 世纪学年制在欧美各国广泛推行。

学年制比学分制更早传入我国。据教育史料记载,学年制的实施在我国最早始于 1862 年的京师同文馆,这是一种由洋务派创办的,有别于封建官学、私学、书院的洋务学堂。京师同文馆学制八年,对全国同类学堂起到示范作用。至 1902 年颁布《钦定学堂章程》,学年制就成为全国学校的教学管理制度,直至蔡元培在北京大学首倡学分制,学年制才开始被打破。中华人民共和国成立后,我国建立了计划经济模式,人才的"生产"也必须有计划、按比例,与国民经济结构特别是产业结构相协调。学年制下的人才批量"生产"也正适应这种需要。因此,作为计划经济制度的产物,推行学年制也就顺理成章了。学年制的推行除了上述社会经济制度要求外,还有教育理念这一内在制度的要求,这主要受夸美纽斯的"教育适应自然"的理念支配。夸美纽斯认为,"改良学校的基础应是万物的严谨秩序"。因此,各级学校教学工作要遵照自然的"秩序","把时间、科目和方法巧妙地加以安排",其具体做法是班级授课制和学年制。这样就可以通过统一的教学计划、课时表,统一的教科书、参考书,对同一年级和班级学生授课,按统一标准进行考核,使教学管理整齐划一,保证质量。因此,夸美纽斯的"教育适应自然",教育工作要遵照自然"秩序",是学年制成立的依据。自 20 世纪 50 年代以来,我国各高校普遍采用学年制。中华人民共和国成立后,我国实行计划经济,资源配置与人才培养均按国家计划进行,学生由国家统一培养,统招统分。学年制正是适应这种环境的教学管理制度。

（二）学分制与学年制的比较

学分制作为一种教学制度，与学年制相比存在着以下几个方面的差异。(1)学年制重过程管理,学分制重目标管理。学分制对教学过程的环节管得较少,学生考试合格即可获得学分,修满规定的学分即可毕业。(2)学年制的教学计划较为固定,学分制的教学计划弹性较大。学年制的教学计划对课时、课程、学习年限等的规定不允许轻易变动,而学分制则给学生相对的自由选择空间,学生自由选课是学分制的核心和本质。(3)学年制下的学生知识结构较为精深单一,学分制下的学生知识结构较为广博杂乱。(4)学年制强调共同性,学分制强调个体性。学分制由于选课的原因,班级概念相对淡化,同一专业、同一年级的学生可以不在一起上课,更强调学生自己的兴趣与爱好。(5)学年制采用班主任的管理方法,学分制则采用导师制。由于班级概念的淡化,班主任已无法管理班级,而只有采取导师制才能适应。(6)学年制采用实分制,而学分制采用绩点制。学年制下的学生各科成绩完全依据考卷的卷面分数,没有加权;而学分制下的学生成绩评定要考虑课程的性质与学分,以绩点的方式反映学生的学习优劣。

学分制的主要特点有以下几方面：(1)以学分代替学年,即不是以学习年限衡量学生的学习量,而是根据各门课的分量以及教学时数来衡量学生的学习量,包括质量和数量。一般以一个学期内每周上课 1 小时,课外复习、作业 2 小时为 1 学分；如果有的课程没有课外学习比例,则每周上课 2 小时为 1 个学分；如果有的课程难度大,属 A 类课程,课外学习比例大,则每周上课 1 小时为 1.5 学分。(2)以指导性代替指令性。学年制下,学校按专业编班组织教学,每个学生有一个班级、一张课表、一个教学计划,完全是指令性的教学。而学分制是对学生进行指导性的学习,如为了搞好选课,首先制订各种类型、多种系列的课程,对不同的学生给予不同的指导。(3)以弹性代替刚性。学年制是刚性教学管理制度,一切由学校规定好,学生没有选择的余地。学分制是弹性教学管理制度,学生在一定的范围内可以自由选课,可以自由安排学习计划,包括学习的年限,如原定四年制的学习内容,学生可以在 3 年内学完,也可以在 5—6 年内学完,具有较大的灵活性。(4)以选课代替排课,学年制是由学校统一排课,一个班级学生必须按统一的课程表、规定的时间和教室去上课。实行学分制后,由学生自己根据教学计划、教学要求,到"选课中心"或在网络上选择课程和教师及上课的时间、教室,改变了过去以教师为中心、课堂为中心的教学模式。①

目前,在我国高校实行的学分制中,有各种不同的模式。如学年学分制、计划学分制、实绩学分制、复合型学分制、弹性学分制、整合学分制、全面加权学分制、绩点学分制,以及学分相通制、学分互换制等。现在最多的模式是学年学分制和绩点学分制。学年学分制,就是基本上保留原来的学习年限,但在课程设置上有必修课和选修课,并以学分来计量学生在规定学年中完成的学习量。绩点学分制,就是将学生的学习成绩划分为优、良、中、及格、不及格等若干等级,用绩点或权重的多少来表示,与学分结合成学分绩点,形成绩点学分制。

(三) 学分制下的学分绩点制

20世纪20年代美国高校开始推行学分绩点制,也就是我们所称的GPA(General Point Average)。学分绩点制作为大学教育教学的评价尺度,使大学拥有了新的学生学业计量标准和方法,并且把学习成绩与课程学分相联系,使得高学分课程与学分绩点的关系更密切,从而使得学生对一些高学分的基础课程、学科平台课程等更为重视。

我国成绩记录形式也有多种形式,如百分制、五级记分制、二级分制,其中使用百分制的比重最高。因此,相对应这么多成绩记录形式,绩点的设定形式也呈现出多样化的状况。概括起来,可以描述为以下三种记法:"段—点"型、"点—点"型和"标准分"型。"段—点"型主要是指在某一分数段内对应一定的绩点。"点—点"型绩点表示法是将百分制的60—100分数段中每一分值对应一个绩点,呈现出一定的线性变换。"标准分"型较为复杂,需要计算出特定课程的平均分和标准差,再利用计算机通过特定公式将所得结果换算成服从正态分布的标准分,最后利用线性变换转化为百分制形式,所得结果就是标准分绩点值。关于学分绩点,存在以下几个问题。

首先,各个学校的绩点设定形式不同。我国高校开始推行学分制以来,基本上都是采用绩点制作为其配套措施,而许多高校会出于实际成本和方便性考虑,加之受美国五级记分制的影响,使用"段—点"设定形式的学校相对较多,而且一般都是采用较大的分数段来分,但这种方法只不过是将百分制生搬硬套为五级记分制,没有任何实质上的改变,从而也会出现某些错误的结果。对于这

---

① 杨德广.建立中国特色的学分制[J].现代大学教育,2001(3):3-7.

种情况，部分学校将"段—点"设定形式更加细化，学生成绩由5个分数段划为8个或者更多，绩点等级也随之增加，这时出现了怎么分段的问题。在各个高校分段混乱的情况下，"点—点"型设定方法应运而生，也就是通过线性转换成绩与绩点对应的方法。由于这种设定方式相对于"段—点"型较为准确，因此使用"点—点"型学校越来越多。尽管如此，不论是"段—点"型还是"点—点"型设定方式都有一定的局限性，在相同的条件与背景下才有可比性，因此有些高校开设采用"标准分"型来设定绩点。虽然其计算较为复杂，且不易理解，但其优点突出，不过现在来说还只是少部分学校采用这种方法。

其次，绩点设置最大值的问题。有些学校的绩点最大值为5，有些学校的绩点最大值为4。在美国，90%的学校GPA绩点的设定是采取四分制，有10%的学校会采取五分制。在我国高校，也出现了绩点最高值不统一的问题。我国高校招生体制与国外不同，不需要考虑用绩点申请进入大学的情况，然而，我国学生在出国留学或者申请研究生的推免生时会需要用到自己的绩点，如果绩点最大值不同会造成绩点所代表的学习质量不一的乱象。为此，有必要使绩点的数值达成一个科学而又相对统一的形式。

最后，如何执行统一并推进我国高校学分互认问题。目前，我国高校之间缺乏互动与合作，虽然近几年有所发展，但国内高校学生相互转学的情况较为少见，如果要促进并鼓励学生在国内高校进行学业互动，相互交流，学分及绩点互认问题就必须相对统一。如同欧盟之间为了推动"博洛尼亚进程"，让每一个学生都有在欧盟其他国家学习经历，首先就统一了学分标准。目前，我国高校都一直在使用着不同的学分绩点设定形式，这样就使得学生在高校间互动没有一个统一的评判标准，无形中造成许多困难。对一些从国外回来的学生，在学分及其绩点认定上，各高校的政策也不一致。如何才能合理地达成一个相对统一的标准，是我们必须加以重视的一个问题。

（四）制约学分制实施的因素分析

学分制要取得较好的效果，受主客观各种因素制约，需要具备物质、观念等层面上的多方面准备，下面试作分析。

第一，课程及与此相关的教师、教室等教学资源是学分制实施的物质条件。学分制是与选课制紧密联系在一起的。可以说，学分制的实质与灵魂是选课制，没有选课制的学分制就不是真正的学分制。因此，学分制要求开设大量的选修课,在课程结构与学分要求上,给学生自主选课留出较为充分的空间,让学生根据自己的特点自主设计成才途径,在一定范围内选择专业和自由选课。选课制必须要求教师具有较宽厚的专业知识、较高的文化素质和学术水平,能在交叉学科、边缘学科、新兴学科的教学和科研工作中有所建树,开出高质量的课程。我校实施学分制后课程总数从1 000门左右增加到1 500门,平均每个专业教学计划的专业课程门数从50余门增加到60余门,另外开设了近100门的全校通识教育选修课程。课程虽然开设了,但如果教师、教室资源缺乏,不能满足学生修读的需要,学生选修得不到保证,学分制往往会名不副实,流于形式。随着课程量的增加,对教师、教室的需求也急剧增大,尤其是对大教室的需求量明显增加,学生自主选课还会使教学班大小不一,因而要求教室的规格能更加多样化。其他如图书馆、实验室、计算机等设备设施也要相应增加,而且为了配合学生更好地自主选课和自主安排学习,这些设施应该做到全天开放。

  目前,各个高校在实施学分制中遇到最为普遍的情况就是教学资源紧张,无法满足学生选课的需求。由于这几年高校扩招,教学资源本身就非常紧张,实施学分制后更是不堪重负。可以说,教学资源成了学分制实施的瓶颈所在。一些高校的教学计划中尽管罗列了大量选修课,但课程实际开设却要打上折扣;有的高校尽管规定全校课程向所有学生开放,但真正让学生自由选课还是因教室规模等问题无法做到。为此,一些高校利用中午、晚上排课来解决教学资源不足问题,但这毕竟只是权宜之计。

  第二,学生学习的自主性是学分制实施的基础前提。学分制这一教学制度,采取弹性学制,允许学生以累积学分的方式进行修读,比较注重学生个性的发展,学生可以根据自己的兴趣、爱好、市场需求,决定修读专业与课程。学生只要读满规定学分,就可提前毕业;在修读第一学位的同时,还可修读第二学位;学生除了必修学分外,其余学分可以自由选择。这样一来,学生学习的自主性在学习中的作用就尤其明显。学年制下,采取的是固定学习年限、统一学习内容、以自然班为教学班集体教学的教学制度,每个学生随着班级同学进行学习,勿需进行学习上的自我设计。学分制如同是"点菜制",吃什么由你自己来定;学年制如同"包伙制",勿需自己决定吃什么。另外,从学分的计算也可清楚地反映这一点。学分计算大致有两种方法,一种是以课内周学时为主进行计算,即每周课内讲授1学时,学生在课外还需自学2学时左右,则上满一学期为

1学分,而如果基本上不需课外自学的课程,则每周授课3学时,上满一学期才算1学分;另一种是以课内外所需教学时数之和进行计算,即每周授课1学时需课外自修2学时,满1学期为3学分,不需要课外自修的课程按周学时确定学分。两种计算学分的方法都体现了重视课外自学的教育理念,给学生的课外学习以课堂教学同等重要的地位,给予同等的学分量。对于学分计算中体现的教育理念,我国高校缺乏足够的重视,对学生课外学习的重视没有提到应有的高度。事实上,如果学生缺乏学习的主动性,仅仅为了修读学分而学习,则会影响课程修读的质量与成效,妨碍学生形成良好的知识结构,甚至影响学生成才。

从目前学生的学习自主性来看,与学分制的要求尚不完全适应。除了高等教育观念、师生关系、教学方法等客观原因导致学生自主性丢失之外,从学生角度分析,其原因有两个方面:首先,普通教育阶段缺乏对学生自主学习能力的培养,教师包办代替较多,学生自主决定较少;应试教育为主,对学生素质培养不够;课程围绕高考转,选修课流于形式;教师手把手教的多,学生自己探索的少。其次,一些高校新生抱着可以松口气的想法进入高校,缺乏紧迫感、危机感,对高校学习的紧张性、竞争性没有足够的思想准备,他们习惯于依赖教师学习,而不善于主动地学习。

第三,教学管理制度是实施学分制的重要枢纽。学分制的推行,要求有一个强有力的教学管理机构,它不仅能根据本校的实际情况和发展需要不断设计出比较合理和科学的选课制或课程组织模式,而且能够高效、灵活地协调全校各系、各专业的课程设置及相互关系。可以说,学分制的教学管理比学年制复杂,单以学生选课而言,每学期有数千人乃至上万人要按自己课表进行选课,还要接受学生退选、改选,工作量很大,在教材征订、考试管理、成绩录入、学籍管理方面也带来了学年制未曾遇到的问题,教学管理从统一走向多样,从简单走向复杂、从线性走向非线性,明显增大了教学管理的难度。

怎样做到活而不乱、管而不死,是摆在教学管理人员面前的重大课题。为此,必须改变传统的管理方法,突破一种管理模式、一套管理格局、一个管理标准。教学管理必须更加密切地关注学生的实际需要,树立为学生服务的观念,使管理更加民主化;按学分制教学需要制订教学管理新制度,剔除计划经济下形成的、与时代不相适应的教学管理制度,使管理更加科学化;开发计算机教务管理系统,不断深化教学管理改革,提高管理效率,使管理高效化。实施学分制的教学管理人员既要熟悉业务,又要有较强的服务意识,更要懂得科学管理的方法,能掌握应用计算机进行管理的现代化管理手段。

二、导师制

随着高校学分制的实施,导师制逐渐引起了人们的关注与重视。许多高校在推行学分制教学改革的同时,辅之以导师制作为配套的保障措施,为学分制保驾护航。可以说,导师是连接高校教学管理和学生学习生活之间的桥梁与纽带,肩负着促进学生成才的重任。

(一) 导师制的意义

导师制作为一种教学辅助形式,其作用主要体现在弥补课堂教学的不足。课堂教学的不利于因材施教、不利于理论联系实际的缺陷在高校教学中被凸显与放大,因为高等学校的教学正是非常注重学生独立性、创造性、综合素质和实践能力的培养的。高等学校教学与中小学教学的重要区别就在于教学与研究的结合、理论与实践的结合。从这点来看,对强调学生的独立性、创造性、研究性和实践性的大学教育来说,课堂教学具有它难以克服的弱点。导师制正可以作为一种有效的辅助形式,它能够发挥学生的主动性与创造性,促使师生的相互交流与相互促进,培养学生正确的治学态度和科学的研究方法。从理论上来说,它符合教学理论的三大原则。其一是符合因材施教原则。导师制是一种面对面的个别教学形式,能针对学生的个别差异进行教学。其二是符合启发诱导原则。导师制需要导师深厚的学术积累,同时也需要学生极大的阅读量与独立思考能力,在此基础上,导师让学生主动思维,积极思考,提出自己的见解与看法,导师再给予指导、点评,这种方式有利于培养学生的主动探究精神,而且能学到导师治学、思考问题的方法。其三是符合教学相长原则。在导师制下,学生提出问题、撰写读书报告或论文,请教师回答或指导,这必然要求教师全面了解相关研究,促使教师学习、思考、钻研。导师与学生的共同讨论也会对教师具有启发作用,可以使师生双方相互促进、共同提高。

我们的传统教育往往把课堂教学作为主要环节,中小学如此,大学也如此。实际上,在大学教学中,应该减少课堂教学的时数,留出更多的时间给学生独立钻研;教师在进行课堂教学时,也应该精讲多议,画龙点睛,把参考资料介绍给学生,注重"读""议""写""创"等环节。一直以来,我们对大学教学的独特性强调不够,教师与学生都凭借或依赖课堂教学这一途径进行知识的传授与学习活动,教学中存在着严重的教师"喂着吃""抱着走",学生"背笔记""死读书"的现象。爱因斯坦曾说,大学教育应该把发展独立思考和独立判断的一般能力放在首位,而不应该把获得专业知识放在首位。如果一个人掌握了学科的基础理论,并且学会了独立思考和工作,他一定会找到自己的道路,并会更好地适应进步和变化。可以说,导师制与现代大学教学理念是不谋而合的,它能较好地解决大学教学中存在的问题。

导师制同时也是一种管理制度。作为对学生采取的管理措施,它能弥补传统的学生管理的不足。高等学校原有的学生管理体制是由政工干部、班主任负责学生的德育工作及生活学习等有关事宜,而任课教师则与此无关。长期以来,人们把"教书"和"育人"看作两种独立的教育实践活动,育人被看成是德育教师和政工干部的事,教师的任务就是传授知识。因此,高校中的一个普遍现象是:任课教师上完课就一走了之,无影无踪。这种把学生的学习与品德加以分解,只是让一小部分教师承担学生的思想品德工作,而让大部分教师游离于学生工作之外的做法,不利于充分发挥教师的作用,也不利于学生成才。实行导师制,让绝大多数教师承担导师职责,他们不仅要关心和指导学生的业务学习,还要把德育工作渗透到日常工作中去,了解学生的思想状况,及时化解学生的苦恼和矛盾。从理论上看,高校的德育工作不是单纯的思想观点、政治态度与立场的教育,还是心理、道德、法制等内容的教育,德育工作必须与学生生活、社会实践、日常学习等紧密结合起来才能取得应有的效果。如果仅仅是依靠政工干部、班主任做学生的德育工作,实际上是把政治与业务、德育工作与教学工作、德育与智育割裂开来。而由广大教师参与思想品德工作,可以寓品德教育于智育之中,而且教师是学生获取专业知识的引路人,在学生心目中占有特殊的重要位置。大学生的主要任务是学习,因此在学习中容易暴露出来各种问题,如果离开了广大教师做学生的思想教育工作,就难以紧密联系学生的学习实践。

(二) 导师制类型

1. 全程导师制

大学生进校后通过教师与学生的"双向选择",给每位学生确定一个导师,一直到学生毕业,在大学四年当中,导师始终把"教书"与"育人"紧密结合,把培养高素质人才作为自己的首要任务。低年级阶段主要指导学生思想、学业、对大学生活的适应及学习方法;介绍专业发展情况和前景;指导选课;指导暑期社会调查,协助制定调查提纲、点评和批改调查报告。高年级阶段吸收学生参与科研工作,加强其实践能力培养和科研素质训练,要求学生结合课题研究撰写文献综述,完成课题研究论;导师还参与学生就业指导和考研辅导,帮助学生树立正确的择业观,积极向用人单位推荐学生(北京大学、武汉大学、浙江大学等就是实行这种导师制)。这种导师制在整个本科阶段都对学生进行全方位指导,有利于学生综合素质的提高,师生之间也容易形成融洽的关系,对培养学生最为有利。但是,这种导师制需要大量的人力、物力和财力做其坚强的后盾。

2. 高年级导师制

这种导师制是在大三以后给学生配备导师,这种导师制多为"科研实践型",根据学生的兴趣专长和导师的研究方向,采取"双向选择"和院系选配相结合的原则配备导师。通过导师指导学生参与课题研究、举办学术讲座和读书报告会等环节,挖掘学生潜能,培养创新能力。高年级导师制有导师组指导班级和导师指导学生个体两种做法。这种导师制有利于培养学生的创新意识,为学生进入研究生阶段学习打下了基础。但这种导师制存在很大的弊端:首先,学生已入学两年到两年半,基本上已形成了固有的思维方式和行为方式,无论恰当与否,在短期内很难靠外力改变;其次,由于存在英语和计算机过级、考研及就业压力,学生更多的是按自己的想法来规划最后一年多的生活,这时,导师的介入已起不到实质作用。

3. 阶段导师制

在整个大学四年中分两次给学生配备不同的导师,一至二年级给学生配备导师,三至四年级再换导师,两次导师的工作职责不一样。1—2年级导师的主要任务是帮助学生尽快适应大学生活,尽快了解自己的学校,以及自己所学的专业,激励学生积极上进,陶冶学生情操;督促学生学好基础课;帮助他们制定学习计划,帮助学生认识自己的兴趣、爱好、能力特长,为两年后选择专业或专业方向打下基础。要求导师经常深入学生寝室,及时了解学生思想动态,关心学生生活,每月向学生推荐一本好书,组织学生进行人生观、价值观讨论等,同时要培养学生的自学能力,增加学生的知识面,以适应通识教育和宽口径的要求。三至四年级导师的主要任务是负责学生论文的写作辅导,协助学校做好毕业生毕业前教育工作,帮助学生了解自己的能力优势、发展倾向和职业志趣,学会正确地选择职业。这种导师制兼顾了学生特点及学校导师资源的实际情况，是一种较理想的导师制。一至二年级的导师主要重于生活、思想、学习方法等方面的指导，对导师的要求不是很高，一般的高校教师都能担任；三至四年级主要是专业指导，相对来说对导师的素质要求就高些。这样安排导师有利于缓解导师资源不足的问题。不足之处是学生适应另一个导师需要一定的时间。

4. 英才导师制

这种导师制是高校在导师资源不足的情况下，又想促进创新人才的培养，加强个性化教育，高校对部分优秀学生（如推荐免试生和高考高分生），在进校后，先按大类学习规定的课程，从二年级开始，在导师的指导下根据自己的兴趣、爱好选择主修专业，并实行导师制（很多高校称之为创新班），导师对他们进行全方位的指导，进行个性化培养（湖南大学、湖南农业大学等即是实行这种导师制）。这种导师制实行滚动制（如果学生在期末考试中成绩不在前多少名，再结合平时的各种表现，认为不再适合在创新班，就滚动到普通班），能激励学生在学习上你追我赶，发挥优秀学生的最大潜能。其弊端在于：对其他没有配备导师的学生来说有失公平；容易造成两极分化。

5. 学生宿舍导师制

在大学新生的第一学期就对学生实行导师制，由三人组成导师组负责五个左右的宿舍，导师中有教师、学校管理人员和高年级学生（如南开大学等）。在新生的第一学期就实行学生宿舍导师制，可以更有效地解决新生在学习、生活、心理、人际交往、思想政治等方面的问题，缩短他们的适应期；实行导师组，导师中有教师、学校管理人员、高年级学生，可以在时间精力、经验学识、气质、性格、才智等方面形成互补，弥补单个导师的不足，较之一个导师更能满足学生多方面的需求；不同方面的人员加入导师组，有利于从不同方面发现问题，改进工作。这种导师制只能利用业余时间，在寝室采用集体指导的方式对学生进行指导，指导方式较为单一。当然，也有学生宿舍单一导师制，一个教师担任某一宿舍的导师，利用业余时间对宿舍同学进行指导。①

（三）导师的职责与工作内容

我国实行导师制，当然不能照搬牛津大学、剑桥大学的做法。在我国高等

---

① 曹十芙.学分制下本科生导师制的研究[D].湖南农业大学硕士学位论文,2006:32-34.

教育界，导师制究竟是一种什么样的制度？它在大学本科教育中扮演一种什么角色？在理论上并无明确定位，在实践上也缺乏明确的规范。因而，目前各大学实施导师制大都没有明确的职责或具体的规定，即使有的学校制定了细则，也往往流于形式。在高校本科教育中尚未形成导师制的传统。当一名教师被分配担任导师的时候，对于应该去做什么，以及怎样去做不是很明确，学校对导师的职责缺乏规范。

第一，导师要帮助学生适应大学的学习与生活，帮助学生理解培养目标与专业结构，制定合理可行的学习计划。在我国，实施导师制的一个直接原因是为了帮助学生在学分制下顺利进行选课。在中小学阶段学生是不用自己决定修读的课程的，而学分制却要求学生根据专业设置、兴趣爱好等情况自主决定学习内容。由于一些学生对高校人才培养模式缺乏了解，对专业教学计划也比较陌生，因而在选修课程时往往比较盲目、随意。如果我们不对学生选课加强指导，实际上是对学生不负责任。鉴此，中国特色的导师制应运而生。导师必须帮助学生理解培养目标和专业结构、学习的顺序性、学科间的渗透性。导师应向学生讲解教学计划的安排，学校有关教学的规定，向学生说明必修与选修的性质与区别，对学生选修课程提出必要的建议。导师要根据学生的基础、特长、兴趣、爱好和发展趋势，建议学生学习的重点与今后发展的方向。

第二，导师要指导学生掌握良好的学习方法、思维方法、研究方法，帮助学生克服学习上的困难。随着高等学校教学改革的深入发展，"教学过程"将逐渐与"导学过程"相结合，以教为主将转变为以学为主，自学、讨论、实践、作业以及利用图书资料、电脑网络索取学习信息等，将成为重要的学习形式。这就要求学生有良好的学习方法与较强的学习能力。导师要督促学生利用好学习时间，与学生探讨科学的思维方法，向学生介绍听课、自学、讨论的思路和要点，关心学生课程学习的状况和进度，及时发现和解答学习上的困难与问题。导师要帮助学生掌握大学学习的特点，使学生把握好广博与精深、基础学习与专业学习、专业学习与全面发展、知识与素质之间的关系，引导学生健康成长。

第三，导师要了解学生的思想、生活情况，加强对学生的思想政治教育。导师制的职责从来就不只是限于学生的学习。从英国的导师制来看，导师担负着发展学生的心智和体力，培养学生良好道德的责任，这一传统一直流传至今。在我国目前的一些高校，为了避免导师与班主任在职责上的重复，只要求导师指导学生的学业情况,这只是一种权宜之计。事实上,学生的学习情况与他的政治思想表现、生活方式和心理水平紧密联系,导师理所当然地要涉及学生的思想品德工作。而且,导师作为学生学习上的引路人,经常与学生进行面对面地聊天和指导,建立了较为密切的师生关系,也更有条件对学生进行思想品德方面的教育。

第四,导师要关心学生的身心健康,及时帮助学生消除和克服不良心理障碍。我国大学生进入大学的年龄一般在18岁左右,各方面尚不成熟,大部分学生的生活能力、适应环境能力都较弱,社会成熟度较低,不能很好地把握自己,需要导师进行指引,帮助学生进行适应和调节。特别是一些新生,远离家庭,面对陌生的环境与人际关系,面临生活、学习、人际关系、竞争的多重压力难以适从,需要导师给以化解。如果不良情绪压抑过久,则会成为心理障碍,严重分散学习心思和精力。如果导师以过来人的身份进行指导,效果比较明显。

案例七　导师制与学分制:牛津与哈佛的实践

本科生导师制,是牛津大学对世界高等教育的突出贡献之一,而哈佛大学的学分制更是风靡全球。尽管我国高校对导师制与学分制并不陌生,然而追根溯源,无疑能加深对导师制、学分制本质的认识。①

一、牛津导师制的缘起与发展

导师制(tutorial system)来源于英国牛津、剑桥等大学的办学传统及办学特色。它起源于14世纪的牛津大学,现以牛津大学、剑桥大学的导师制最为著名。在英国,每一个牛津大学、剑桥大学的新生报到后,学院就给他指定一位导师。导师一般是学生所选专业的学者,负责指导学生的学业和品行,协助安排学生的学习计划。一位导师指导6—12名学生,每位导师每周辅导学生一次,每次每个学生一小时。学生在课程学习中至少有一部分时间要单独去见导师,朗读自己的读书报告,听取导师的评语。辅导一般按课程表进行:学生汇报,导

---

① 杜智萍.学院发展与牛津大学导师制的形成[J].教育评论,2012(1):150-152.　马赛,郝智秀.学分制在哈佛大学创立和发展的历史轨迹——兼论美国学分制产生和发展的社会背景[J].高教探索,2009(1):70-75.本案例综合这两篇文章改编而成。

师评议、师生讨论、导师指点、布置作业和论文,关心学生的思想与生活。历史上的英国导师制,还要求导师与学生住在一起,为学生开列各种阅读书目,给学生讲课、辅导和布置作业,甚至与学生一起上教堂、做祷告。英国的导师制使得大学荟萃的著名学者能够与学生朝夕相处,言传身教,这种独特的教育方式对学生产生了深刻的影响。美国学者弗莱克斯纳(Abraham Flexner)在其代表作《英美德大学研究》中曾说:"牛津大学、剑桥大学在本科生和导师之间建立的那种个人关系,是世界上最有效的教育关系。"①有人形容牛津大学、剑桥大学的学生很少听课,但要吞下大量的烟雾——导师一边吸着烟斗,一边与学生聊天。加拿大学者利考克教授两次访问牛津后,于1922年写了《我见之牛津》:"它的讲课很糟,它有从不教课的教授和从不听课的学生。……牛津给了学生某种东西,一种生活和一种思想方式,……学生所知道的一切都是从导师那里——或者不如说同导师一起学到的。"②有人曾认为,20世纪60年代美国和法国的学生运动很厉害,而英国并不如此,就和英国大学比较成功的导师制有很大关系。③

(一) 导师制的形成基础

12世纪末,牛津城凭借其独特的地理位置和活跃的政治经济活动,吸引了众多优秀学者和全国各地慕名前来的学生,逐渐成为羽翼丰满的大学。这一时期,牛津出现了有序的神学和法律教学,确立了其在文科、城市法、教会法和神学领域的地位。到13世纪,牛津大学逐渐成为亚里士多德科学和哲学的研究中心。在学术领域中的蓬勃发展,使牛津大学逐渐获得了作为一所独立的大学参与欧洲学术活动的自信。

在牛津这样一个新兴的大学城中,"中世纪式的生活爱好,导致了学院的形成"。到中世纪后期,学院作为具有共同学术兴趣的学者团体,逐渐成为大学公共教学的中心。学院全体成员居住在一起,形成了一个交流思想、追求卓越、崇尚道德和学术的社会。最初的导师制就形成于这样的学院。"导师制源于早期的牛津大学,学院高级成员负责对初级成员进行指导是学院制思想的自然发展。"

---

① Abraham Flexner. *Universities*: *American*, *English*, *German*. London: Oxford University Press, 1930.
② 夏红卫. 牛津大学:砺志图新 卓尔不群[J]. 知识就是力量,1999(11):30-32.
③ 刘凡丰. 独具特色的牛津大学本科教学管理制度[J]. 宁波大学学报,2002(6):24.

在大学形成之初,牛津的学生分散居住于书馆或牛津城的私人住所里,这种居住状况使大学管理者面临严峻的挑战。最终,大学选择了通过安排学生在书馆或寄宿舍中学习、生活,来对其进行管理的方式。尽管这一管理模式在控制学生的无序行为和犯罪行为方面效果显著,但并不被认为是从根本上解决这一问题的有效方法。不仅如此,这一模式的不稳定性也日益凸显,因为只要房屋租赁合同期满,师生就无法继续租住在那里。书馆和寄宿舍管理者之间为争夺生源而产生的激烈竞争使情况更加恶化。同时,教学资源的稀缺也使书馆和寄宿舍在与学院的对抗中日益黯淡。在学院开始招收自费生后,书馆和寄宿舍就更加难以为继了。"由于学院的形成,大学不再是众多学者组成的松散的联合体,而成为一个相对稳定的、具有实体意义的组织机构。"到 16 世纪,牛津大学已建成 13 个学院。

在中世纪,大学提供具有直接社会价值的智力课程和技能训练,因而一般被视为职业性质的机构。它不是学术研究的中心,而是专门的教学机构。在大学中,文科课程被视为所有职业技能的基础,像法学、神学和医学一样具有社会实用价值。由于书本匮乏,师生间的教学活动主要采用问答的形式。这种以口头表达为主要手段的教学方法自然而然地在大学中流行开来,成为那个年代里最普遍的大学教学形式。这种问答和辩论,也为后来出现的导师教学提供了最初的摹本。

(二) 导师制的萌生

学院导师的出现是学院系统自然发展的结果。15 世纪以前,"tutor"一词并没有被使用,但是,在日常的表述中有很多与之相近的词语,如"creditor"(债权人)、"curator"(监护人)、"Informatores"(提供知识者)、"guardian"(保护者)等。形成较早的新学院在最初的条例中就用"informatores"来表示导师,其后的布鲁齐诺斯学院则采用了"tutor"一词。

尽管在初期的牛津大学,大部分世俗学院的高级成员都会指导并教授学院中的年轻成员,但是这一时期的导师教学是非正式的,不仅形式简单,而且导师没有报酬,参加者也仅限于学院内部成员。14 世纪后期,僧侣开始负责指导和监督学生的经济行为,这在当时纯属僧侣的个人所为,而并不是学院的制度规定。由于学生大多并不与导师共同居住在僧侣学院,因而对于他们的教学主要仍由大学教师负责。可见,早期的导师仅承担学生保护者这一角色。

导师教学与讲授联合的教学形式最早见于僧侣学院。通常情况下，学生要参加僧侣学院每周开展的关于神学和哲学的辩论，还要参加大学教师举办的讲座和辩论。由此，僧侣学院的教学逐渐呈现出学院教学与讲座联合的发展趋势。同时，僧侣也不可能脱离大学的公共教学，以及其与世俗学者的学术交流，而独立展开学术研究。这种联合的教学形式后来被引入书馆和寄宿舍，推动了世俗学院中导师教学与讲座的联合。

僧侣学院对导师制的贡献，在牛津的寄宿舍中进一步体现出来。15世纪末16世纪初，牛津有大量的本科生居住在书馆和寄宿舍。这两类机构中的教学作为大学公共教学的补充而得到发展，逐渐形成独立的讲座和辩论。书馆的每名本科生都有导师对其进行个别教学，指导背诵和辩论。担任导师的极有可能是书馆中的教师。不论这种个别教学的程度如何，书馆都促进了导师在指导学生日常经济行为方面的职责。

此外，世俗学院为导师制的形成也起到了推波助澜的作用。创建新学院的威廉·威克姆(William of Wykeham)在14世纪后期就实施了有偿的导师制，即学院固定地为导师支付报酬。这样，学院院士通过担任导师可获得来自学院和学生个人的双份报酬。新学院在建院一段时间后，担任导师的院士由最初的4—6名增加到10名。此时，由于导师数量有限，导师教学基本不涉及学院以外的学生。尽管导师很早就在牛津出现，但最初的导师职能无疑是单一的。随着学院开始招收本科生，导师的职业地位日益稳固。威廉·威克姆建立的导师制不仅使导师的经济利益得到保障，而且使原先非正式的、无报酬的导师教学向制度化方向迈进了一大步，标志着牛津大学制度化导师制的最初确立。

（三）导师制的普遍建立

15世纪末16世纪初，学院容纳本科生的数量非常有限。大学的管理者日益相信，将学生容纳于专门为之建立的学院中，使之能够在其中接受经常性的训练，是解决学生管理问题的长效方法。来自社会和经济方面的各种压力，促使大量本科生进入世俗学院，这使学院不断得以扩张，逐渐取代了原先的书馆和寄宿舍。同样是由于经济上的压力，学院只能将本科生作为招生对象的一部分。从15世纪后期到16世纪初，学院的院士渐渐意识到为本科生提供指导能有效增加其个人收入，因而欢迎更多本科生进入学院。与此同时，学院也凭借其独特的导师教学优势吸引了大量的本科生。1480年，莫德林学院率先将自费生纳入招生范围,这一做法后来被其他学院纷纷效仿。1634年,校长劳德大主教将大学的实际管理权赋予大学理事会,而各学院院长是这一核心机构的重要组成人员。由此,大学实际上成了各学院的联合机构,牛津大学逐渐进入了从属于学院的发展阶段,牛津城的居民们也逐渐习惯了用学院来代表大学。与此同时,学院实现了本科化的发展,越来越多地承担起教学任务,逐渐成为教育和培养年轻人的专门场所。到16世纪末,各学院不仅仅是教学的基地,也负责招生。要进入牛津大学,一定要进入某所学院,因为大学绝大部分的教学工作都被牢牢地掌握在学院主持人手中。学院才是大学中真正意义上的教学实体,是最基本的本科教学单位。由此,牛津大学逐渐发展为学院制大学。随着牛津大学各学院逐渐成为典型的本科生学院,导师制以各学院为载体在牛津大学得以普遍建立起来。

16世纪中期,牛津大学的教学主要集中于世俗学院和数量有限的书馆和寄宿舍中。学院教学背景下的导师制,为这一时期的英国高等教育注入一种全新的元素。本科生与导师的住所相邻,这便于导师对学生进行生活和智力上的全面指导。此时的学院导师,毫无疑问地扮演着代理家长的角色。17世纪,牛津大学涌现出众多认真、诚恳、博学的导师,他们为学生单独拟定阅读书目,除了每天讲课以外,还要对所负责的学生进行个别指导,监督其祷告,并同去食堂就餐。在长期的朝夕相处中,导师的悉心指导及其与学生亲密无间的交流,无疑对学生的学院生活产生深刻的影响。

16世纪后,牛津各学院都相继模仿新学院和默顿学院,颁布了导师制的相关规定。如莫德林学院每年将100先令用于支付导师指导学生的费用。布鲁齐诺斯学院的条例中也有关于导师制的相关规定:学院的每名学生都要拥有导师,院长和副院长要根据导师教学的能力来决定招生数量。导师要在语言行为习惯,尤其是经济方面对学生进行指导。对于这一时期的布鲁齐诺斯学院导师而言,保护学生至少与教学同等重要。1634年,著名的《劳德规约》明确指出,牛津大学中的所有学生都必须有导师对其进行宗教方面的教导,并且监督学生的着装和日常行。导师由学院院长认为在德行学术和信仰方面符合要求的毕业生担任。导师制已然成为牛津大学生活中必要的组成部分。

17世纪时,学院导师的职责越来越集中于学术领域。导师们对于学业指导的态度并不一致。只有少数导师选择讲授大学的正式课程,一些导师对于指导学生学习感到厌烦,甚至也有导师对此持反对态度。有学生认为,一些导师是好学的,而一些导师却是懒惰的。可见,从导师制产生之初,这一教学制度就体现出鲜明的个体差异性。随着导师职能的逐渐确立和地位的日益稳固,本科生的学院生活也越来越规范,且富有成效。同时,院士们通过担任导师也获得了比以往单纯从事大学教学高得多的薪金。随着导师教学在各学院中逐渐得以推广,牛津大学形成了关于导师任职资格的规定。1662年的《遵奉国教法》就规定,任何一名教师必须声明遵从法定仪式,并获得教会颁发的教学许可证。

从中世纪到现代社会,牛津大学学院导师的职能发生了鲜明的变化。可以说,现代牛津导师主要承担教学辅导任务,而在导师制建立初期,导师则更多扮演保护者的角色。其职责在于使学生拥有坚定的宗教信仰,帮助学生过上有益的生活,不为他人增添烦恼,不陷入债务纠纷。作为英国最古老的大学,牛津大学历经数百年的风雨洗礼,却能始终保持强大的生命力,这在很大程度上要归因于与教会的亲密关系。众所周知,中世纪的牛津大学是教会培养大批宗教人才的苗圃。因此,导师制在那个时期无疑体现出鲜明的宗教性,其中的学术成分很少。正是这种职业责任使导师制很好地满足了宗教教育的需要,从而逐渐成为大学中一项基本的教学制度。毫无疑问,初期的导师制直接体现了中世纪牛津大学具有的宗教特质。

16世纪至17世纪,各学院普遍建立的导师制是一种简单形态的导师制,并不以教学为导师的核心职能,而更多体现出浓厚的宗教色彩。直到19世纪后半叶,牛津大学导师的宗教性质逐渐淡化,导师最终实现了从牧师向大学教师的转变。学院导师制发生了根本性的变化。自此,导师制真正成为一种世俗的教学制度。牛津大学的导师制对英国乃至世界各国的高等教育都产生深远影响。

二、哈佛学分制的缘起与发展

当代我国高校普遍实施的学分制,最初起源于哈佛大学,并被哈佛大学不断完善和发展,进而演变来今天的模样。

(一)学分制前身:选修制

追溯学分制,必先论及选修制。选修制是指学生自由选择专业和课程,为发挥学生个性和潜质而建立的教学制度。它起源于1810年的德国,由当时的普鲁士内务部教育厅长洪堡（Wilhelm von Humboldt）在柏林大学创立。之后的一个世纪里，德国先进的教育理念吸引了成千上万的美国青年赴德国求学。这为选修制引入美国奠定了基础，其中杰斐逊和埃利奥特起了关键作用。

美国1636年创办高等教育之后的一个多世纪，都是沿袭殖民地学院的"博雅教育"模式，即以传统的古典文学为核心，全部必修的课程体系，严格按学年制，以死记硬背方式进行教学。这种僵化的教育体制首先遭到弗吉尼亚州州长、后为美国第3任总统（1801—1809）杰斐逊（Thomas Jefferson）的强烈反对。他在1779年谈到高等教育时说："学生有权利上他们自己喜欢上的课，安排自己喜欢的活动，听他们认为应该听的讲课。"并于当年起草了《普及知识法案》（简称《法案》），建议对课程进行改革，并引进德国的教育理念，倡导选修制，抛弃以古典文学为核心、全部必修的课程体系，增加自然科学、医学等实用性课程。同年12月4日，其母校威廉—玛丽学院（College of William and Mary）首先实施《法案》，尝试选修制。1825年，杰斐逊创建了弗吉尼亚大学并亲任校长。他在开学典礼上指出："弗吉尼亚大学要粉碎神学主义和古典主义的框子，向科学知识大胆开放，树立新学风，不再保守陈法。"并让首届123名学生在开设的现代语言、自然科学、法学等8个不同科类中任选一个领域，学校没有年级制，每个学生按自己的意愿和能力去修完学业。此时弗吉尼亚大学设立的课程已远超同期学院设置的课程。这就是美国最初的选修制。其特点是仅在不同学科领域内进行选择，一旦学生选定了专业领域，在此领域内就不再有选择的自由。由于弗吉尼亚大学是美国历史上第一所真正的州立大学，其课程改革对美国高等教育产生了重要影响。1826年创立的阿姆斯特学院、1827年创立的联合学院、之后的密执安大学、布朗大学等高校纷纷效仿弗吉尼亚大学推行选修制。但这些学校的改革遭到了保守势力的强烈反对，加之实施选修制需要资金支持，而当时高等学校资金普遍匮乏，新增加的自然科学课程由于水平不高，学生选修不能获得学位等原因，选修课程日益减少。到1845年各校又回到以古典文学为核心的必修课上来。尽管如此，杰斐逊仍不失为美国推行选修制的首倡者。

美国大学真正的选修制是在南北战争之后，1869年，崇尚教育自由，尊重学生个性的化学家埃利奥特（Charles. William Eliot）当选哈佛大学校长。他在就职演说中强调："本校要坚持不懈地建立和推广选修制"，"每个学生的自然倾向和天赋资质,都应在教育中得到尊重。而只有充分满足和发展学生特殊才能的课程,才是最有价值的课程"。他指定一个专门委员会,将学校课程统一编码,供学生选修。三年后,本科四年级取消了所有必修。1879年和1884年,本科三年级和二年级也分别取消了必修课。到了1895年一年级只保留一门修辞学必修课。

在传统观念占统治地位的社会里,埃利奥特推行的选修制同样遭到了保守势力的强烈反对,最激烈的要属耶鲁大学校长波特(Noah Porter)和普林斯顿大学校长麦考什(James Macosh)等,但埃利奥特以其坚定的信念顶着压力坚持了下来。他审时度势、把握脉搏做了大量的说服工作,终于使选修制在哈佛大学站稳了脚跟。到了19世纪后期,选修制逐渐显示出它独特的优越。19世纪末,哈佛大学的入学率增长了88.8%,大大高于美国其他院校的入学率。随着教师的增加,开课数量也在增加:1871年,哈佛大学32位教授为643位本科生开设了73门课程。到了1911年169位教授为2 217名本科生开设了401门课程。哈佛的改革对美国高校产生了积极影响:哥伦比亚大学、斯坦福大学等美国一大批著名学府纷纷效仿哈佛,推行选修制,连最保守的耶鲁大学也在1893年取消了本科二至四年级的必修课。到20世纪初,美国绝大部分高校推行了选修制。

选修制对美国传统的教学是一个有力的冲击,它使垄断的古典教育走上终结。而适应社会发展的新兴科技和经济学科陆续进入大学课程体系。先进的教学方法代替了传统学院的死记硬背,以相关学科组成的"系"为教学单位的建制正式在大学确立。在社会发展到要求大学改变传统教学制度的时代,作为美国成立最早、最具影响力的一所大学,埃利奥特在哈佛推行的选修制具有革命性的意义。

(二)哈佛大学首创学分制

哈佛大学在推行选修制中遇到了一个现实问题,即同一系科、同时入学的学生,由于选修的课程和学习进度不同,如何衡量他们毕业时必须完成的学习量?这就迫使学校必须建立一个衡量标准。于是,"学分"作为一种计量学生课程学习量的标准单位在哈佛产生,这要归功于埃利奥特。他在1869年提出"智力适者生存"的理论,认为人在智力、能力上是有差异的,大学应该满足这些差异,使每个学生的个性和才华得到展示。为此,他主张大学应提供三个条件:一是给学生有选择学习自由的权利;二是为学生提供在某一学科领域出类拔萃的机会;三是建立学生应对个人行为负责的制度。这一主张为学分制的产生奠定了理论基础。1871年,哈佛大学列出了学校所有课程的目录,根据每门课程深浅难易程度和花费学习时间多少折算成"学分"。1872年,学分制(credit system)作为一项教学管理制度首次在哈佛大学诞生。它规定学生无论选择什么课程,只要考试成绩合格,即可取得这门课程规定的学分。学生只要达到规定数量的学分就可毕业,不限学习年限。从此建立在选修制基础上的学分制在美国正式形成。埃利奥特在哈佛创立的"学分制将美国大学像烙饼一样翻了个底朝天",成为美国传统学院向现代大学转变最重要的标志。

(三) 学分制在哈佛大学的完善

学分制在创立初期还很稚嫩,缺陷不少。1903年,哈佛大学曾进行过调查:有55%的学生只选初级课程;75%的学生选课没有中心;学生选课极少考虑知识结构;课程体系不系统,显得支离破碎。这种全开放的自由选修制曾一度造成了教学的混乱,学生既未达到专的要求,也未达到博的目的,影响了学习质量。之后,哈佛大学的历任校长对选修制和学分制进行了一系列改革。

一是提出"集中和分配"的理论。1909年劳威尔(Abbott Lawrence Lowell)接替埃利奥特任哈佛大学校长。针对自由选修制存在的问题,劳威尔认为:"在复杂的现代社会,最理想的自由教育旨在培养既通又专的人才。"为此,哈佛规定本科生在获取学士学位选修的16门课程中,有6门"集中"在主修领域,另外6门"分配"在社会、人文和自然科学3个领域;其余课程由学生自由选择。1914年开始的这项改革对埃利奥特的自由选修制进行了必要的限制,保证学生接受的是系统的教育,做到博与专有效结合。

二是引入了导师制。导师制最早起源于英国的神学院,1400年威克姆(William of Wykeham)主教首次将导师制引入牛津大学的新学院,目的是对学生的学习思想和心理进行监护。劳威尔认为,大学新生对学校的专业知识结构、课程所属学科及内容,是否适合自己的发展方向都不甚了解,不可能独立地为自己设计出专业方向和科学合理的知识结构,需要一位富有教学经验的教师加以指导,这就产生了学分制条件下的导师制,并于1916年在哈佛实施。在这里导师不是职务,而是一种功能。其主要是指导学生分析选课方案,指导学生安排学习计划,引导学生品德修养等;使学生既能自主安排学习,又能遵守人才培养规律。大学所有教师都可以担当起导师的作用。为此,学校还成立了选课指导委员会。凡是学生自己设计的课程体系须提交详细的设计报告,由所在学院学术委员会批准。导师制的引入使学分制从学的角度和教的角度两相融合,相互补充,学分制进一步趋于完善。导师制至今已延续600余年而不衰,其生命力在于能把因材施教原则落实到每一位受教育者的身上。

三是实施荣誉学位制。劳威尔在研究英国大学教育体制中发现,牛津大学实行的荣誉学位考试制度对激励学生奋发向上、提高学习质量大有裨益,这也是英国大学在世界上有较高地位的重要原因。于是,他决定将这一制度引入哈佛,规定凡是申请此荣誉者,在本专业上必须出类拔萃,申请前提交的论文质量须在A等,且各科成绩均为优等。获此荣誉的学生可免修最后一年的全部课程,以便集中精力准备毕业论文。它的设立有力激发了哈佛学生奋发向上的学风。据统计哈佛大学毕业生中有40%在本专业上获得了这项荣誉。这项改革措施扭转了自由选修制带来的学术懒散现象,有力地提升了哈佛大学的学术声望。

四是采用了绩点制。一门课程的学分是按这门课程在一个学期里的周学时数来计算的。而仅仅将学时数和学分简单对照,并不能全面反映学生学习状况。于是,大学就出现了学分绩点及相应的绩点制度。绩点制最早产生在英国,它是动态反映学生学习质量的一种统计制度。劳威尔发现它特别适合哈佛大学的弹性学制,尽管操作起来比较繁琐,但它更能激发学生的竞争意识和奋发向上的精神,是对学分制的有效完善。

五是强化通识教育。1933年,科南特(Jamos Bryant Conant)就任哈佛大学校长,他逐步认识到本科生通识教育的重要性。通识教育最早由美国实用主义教育学家杜威(John Dewey)于20世纪初提出,目的是设立人类一般知识概论性课程来解决高等学校课程繁多的问题,即一个大学生应该具有的人类共同基础知识。通识教育的实质是文理教育,它是专业教育的基础。而通识教育的实施又是以本科教育的基本构架(文理教育+专业教育)为基础和保证的。于是,1943年,科南特任命以文理学院院长为首的专门委员会着手研究通识教育问题,目的是培养学生具有"有效思考的能力、交流的能力、做出相关决断的能力、甄别各种价值的能力",以适应社会复杂多元的需要。1945年提出的《自由社会中的通识教育》报告指出:"通识教育是一个有机体,是整体和综合的。专业教育是有机体的一个器官,在整体中发挥其独特的功能。"哈佛大学于1946年正式实施通识教育计划。学校将绝大部分课程编为 4 组,其编码和适用范围为:1—99 低级组课程(适用于本科生);100—199 中级组课程(适用于本科及研究生);200—299 高级组课程(适用于研究生);300—399 高级组课程(适用于研究生搞研究)。

通识教育计划规定本科一、二年级学生除选修本系 6 门专业课外,必须从人文、社会和自然科学的通识课程中各选 1 门,还要从其他系里课程中任选 3 门。这种课程安排把专业教育与通识教育结合起来,形成以通识教育为基础以集中和分配制度为指导的选修制度。哈佛大学的通识教育是战后对美国高等教育影响颇大的一项计划,这个计划"具有激励其他学校的功能,并为其他学校指出了前进的方向和道路"。

六是建立核心课程体系。1971 年哈佛法学院院长博克(Derek Bok)就任哈佛大学校长。此时,随着通识教育课程的不断扩充,哈佛大学的课程由 1946 年的 16 门发展到 1969 年的 101 门。他认为,通识教育已失去原有意义。在这个复杂的世界里,学生光有知识是不够的,必须具有思考复杂问题的能力。大学应该"培养没有条条框框,具有批判能力,能够吸收人类价值观念的丰富营养,具有应付当今这个不断变化的、十分复杂的社会能力的人"。因此,博克决定通过课程体系变革来实现这个目标。1973 年了以文理学院院长罗索夫斯基(Henry Rosovsky)为首的一个委员会成立了。经过调查,人们认为本科教育除专业课和选修课外,还应该建立核心课程。因为时代潮流的变迁,对大学本科必修课程的设置已经很难使人们达成共识,而核心课程可以使学生"掌握清晰和重要的思想方法",为学生提供将来能够在社会中有效发挥作用所需要的共同概念、技能和态度。

1977 年,哈佛大学公布了《核心课程计划》,并提出以"核心课程"取代过时的"通识课程"。1981 年又公布了《公共基础课程方案》,核心课程体系正式确立。该方案规定本科生 4 年所修的 32 门课程中,16 门为专业课,8 门为选修课,8 门为核心课。与普通课程只注重人类共同遗产相比,核心课程强调的是各门学科的方法论。前者注重知识的广度,而后者在知识广度的基础上,更强调知识的横向联系及课程的整合。哈佛大学要求所有学生必须学习文学艺术、历史(特别是本国历史)、科学、外国文化、社会分析及社会伦理道德 8 个领域的基础知识,它占总学分的三分之一。

进入 20 世纪后期,哈佛大学将课程体系改革为三大块,即核心课程、选修课程和专业课程。其中,核心课程能为学生奠定广博的基础,并为专业学习提供认识和分析问题的方法和角度;选修课能使学生在专业课和核心课程基础上进一步发展个性和特长,对自己感兴趣的领域进行深入探索;而专业课则在一定程度上限制了学生选修课的范围。三者相辅相成,相得益彰。

哈佛大学在学分制的发展和完善上,一直是美国和世界高等教育的领头羊。因此,哈佛大学学分制的源与流,基本上构成了世界学分制创立和发展的历史轨迹。经过百余年的发展和完善,学分制在美国已趋成熟,尽管还有不尽如人意之处,但它以课程内容的选择性、学习时限的灵活性、培养过程的指导性和学绩考察的精确性等特点,显示出其在适应社会发展,培养创新性人才上的诸多优越性,从而被各国采用。

本章推荐阅读书目

1. 别敦荣.中美大学学术管理[M].武汉:华中理工大学出版社,2000.

2. 陈孝彬.教育管理学[M].北京:北京师范大学出版社,1999.

3. 廖哲勋.课程学[M].武汉:华中师范大学出版社,1991.

4. 潘懋元.高等学校教学原理与方法[M].北京:人民教育出版社,1995.

5. 王伟廉.中国大学教学运行机制研究[M].广州:广东高等教育出版社,2005.

6. 许象国.基础教育课程管理概论[M].上海:上海教育出版社,2002.

7. 薛天祥.高等教育管理学[M].桂林:广西师范大学出版社,2001.

8. 杨德广.高等教育管理学[M].上海:上海教育出版社,2006.

9. 姚启和.高等教育管理学[M].武汉:华中理工大学出版社,2000.

10. Lanora G. Lewis. *The Credit System in Colleges and Universities*. New Dimensions in Digher Education,1961.

11. Will Grayburn Moore. *The Tutorial System and its Future*. Pergamon Press,1968.

12. 杜智萍.19 世纪以来牛津大学导师制发展研究[D].河北大学博士学位论文,2008.

后 记

《大学课程与教学》是在我参著的《大学教学概论》(浙江大学出版社,2004年)一书与独立撰写的《大学课程概论》(上海教育出版社,2007年)一书的基础上重新修改、丰富、扩展编撰而成,试图揉合大学课程与教学理论,将原本分散的大学课程研究与教学研究整合起来,用"大学课程与教学"这一术语作为统领,使之成为一个新的领域。由于本书是我主编的"大学教师教学素养提升丛书"中的一本,为大学教师教学素养提升量身定制,因此主要从一个普通教师教学素养提升的视角重新组织相关材料与内容,从宏观上帮助教师对课程与教学基本理论有个基本认识。在最初策划这套丛书的时候,有人认为本书内容过于理论化、学术化,对教师教学工作的具体指导意义不强,有违丛书初衷而未曾入选。但也有教师认为,理论的意义不在于直接指导实践,理论总是富有启发性、前瞻性,理论对观念的影响不可低估。同时,大学课程与教学研究领域一直缺少理论建树,集相关理论研究成果的著作也能开阔教师视野,使之熟悉相关领域。他们认为《大学课程与教学》不仅不可或缺,而且在整套丛书中具有引领、先导意义。这样,才有了这本著作的面世。

大学课程与教学作为一个研究领域,既属于高等教育学学科,又属于课程与教学论学科,两者相比,我更倾向于前者。大学课程与教学的一般理论可以借鉴课程与教学论原理,但大学课程与教学面临和讨论的问题与基础教育尽管有着千丝万缕的联系,但究其本质却大相径庭,不可同日而语。如果只是简单地运用课程与教学论的概念、体系分析大学课程与教学问题,难免不得要领,隔靴搔痒,其理论解释力、实践指导力、实际影响力均大打折扣,甚至给人不知所云之感。因此,必须根据大学课程与教学的特殊性,构建大学课程与教学的学术范式,尽管我并不主张大学课程与教学要发展成为一个独立学科或试图构建一个理论体系,但作为一个独特的研究领域,它必须有自身的概念体系、基本原理、学术经典知识,等等。所以,在编写过程中,作者尽量避免简单移植和套用普通教育学的相关论述,以更好地跟基础教育课程与教学理论相区别。

本书沿袭了《大学教学概论》《大学课程概论》的风格与特色,尽可能做到理论性与实践性、学术性与实用性兼顾。作为一本理论学术著作，对基本理论的阐述是不可或缺的，作者尽量选择公认的、权威的、经典的知识作为材料，以帮助教师了解大学课程与教学领域的学术研究成果，确立该学科领域的概念体系、基本原理与框架范畴；同时，作为一本为广大大学教师编写的著作，又必须具有可读性与趣味性，怀有现实情结，关注现实问题，联系实际工作，以课程与教学实践为主线，对我国高等教育中课程与教学的困境及不足进行分析，厘清认识误区并试图开出药方，影响并指导实践。全书共有七章，分别是"大学课程与教学概述""大学课程与教学哲学""大学教学组织与实施""大学人才培养方案编制""大学课程与教学设计""大学课程与教学管理""大学课程与教学评价"，通过这七个方面的内容，围绕大学课程与教学的基本理论问题、现实热点问题、实践操作问题进行了分析讨论，提出了作者自己的观点。

本书为了体现丛书编写的可读性、实用性、趣味性原则，特意编纂了七个案例。这七个案例有的选择了高等教育研究中被广泛认可的权威研究成果，是大学课程与教学领域的学术精华，主要起着扩大视野、熟悉经典、提高素养的作用；有的则是根据自身或同行体会编纂而成，具有很强的现场感与经验性，是从事大学教学工作都会经历和遭遇的事项，主要起着启发思维、提高教学技能的作用；有的则是对某一主题进行深化阐述，追根溯源，条分缕析，娓娓道来，主要起着深化认识、举一反三、促进迁移的作用。七个案例精心选择、挖掘、编辑而成，历史感与现实感并重，资料翔实，客观公允，是本书的一大亮点。之所以选择上述七个案例，一是为了与正文论述相呼应，每个章节一个案例，作为延伸材料，增强可读性；二是这七个案例也不只是材料补充，可有可无似的起着辅助作用，而是高等教育课程与教学方面的经典研究成果，是可以成为该领域的经典知识与学术范式。当然，这些案例都是在现有资料文献的基础上编写而成，在此对相关文献的作者表示衷心感谢。案例部分由付淑琼编撰，高等教育学硕士生徐千惠、张晋妍、郭元勋、张亚莉等参与了讨论以及部分文字内容的编撰。

我们正处于高等教育大发展时代，面临着规模扩张与质量提升双重压力。作为一名高等教育理论工作者，有责任有义务为高等教育改革与发展出谋划策，尽一份微薄之力。然而，"初生之物，其形必丑"，书中不足和失当之处在所难免，敬祈专家和读者不吝赐教。

季诚钧

2017 年 3 月 18 日

图书在版编目（CIP）数据

大学课程与教学 / 季诚钧, 付淑琼编著. -- 上海：上海教育出版社, 2018.12
ISBN 978-7-5444-8239-4

Ⅰ.①大… Ⅱ.①季… ②付… Ⅲ.①高等学校—课程—教学研究 Ⅳ.①G642.3

中国版本图书馆CIP数据核字(2018)第265001号

| 责任编辑 | 周　晟　钟紫菱 |
| 封面设计 | 郑　艺 |

大学课程与教学
季诚钧　付淑琼　编著

出版发行	上海教育出版社有限公司
官　　网	www.seph.com.cn
地　　址	上海市永福路123号
邮　　编	200031
印　　刷	启东市人民印刷有限公司
开　　本	700×1000　1/16　印张 18.75
字　　书	295千字
版　　次	2018年12月第1版
印　　次	2018年12月第1次印刷
书　　号	ISBN 978-7-5444-8239-4/G·6821
定　　价	50.00元

如发现质量问题，读者可向本社调换　　电话：021-64377165